Martin M. Coers

Friede, Freude, Eierkuchen

Die Technoszene

Verlag C. H. Beck

Die Deutsche Bibliothek – CIP-Einheitsaufnahme

Coers, Martin M.:
Friede, Freude, Eierkuchen : die Technoszene /
Martin M. Coers. – Orig.-Ausg. – München :
Beck, 2000
    (Beck'sche Reihe ; 1374)
    ISBN 3-406-45914-5

Originalausgabe
ISBN 3 406 459145

Umschlagentwurf: +malsy, Bremen
Umschlagabbildung: © Werner Amann, Berlin
© C. H. Beck'sche Verlagsbuchhandlung (Oscar Beck), München 2000
Satz: Jung Satzcentrum, Lahnau
Druck und Bindung: C. H. Beck'sche Buchdruckerei, Nördlingen
Printed in Germany

Inhalt

Auftakt

Die Techno-Jugend – mit Volldampf in die Verdummung?

„Die Jugendlichen sind ihrem Charakter nach zur Begierde disponiert und geneigt, das zu tun, wonach ihre Begierde tendiert. (...) Aber hinsichtlich ihrer Begierde sind sie leicht wandelbar und zum Überdruß geneigt. (...) Ferner lieben sie das Lachen, und daher sind sie auch disponiert für den Spaß; denn Spaß ist gebildeter Übermut. So beschaffen ist also der Charakter der Jugend."

Aristoteles

„Also das soll mir mal einer erklären, was daran so toll sein kann, immer wieder halbnackt über den Ku-Damm zu hüpfen und sich dabei spastisch zu stumpfsinniger Musik zu verrenken! Da kommt man sich ja vor wie in einer Irrenanstalt!"
„Da sieht man ja, wohin zu viel Freiheit führt!"
„Also – ich find das ja immer wieder ganz amüsant, aber worum geht's da eigentlich genau?"...

Drei gängige Reaktionen, drei Wertungen, die trotz ihres unterschiedlichen Empörungs- bzw. Verwunderungsgrades eines gemeinsam haben: Auf das, was sich da jährlich auf der Love Parade abspielt, kann sich niemand so recht einen Reim machen. Eine Jugend, die derartig *verhaltensauffällig* ist, erscheint entweder komplett durchgedreht und wird nicht mehr ernstgenommen, geschweige denn „verstanden" (Aussage 1), man glaubt, sie gehöre endlich mal wieder stärker in die Schranken gewiesen (Aussage 2), oder man wünscht sich wenigstens, über ihre – möglichst eindeutigen – Ziele informiert zu werden (Aussage 3). Zu dumm nur, daß die Technoszene all diesen Erwartungshaltungen einen dicken Strich durch die Rechnung macht und somit nicht nach herkömmlichen Mustern berechenbar ist. Offensichtlich kränkt „nichts den Narzißmus der ‚Alten' mehr als eine Jugend, die sich nicht vereinnahmen läßt"[1]. Und man darf hinzufügen, daß es heute schon längst nicht mehr nur die „Alten" sind, die dem Phänomen Techno achselzuckend gegenüberstehen. Denn einen ‚Generationenkonflikt' im herkömmlichen Sinne gibt es heute nicht mehr. Die Zeiten, in denen Jugendliche auf allgemein gültige Werte verpflichtet werden konnten oder selbst versuchten, neue progressive Werte hervorzubringen und im großen Stil durchzusetzen, sind heute definitiv vorbei. Identitätsstiftende Instanzen wie Vereine, Parteien und Kirchen kämpfen gerade deshalb alle mit Nachwuchsproblemen, aber der Nachwuchs feiert sich heute lieber in *seiner eigenen Familie* – zum Beispiel in der ihm vertrauten Technoszene. Denn hier ist man unter sich, teilt viele gemeinsame Interessen, liebt die gleiche Musik, versteht sich weitestgehend von selbst und muß sich so nicht erst lange und umständlich erklären, was womöglich unnötig Spaßzeit kostet. Anstatt also abzuwarten, bis dem großen Bruder oder der Mutter oder gar beiden im Nebenzimmer mal wieder der Kragen platzt, weil das Schwesterchen mal wieder zu sehr den Baß aufgedreht hat, verzieht sie sich lieber gleich zu ihren Freunden, die – dem Himmel sei Dank! – gleich um die Ecke einen Keller aufgetan haben, in dem sie nach Belieben schalten und walten können. Und was da so alles abgeht, muß ja auch nicht jeder gleich wissen – oder? Denn gerade weil Jugend heute „nicht nur ihre unverwechselbaren Formen des Umgangs (und) Vergnügens (hat), sondern auch ihre eigene Mode, Moral, Literatur, Musik und Sprache (besitzt)"[2], ist sie auf „Frei-Räume" angewiesen, in die nicht permanent von außen hineininterveniert wird.

Genau diese Funktion erfüllt die Szene, der man sich freiwillig zugehörig fühlt. In seinem Buch ‚Die Erlebnisgesellschaft' stellt Gerhard Schulze eine Szene als ein notwendiges Terrain zur „Suche nach Eindeutigkeit, nach Anhaltspunkten (und) nach kognitiver Sicherheit in einer zunehmend unübersichtlich (werdenden Welt dar). Dem ständig drohenden Chaos setzen die Menschen vereinfachende Strukturvorstellungen entgegen. Szenen, alltagsästhetische Schemata, (…) sind Versuche, sich in einer schwer überschaubaren Wirklichkeit zu orientieren."[3] Sie sind ein Experimentierfeld für die eigene Identitätsfindung und somit immer auch ein Geheimlaboratorium, ein hochsensibler Ort, der nach außen entsprechend „verteidigt" wird. Hiermit soll nicht suggeriert werden, daß die Technoszene ein hermetisch abgeriegeltes System ist (wie wir sehen werden, ist eher das Gegenteil der Fall), aber sowohl Pauschalverurteilungen als auch plumpe Anbiederung können die Pforten zu den Innenwelten der Technokids kaum öffnen. Zu genau – ja geradezu instinktiv – erkennen sie nämlich, ob ihnen ein ernsthaftes oder nur geheucheltes Interesse entgegengebracht wird. Zehn Jahre (Diskurs-)Erfahrung sozusagen. Zuerst wurden die Kids mit Vorwürfen und durchaus verletzenden Kommentaren von nahezu allen Seiten eingedeckt. Dabei hatten sie doch weder mit Molotow-Cocktails noch mit extremistischen Parolen um sich geworfen, sondern bloß ein bißchen für „Friede, Freude, Eierkuchen" tanzen und werben wollen; damals im Sommer 1989 in Berlin.

Und heute? Heute hat man die Technoszene entdeckt. Sie wird von nahezu allen Seiten umworben und becirct und kann sich eigentlich nur noch über den sonderbaren Einklang wundern und sich – wäre sie nicht klüger – am Ziel von „Love, Peace and Unity" (Liebe, Frieden, Einheit) angelangt wähnen. Doch bei so viel beschworener Einigkeit wird selbst der bedröhnteste Techno-Freak skeptisch werden und sich fragen müssen, ob er nun auf einmal die Welt oder die Welt ihn wie gehabt weder versteht noch wirklich verstehen will. Denn das Dumme ist: Zwar herrscht heute bei uns ein weitgehend liberaler Geist, viele Vorurteile aber – das macht sie ja gerade aus und so problematisch – halten sich hartnäckig und verhindern nach wie vor ein wirkliches, tieferes Verständnis.

Und – mal ehrlich: Würden nicht auch Sie irgendwann die Schotten dichtmachen, wenn man Ihnen jahrelang immer wieder vorhält, daß sie letztlich doch nur dumm, infantil, geistlos und hedonistisch seien? Und – nebenbei bemerkt: Ist es nicht geradezu absurd, 14- bis 25jährigen vorzuwerfen, daß sie infantil seien? Und: Stimmt das heute überhaupt noch? Das Nachrichtenmagazin ‚Stern' führt in diesem Zusammenhang treffend aus, daß für die Jugendlichen mittlerweile eine Zeit angebrochen ist, in der sie „bereits in jungen Jahren beinahe alles gesehen und gehört (haben). Die existentiellen Geheimnisse des Menschseins wie Sexualität und Tod werden sehr früh entdeckt. Elektronische Medien können keine Geheimnisse für sich bewahren, und wo es keine Geheimnisse gibt, gibt es auch keine Kindheit."[4] Diese früherwachsenen Jugendlichen – oder konkreter: diese mittlerweile gut zwei Millionen jungen Technokids mit ihren Gedanken, Träumen, Wünschen, aber auch begründeten Ängsten komplett als verdummt abzutun, ist also nicht nur selber dumm, sondern zeugt darüber hinaus auch von einer beachtlichen Gleichgültigkeit und Vermessenheit. Von Beginn an, auf phantasievoll gestalteten Plattencovern, T-Shirts und Lastwagen, leuchtete immer wieder mal ein einfaches Wort und eins *der* Leitmotive (nicht nur) der Techno-Jugend schlechthin auf: RESPEKT. Es wird höchste Zeit, ihr diesen endlich zu zollen.

I. Die musikalischen und gesellschaftlichen Voraussetzungen der Techno-Kultur

„Eine relevante neue (Pop)-Musik
erkennt man immer daran,
daß ihr nachgesagt wird,
da höre sich doch jedes Stück gleich an."

Diedrich Diederichsen

1. Ohne Technik – kein Techno!

So außerirdisch, roboterhaft und „neu" der Techno-Sound auch klingen mag, so ist er doch weder von historischen Gegebenheiten noch von musikalisch inspirierten Individuen unabhängig: Voraussetzung jeder „neuen Musik" sind immer auch „alte Partituren", die so etwas wie musikalische Impulsgeber sind; andererseits bedarf es natürlich vor allem der kreativen Menschen, die zwar jeweils in ihrer Zeit stehen, aber von ihr irgendwie gelangweilt sind und sie deshalb *umzuschreiben* trachten. Das Ziel war und ist dabei immer, nach neuen, zeitgemäßeren musikalischen Ausdrucksmöglichkeiten zu suchen.

Erinnern wir uns: Der Filmklassiker „Metropolis" von Fritz Lang veranschaulichte aufs deutlichste die damals eingeläutete Zeitenwende von einer überschaubaren in eine chaotisch-unüberschaubare urbane Kultur, in der Maschinen und Lochkarten den Rhythmus menschlichen Alltags zunehmend prägten. So ist es denn auch nicht verwunderlich, daß einige moderne Komponisten schon in dieser Zeit, wie Luigi Russolo in seinem 1913 erschienenen Manifest ‚Die Kunst der Geräusche' festhielt, „mehr Befriedigung in der Geräuschkombination von Straßenbahnen, Auspufflärm und lauten Menschenmassen (fanden) als beispielsweise im Einüben der ‚Eroica' oder ‚Pastorale'"[5]. Der *Zeitgeist* hektischer und verunsichert durch die neu entstehenden, vibrierenden Industriestädte laufender Menschen wurde so ebenso musikalisch eingefangen wie die Monotonie ewig schnaufender Dampfmaschinen. Weniger spektakulär und auf äußerst reduzierte Weise arbeitete Eric Satie (1866–1925) in seiner minimalistischen Klaviermusik: In seinem Bestreben, alles, was er als unnötigen Ballast ansah, über Bord zu werfen – also fast alles, was herkömmlich, musikalische Werte betraf –, wandte er sich den grundlegenden musikalischen Mitteln zu: Transposition und der andauernden Wiederholung einer einmal etablierten langsamen Tonfolge, die – je nach Empfänglichkeit – einlullend oder wunderbar meditativ und intensiv auf den Rezipienten wirkt. Daß diese neuen, ungewöhnlichen Musikformen auf so mancherlei verschreckte Ohren und z. T. auf größte Ablehnung stießen, bedarf wohl keiner besonderen Erwähnung. Kurz: In einer Zeit, in der für viele die Welt „verrückt" zu spielen schien, mußte es zwangsläufig auch die Musik tun.

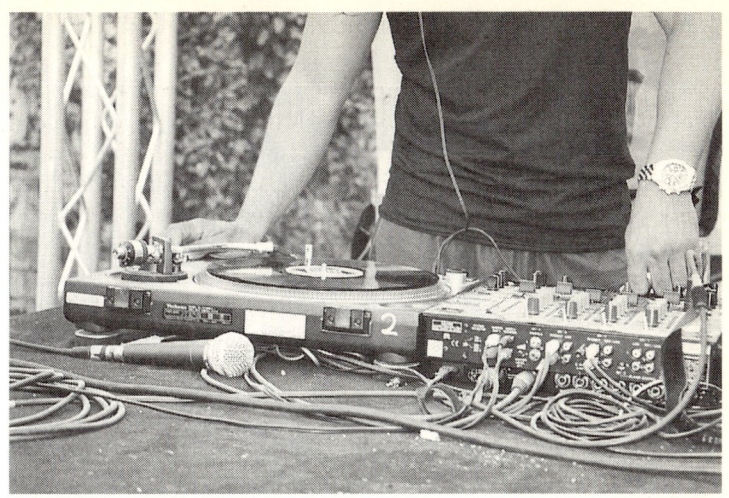

Tune in & tune up!

Doch war sie dies wirklich? Nüchtern betrachtet ging es diesen und späteren modernen Komponisten vielmehr darum, unter anderem das Verhältnis Maschine-Mensch/Mensch-Maschine musikalisch neu auszuloten, was natürlich nicht zuletzt auch Auswirkungen auf die Harmonielehre haben mußte. Denn entsprachen einer Industriegesellschaft disharmonische Sätze nicht sehr viel mehr als die herkömmlichen Werke der anerkannten „großen Meister"? Konnte man aus dem akustischen Rohmaterial, das einen umgab, nicht eine völlig andere Form der Musik konstruieren? Konnte man sich die neu entstehenden Techniken nicht auch zunutze machen, zum Beispiel zum Erfinden neuer Instrumente und Klangkörper? Und überhaupt: was heißt das heute eigentlich – Musik?

Kein Wunder also, daß sich „*die* Musik" zunehmend in dem Maße veränderte und ausdifferenzierte, wie es die technischen Erneuerungen „erlaubten" und ja auch nahelegten. Insbesondere mit dem Beginn der elektronischen Musik setzte in den 50er Jahren dann auch eine Art Musikrevolution ein, ohne die Techno partout nicht denkbar wäre. Einer der wichtigsten Vorreiter und Elektro-Pioniere war hier zunächst Karlheinz Stockhausen mit seinen Musikcollagen, die sich sowohl aus naturhaften als auch aus synthetisch hergestellten Geräuschen und Klängen zusammensetzten. Es folgten John Cage,

Steve Reich, Brian Eno und Philip Glass. Letzterer komponierte u. a. die Musik zu dem komplett dialogfreien und mittlerweile zum Kult avancierten Kunstfilm ‚Koyaanisqatsi‘, der – wie einst ‚Metropolis‘ die industrielle Revolution – nun die elektronische Revolution sowohl in ihrer ästhetischen als auch phrenetisch-beklemmenden Dimension vor Augen *und* Ohren führt. Dabei verschränkt sich der Kompositionsstil von Philip Glass, der seine simplen Akkordfolgen minutenlang über pulsierende Rhythmen legt und dabei fast unmerklichen Struktur- und Tempovariationen unterwirft, mit einer Bildsprache, die diesen Kompositionsstil aufnimmt und so mit ihm verschmilzt: Monotone, in Endlosschleifen ausgedehnte elegische Chorpassagen entsprechen ruhigen und feststehenden Kameraeinstellungen, zum Beispiel auf eine sich in Zeitlupe durch die Straßenschluchten Manhattans bewegende Menschenmenge, die – bei gleicher Kameraeinstellung, nur filmisch beschleunigt – genau in dem Moment „rasend“ wird, in dem sich auch der musikalische Rhythmus beschleunigt und in minutenlange nervige Akkordfolgen umschlägt. Dieselbe Situation, die eben noch aus scheinbar ruhiger und gelassener Distanz so etwas wie Ordnung, Gleichmaß und Objektivität suggerierte, mutiert urplötzlich zu einer Art Horrorszenario, in dem Menschen wie Autos für immer einer abstrakten und fest codierten Stop and Go-Logik unterworfen sind. Entsprechend läßt sich das aus der Hopi Sprache stammende Wort ‚Koyaanisqatsi‘ denn auch übersetzen als *ver-rücktes,* desintegriertes Leben, als ein Leben in Aufruhr und ohne Balance. Wie das Leben selbst – so könnte man es pointiert zusammenfassen – ist also auch die moderne, neue elektronische Musik ein Balanceakt zwischen auf wakkeligen Beinen stehendem Altbewährten und mutiger Aneignung immer neuer, in schwindelerregendem Tempo sich wandelnder Techniken, Werte und Wahrnehmungsmuster, die es zu *instrumentalisieren* und damit zu illustrieren gilt.

2. 68 und die Folgen

„Wenn wir uns erheben, wird die Welt uns erleben." (Apo-Spruch)
„Laßt Blumen sprechen." (Hippie-Spruch)

Mehr Gefühl!

Nachdem man erfolgreich die Musik in ihre vielen und sich dabei auch als *selbsttragend* erweisenden Einzelteile aufgespalten hatte, erschien es sinnvoll, diesem doch langsam als sehr akademisch und kopflastig empfundenen Spieltrieb ein Ende zu bereiten und das dabei offensichtlich verlorengegangene Gefühl wieder stärker in den musikalischen Vordergrund zu rücken. In den 60er Jahren geschah das ganz unverblümt: Gerade die Aufbruchstimmung und das anarchistische Pathos, die die Studentenunruhen[6] und die Hippie-bewegung begleiteten, sollten nicht nur in Politik, Kunst, Film, Literatur und in der privaten Liebesbeziehung für frischen Wind sorgen, sondern auch die Musikszene noch einmal so richtig auf- und durcheinanderwirbeln. Unvergeßlich: Das legendäre Woodstock-Konzert, das Musikgeschichte schrieb und auf dem u. a. Janis Joplins Stimme krächzte, Jimmy Hendrix' berühmt gewordene elektronisch verstärkte Gitarre virtuos verzerrt ächzte und gut 300 000 Blumenkinder in Ekstase gerieten.

Die Tatsache, daß halluzinogene Drogen wie LSD und Opium zu dieser Zeit Hochkonjunktur hatten, verhalf so auch der elektronischen Musik mit ihren psychedelischen Klangpotentialen zum allmählichen Durchbruch. Denn mit welchem Instrument, wenn nicht dem Synthesizer, dessen Tasten mit immer neuen Geräuschen, Klängen, Rhythmen und aberwitzigen Effekten belegt wurden, wäre es einfacher gewesen, das ähnlich unendlich anmutende Spektrum von Gefühls- und Bewußtseinszuständen zu *erweitern*? Rein elektronisch produzierte Musik begann sich, trotz aller Widerstände („Ein Synthesizer ist doch kein natürliches, gleichwertiges Instrument!"), langsam aber sicher mehr und mehr durchzusetzen.

Doch nicht nur das: Denn wie immer man die 68er mit ihrem Anspruch, die Welt global zu verändern, bewerten mag, fest steht auch, daß sie eine enorme Reformen- und Ausdrucksvielfalt hinterließen (Bildungs- und Rechtsreform, Schaffung einer Streitkultur, größere Toleranz gegenüber sogenannten „Randgruppen", etc.), ohne die alle darauffolgenden sozialen Bewegungen einschließlich der Techno-Bewegung schlicht undenkbar wären. Mehr noch: Sie alle werden von einem Freiraum und einer Artikulationsvielfalt profitieren, die '68 erst erkämpft und schließlich mit geschaffen hat.

Mit geschaffen heißt aber auch, daß sie all das weder allein leistete noch überhaupt leisten konnte. So erscheinen die euphorischen Aussagen, in denen das Woodstock-Festival von vielen 68ern zum Höhepunkt der Bewegung überhaupt stilisiert wurde, doch als eher übertrieben und verschleiernd. Denn „deren Kultfeste in London und Woodstock waren ja nicht der Höhepunkt der Kulturrevolution, sondern die Kernfusion von Gegenkultur und Kulturindustrie gewesen"[7]. Ohne die von den 68ern sonderbar geächtete und geachtete Kulturindustrie, die über ihre Medien zugleich als eine gefährliche, Herrschaft legitimierende Bewußtseinsindustrie angefeindet wurde, wäre also vermutlich recht wenig gelaufen. So „entwickelte (sie) sich zunehmend zu einer Instanz, die Jugendliche bei ihren Autonomiebestrebungen unterstützte, gleichzeitig aber mithalf, sie in das Konsumsystem der kapitalistischen Gesellschaft zu integrieren."[8]

Der Traum vom Leben in „Love, Peace & Happiness" lebt jedoch, unterstützt durch die Kulturindustrie, die diese Bewegung vereinnahmte und schließlich auch durch das Musical „Hair" verkommerzialisierte und damit auch konservierte, bis heute fort. Der Transformationsprozeß von Subkultur zu offizieller Kultur durch die Mechanismen der Kulturindustrie, deren Bestreben es ist, „niemanden als Außenseiter auszugrenzen, den man als Kunden eingemeinden kann"[9], wird hier also auf geradezu klassische Weise sichtbar und weist dabei zugleich die Liaison zwischen Kulturindustrie und Subkultur als eine Art Schicksalsgemeinschaft aus. Und: Dieser Transformationsprozeß sollte sich von nun an beschleunigen und dabei sowohl die Kriterien als auch die Abstände zwischen Subkultur und offizieller (Pop-)Kultur sowie die zeitlichen Intervalle zwischen „in" und „out" neu definieren. Kurz: Musik, Technik, Medien und Kommerz begannen einen folgenschweren Pakt einzugehen.

Bands wie – allen voran – die englische Gruppe ‚Pink Floyd' belegten diesen schon bald darauf höchst eindrucksvoll. Sie versuchten nicht nur die vielfältigen neuen Synthesizer-Techniken stärker als bisher zu nutzen, sondern sie erweiterten das Spektrum nun auch um das Medium Film: auf ihren aufwendigen Livekonzerten in Form von spektakulären Filmprojektionen auf eine im Durchmesser fünf Meter große Bühnenleinwand und für die Konzertmüden in Form von Kinofilmen von und mit ‚Pink Floyd'.

Softere – also weichere – Wege ging hingegen schon Anfang der 70er Jahre die deutsche Elektronik-Band ‚Tangerine Dream'. Mit Hilfe des Synthesizers knüpfte sie geheimnisvolle, sphärisch-schwebende Klangteppiche, auf denen der Geist sich erholen und innere Spannungen und Aggressionen abbauen sollte. Ähnliche – heute würde man vielleicht sagen esoterische – Absichten verfolgte auch der Franzose Jean Michel Jarre mit seinem 1976 erschienenen Album ‚Oxygène'. Sein im Gegensatz zu ‚Tangerine Dream' jedoch eher flacher Musikstil bestand in dem reibungslosen Zusammenspiel von wiedereingeführten klassischen Harmonien mit elektronischen Klangstrukturen, was somit auch keinem noch so träumerischschwelgend veranlagten Zuhörer Kopfschmerzen, geschweige denn jemals Kopfzerbrechen bereiten konnte. Ob sich dieses Album damals auch deswegen binnen kürzester Zeit fast zehn Millionen Mal verkauft hat?

Doch im Schatten jener gefühlsschwangeren „Zurück zu den Ursprüngen"-Mentalität bahnte sich längst schon eine insbesondere im privaten Bereich zunehmend an Kontur und Einfluß gewinnende „dritte industrielle Revolution" an, die – bis heute – eine mikroelektronische ist: Video, Satelliten- und Kabel-TV multiplizieren die Vielfalt auch individuell einschalt- oder abrufbarer Unterhaltungs- und Informationsprogramme. Ferner beginnen Videospiele, Heimcomputer und immer ausgefeiltere Synthesizer und neue Rhythmusmaschinen den Freizeitmarkt zu überfluten, so daß der Traum vom „zurück zur Natur auf fernöstlichen Klangteppichen" schon bald zu verfliegen drohte. Während die einen also eher danach trachten, sich mit ihren Haschisch-Pfeifchen verträumt in die Berge zurückzuziehen und kollektiv aus der Zeit auszusteigen, beginnen andere sich etwa zur gleichen Zeit wieder (elektronisch) *verstärkt* auf den veränderten Puls der Zeit einzustellen. Und was empfanden sie?

Mehr Härte!

Denn mit der Implosion der 68er Bewegung verfiel auch die spätkapitalistische Gesellschaft in Lethargie. So waren die 70er Jahre vor allem dies: Jahre der wirtschaftlichen Krise nach dem Ölschock bei gleichzeitigem Rüstungswettlauf und Jahre einer hohen Arbeits- und Perspektivlosigkeit, insbesondere der jungen Generation. Zudem mehrten sich die Zeichen einer Ökologiekrise, der u. a. über eine flächendeckende Verteilung von angeblich sicheren und zudem umweltverträglichen Kernkraftwerken international begegnet werden sollte und auch – zunehmend hartnäckiger – begegnet wurde. So konnte es wohl auch kein Zufall sein, daß – entgegen allen Strömungen und scheinbar wie aus dem Nichts – plötzlich wieder vier Elektro-Avantgardisten auftauchten, ohne die Techno nicht denkbar wäre und die bis heute von den Techno-Jüngern mit als *die* wegweisenden Pioniere verehrt und in unzähligen ihrer Stücke zitiert werden: die deutsche Gruppe ‚Kraftwerk'. Und was empfanden die?

„Wir sind die Roboter!"

So lautete einer der programmatischen Titel ihres 1978 veröffentlichten und internationalen Anklang findenden Albums ‚Die Mensch-Maschine'. ‚Wir' – das meint nicht nur die vier ‚Kraftwerk-Betreiber', sondern ‚wir alle', die – ob wir es wollen oder nicht – letztlich bloß winzige Zahnräder im Großgetriebe einer komplett durchtechnisierten, automatisierten, entindividualisierten Welt seien. Und daß dem so ist, darauf wollte ‚Kraftwerk' in bis dahin ungewohnt drastischer Weise mit all den ihnen zur Verfügung stehenden Mitteln aufmerksam machen: Das begann zunächst bei ihnen selbst, indem sie sich – mit grauem Anzug, rotem Hemd und schwarzer Krawatte – komplett uniformierten und damit jeden Zug (und Glauben!) an Individualität abstreiften. Das ging über in eine auf Bühne und Video zur Schau getragene abgehackte, synchronisierte – eben roboterhafte – Bewegung. Und das fand seinen musikalischen Ausdruck in einer „Mischung aus eiskalten Elektroklängen, lieblichen Melodien und verführerischen Rhythmen (, die) die Popwelt komplett veränderte. (...) Kraftwerks liebliche und gleichzeitig hochmoderne Musik war Ausdruck der Fähigkeit von High-Tech, Menschen beglükken und absolute Schönheit produzieren zu können. (...) Die aggressive Naivität (ihrer) Aussagen relativiert (dabei aber auch) die Zuversicht in den technologischen Fortschritt und läßt die Angst über mögliche Technikkatastrophen ungewollt durchschimmern. Die Linie zwischen Ironie und Affirmation ist dabei hauchdünn."[10]

Mit ihrem demonstrativen Fortschrittsglauben und ihrer umfassenden Technikverliebtheit waren ‚Kraftwerk' der Zeit also weit voraus und in dieser musikalisch (noch) nicht stilprägend. So gesehen: ein Sonderfall. Gleichzeitig repräsentierten sie ihre Zeit aber gerade wegen ihrer extremen Positionen aufs vortrefflichste. Denn in den 70er Jahren herrschte nun mal ein Klima, in dem der einzelne „seine Lebensorientierung nur noch irgendwo zwischen den extremen Polen finden (konnte), die da Resignation einerseits und Hoffnung auf ein besseres Leben andererseits (hießen)."[11] Dieses gesellschaftliche Oppositionsfeld wurde einmal von links durch die Punk-Kultur und von rechts durch die Popper-Kultur besetzt und symbolisch (später auch mittels handfester Übergriffe) vehement verteidigt. Dazwischen versuchte sich die gerade entstehende und sich dabei auf die 68er-Bewegung berufende Alternativ-Kultur im Spagat um Vermittlung zwischen einer als zunehmend erkaltet empfundenen gesellschaftlichen Atmosphäre und einer sich stetig erwärmenden und zu rettenden Biosphäre. Diese drei Bewegungen waren es auch, die – bei aller Gegensätzlichkeit – die 70er Jahre kennzeichneten und – jeweils auf ihre Weise – Techno ebenfalls den Weg ebneten. Ein kurzer Rückblick:

3. Scheiß-Welt – Drecks-Welt – Punk-Welt

„Stalingrad, Stalingrad, Deutschland Katastrophenstaat,
wir leben im Komputerstaat."
Punkband *Abwärts*

Die Punk-Bewegung war ursprünglich eine aus den von der Wohlstandsgesellschaft vergessenen Industrievorstädten Liverpools, Londons, Glasgows und Manchesters ausbrechende Subkultur, die sich dieser durch ihr extrem schrilles und lautes Auftreten wieder schlagartig ins Bewußtsein drängte. Der Name ‚Punk', ein umgangssprachlicher Ausdruck für ‚dreckige Ganoven' und ‚Rotzlümmel', war zugleich Programm, das „alle Dimensionen subkultureller Praktiken in äußerster Zuspitzung umfaßte: Provokation, Aneignung von Lebensraum, Witz (...)"[12], und das in einer Ästhetik des Häßlichen seinen grellen Ausdruck fand: In der Mode, neben der Musik *das* Sprachrohr jugendlicher Provokation schlechthin, waren hochtoupierte, schwarz, rot, blau und grün gefärbte Haare, ein schwarzer Leder- und Stoffetzen- und martialischer Stiefel- und Military-Boots-Look und, anstatt Krokodillederhandtäschchen, mitgeführte Ratten angesagt. Der gestriegelten Spießer-Ästhetik wurde also mutig und selbstbewußt eine Müll-Ästhetik entgegengesetzt, die nicht nur deutlich auf soziale Widersprüche aufmerksam machte, sondern in radikaler Weise verdeutlichte, daß hier eine junge Generation begriffen hatte, daß die Überflußgesellschaft sie offensichtlich für überflüssig, eben zu Müll erklärt hatte. Diese Grunderfahrung spiegelte sich in einem Lebensgefühl wider, das in der Parole „No Future" seinen sowohl allgemeinen als auch allgemein verständlichen Ausdruck fand. Gleichzeitig bezog diese Parole auch gegen die bürgerliche Welt Stellung, indem sie dieser ebenfalls eine Zukunfts- und Perspektivlosigkeit zusprach und ihr „den Krieg" erklärte: „I wanna riot, white riot, a riot of my own" („Ich will einen Aufruhr, einen weißen Aufruhr, meinen eigenen Aufruhr") ließ „Clash", eine der bekanntesten britischen Punk-Rock-Bands, verlauten. Bevor sie populär wurden, schrieben und texteten sie, wie zahlreiche andere Punk-Bands auch, ihre Musik selber, vertrieben sie auf eigenen, von der Schallplattenindustrie unabhängigen kleinen Labels und spielten sie in Kellern von Abrißhäusern. Ferner wurden eigene Musikzeitschriften, die sogenannten *fanzines* herausgegeben, die von den kommerziellen Popzeitschriften- und Popmusikverlagen unabhängig waren.

Fanzines
Fanzines sind nicht-kommerzielle, unkonventionell aufgemachte und speziell für Fans einer bestimmten Underground-Szene konzipierte Magazine. Sie sind die Piratensender des Printbereichs und informieren über alles, was in der jeweiligen Szene gerade so läuft. Heute schätzen Insider die Zahl der in Deutschland kursierenden Fanzines auf mindestens 300.

Dem Zugriff der kommerziellen Kulturindustrie wird also ab jetzt über den Auf- und Ausbau einer von ihr unabhängigen subkulturellen Infrastruktur zu begegnen versucht. Dieses Bemühen um (sub)kulturelle Autonomie erzeugt dabei bis heute immer wieder neue Maßstäbe und Zuordnungskriterien für die Frage ‚Was ist *Underground* und wo beginnt der *Mainstream*?' und ist folglich von kaum zu unterschätzender Bedeutung. Gerade auch aus dieser Per-

spektive bereitet die Punk-Ära den Underground im umfassend-
sten Sinn des Wortes für alle darauffolgenden Musik- und Subkul-
turströmungen und damit auch für Techno vor. Dies um so mehr,
als die Punk-Bewegung zeigte, „daß sich Dinge ändern ließen, daß
man Codes ändern kann: gebrauchen und mißbrauchen. Sie führten
den Bruch mit den Konventionen vor, den Selbstverständlichkeiten,
in denen sich gesellschaftliches Bewußtsein reproduziert (…), ein
Verbrechen gegen die symbolische Ordnung, das Verweigerung si-
gnalisiert (…). Es ging um die Stilisierung des Bruchs durch die Stilisierung der Andersartigkeit. (…) Sie trauten sich zu provozieren
(…), um sich selbst zu spüren.“[13] Dafür entrichteten sie einen hohen Preis, denn „sie bekamen nicht nur die geballte Aggression der
frustrierten Bürger zu spüren, ihrer bewußten Desintegration
folgte auch die Aussperrung als ‚drop-outs‘. Der Preis, den Autonomie in unserer Gesellschaft hat.“[14]

Underground/Mainstream
Mit Underground bezeichnet man all jene Stile, die sich im allgemeinen
aus dem Untergrund einer Gesellschaft heraus entwickeln und artikulie-
ren und die sich dabei in krassen und erklärten Widerspruch zu deren
Common Sense stellen: Angriffsziel ist dabei immer der den Under-
ground-Künstlern und -Musikern verhaßte, durchkommerzialisierte
Massengeschmack, der sich im Mainstream äußert. Andererseits werden mittlerweile ständig neue Underground-Gruppen vom Mainstream
„entdeckt“ und vermarktet und dadurch Mainstream. Folge: Die Grenzen
zwischen Underground und Mainstream verwischen sich zunehmend.

---

4. Heile Welt – Popper-Welt

„Was *lacostet* die Welt“?

Mit den sogenannten ‚Poppern‘ trat um 1978 eine Jugend auf die
Bühne, der Autonomie recht wenig, Konformität und Korrektheit
hingegen alles bedeutete. *Vornehmlich* aus der wohlhabenden Münchener und Hamburger Oberschicht kommend, schlossen sie an die
„Saubermann-Ethik“ der 50er Jahre an. „Die Wohlstandskinder,
mit ausreichend Taschengeld und Statusdünkel versehen, üben sich
in Arroganz und Narzißmus, lassen ihren Konsumgelüsten freien

Lauf und betonen über die feinen Unterschiede des Geschmacks die längst zugeschüttet geglaubten Klassengrenzen. (…) Das ‚cleane‘ Image, Smart-Sein und eine gesunde Arroganz werden als Tugenden hoch geschätzt, als *Zeichen* werden ausschließlich Konsumobjekte (der höheren Preisklasse) eingesetzt: der Popper-Stil weist keine Eigenkreationen auf. (…) Die Popper-Parties sind eher öde. Die schönen jungen Menschen nippen am Sektkelch und ziehen an der Filterzigarette (…) und rümpfen die Näschen über irgendwelche unmöglichen Abweichler. Gegen elf Uhr zieht man sich allmählich zurück. Morgen wartet wieder ein anstrengender Tag."[15]

Wenn auch die Zeit der Popper-Kinder nicht lange währte, so hinterließ sie – wenn auch keine neuen musikalischen und klassisch oppositionellen Ideen – doch Spuren: Mit ihnen erscheint auf dem inzwischen etablierten bunten Markt der Jugendkulturen eine Jugend, die die Zeiten nicht mehr ändern will, wohl aber die *Zeichen* des Wandels in eine konformistische, konsumorientierte Haltung überführt und dabei ideell (üb)erhöht: Identität muß also nicht länger erkämpft werden – man kann sie *erwerben*. Auch sie hat schließlich zu einer Warenästhetik gefunden. Politisches und klassenorientiertes Bewußtsein weicht nun zunehmend einem *Stilbewußtsein*.

5. Betroffene Welt – Alternative Welt

„Also das finde ich jetzt echt nicht so gut,
Du!"

Mit der sich als links definierenden Alternativ-Kultur schickten sich sozial-bewegte Akteure zur Fortsetzung der Ziele der Studenten- und Hippiebewegung mit anderen Mitteln an. Die Einsicht vom Scheitern der großen politischen Utopien einer sozialistischen Gesellschaftsordnung und damit auch der APO, der es nicht gelang, einen breiten gesellschaftlichen Konsens für sich zu erwirken, führte zu einem eher pragmatisch orientierten Umgang mit gesellschaftlichen Konfliktthemen. Man kämpft (bis heute) und findet Parolen gegen das Waldsterben („Rettet den Wald"), gegen Atomkraftwerke („Atomkraft? Nein danke!"), für Frieden („Stoppt den Rüstungswahnsinn!"), Gleichberechtigung („Frauenpower macht Männer sauer"), gegen Häuserspekulantentum („Lieber instandbesetzen als kaputtbesitzen") und gegen den „gläsernen Menschen" (Volkszählungsboykott, Datenschutz). Gerade letzteres verdeutlicht (im Gegensatz zur Techno-Generation) ein weiteres wesentliches Merkmal dieser sich als alternativ verstehenden Kultur: ihr überwiegend einseitig-negatives Verhältnis zur Technologie und die daraus resultierende Sorge um die immer mehr an Einfluß gewinnende „mikroelektronische Revolution".

Betroffenheit ist die entsprechende Folge und zugleich Antwort auf die Ahnung, daß der Traum vom „zurück zur Natur" schon bald ausgeträumt sein könnte. Sie wird zur subjektiven, individualisierten Krisenbewältigungsstrategie: „Hatten die Hippies das Heil im Individualismus, die alte Linke es im Aufbau von Organisationen gesucht, so strickten die Alternativen daraus die Masche ‚Wer die großen gesellschaftlichen Probleme angehen will, muß bei sich selber anfangen'. Eben bei seiner Betroffenheit über das, was da um ihn herum geschieht. Das führte zu einer Individualisierung der Politik ebenso wie zu einer Politisierung des Alltags (...)"[16] und endete häufig in den seit dieser Zeit nicht zufällig boomenden Selbsterfahrungsgruppen oder anderen alternativen therapeutischen Einrichtungen, in denen bis heute das verlorengegangene ‚Ich' zur Fahndung ausgeschrieben und (auf z.T. recht fragwürdige Weise) *bearbeitet* wird. Dabei geht es, wie Walter Grasskamp bissig anmerkt, schon nicht mehr „um die sozialistische Zukunft als vielmehr um die kleinbürgerliche Herkunft."[17] Hinzu kommt, daß im Zuge dieses Betroffenheitskultes eine oftmals rigide Moralität die Folge ist, die zum unerbittlichen Gradmesser für das „richtige Bewußtsein" wird und noch im privatesten Winkel meint, Sozialkontrolle ausüben zu müssen: So sieht zum Beispiel das Umweltgewissen alles: „Wenn man einen R4 überholt, handelt man sich nicht nur einen strafenden Blick, sondern auch ein schlechtes Gewissen ein, wenn man ein Spray benutzt, macht man die Atmosphäre kaputt, beim Pinkeln verschwendet man fünf Liter Frischwasser, usw. Das ist vielleicht der Grund, warum viele Jugendliche heute, auch wenn sie die Forderungen an sich sinnvoll finden, die Alternativen als Gruppe ablehnen."[18] Mehr noch: Gerade diese Hypersensibilisierung und entsprechende Hyperkontrolle sind es, die mit zu einem Phänomen beitragen, das die Alternativ-Szene selbst beklagt und das sie in der schon bald auftauchenden Techno-Kultur geradezu idealtypisch abgebildet glaubt: den sogenannten „Tanz auf dem

Vulkan", bei dem Parties und Selbstinszenierungen offensichtlich mehr angesagt sind als Selbstanalysen, Ökologiefragen und dröge „Müsli-Outfits".

6. Glitzer-Welt – Disco-Welt

„Fly Robin, Fly!"
Silver Convention (weibliches Disco-Dreigestirn)

Und wo – wenn nicht in der Discothek – kann man seinen Darstellungstrieb so richtig austoben? Das erkannten als erste jene, deren Trieb bislang als allgemein „abartig" diffamiert und denen die öffentliche Darstellung ihrer Rechte und (körperlichen) Anliegen bisher verweigert blieb: die New Yorker Schwulen, die – ebenfalls aus der 68er-Revolte hervorgegangen und durch sie inspiriert – nun auch die Revolte des sexuellen Körpers einläuteten, ohne die das Phänomen Techno mit seinem Körperkult nicht zu verstehen ist. Austragungsort hierfür war und ist vor allem die Discothek, die als Nische innerhalb einer sonst gleichgültigen bis feindlichen Umwelt dient, und Ausducksmittel ist die in ihr aufgelegte, nach ihr benannte und meist von Maschinen produzierte Tanzmusik – eben Disco.

> **DISCO**
> Das Wort Disco (griech. diskos) bedeutet einerseits Scheibe, andererseits steht es für das französische Wort discothèque als Kürzel. Obwohl in Frankreich die ersten Discotheken entstanden, gelangten sie erst in den Vereinigten Staaten zu Ruhm. So zählte man zwischen 1977 und 1979 gut 10 000 Discotheken in den Vereinigten Staaten. Legendär wurde Disco erstmals ab 1960 im New Yorker ,Le Club' und später vor allem im ,Studio 54'. Zugleich war die Disco-Kultur eine von Schwulen nicht nur getragene, sondern auch ins Leben gerufene und geprägte „Vergnügungs-Revolte". Disco-Klassiker wie Donna Summers Stöhneinlagen in ,Love To Love You Baby', Michael Jacksons zweideutige Hymne ,Don't Stop Til You Get Enough' und die von ,Chic' besungenen ,Good Times' trafen den Nerv eines neuen Lebensgefühls, das nicht nur aus den ,bad times' des Alltags, sondern auch aus dem (sexuell unterdrückten) Körper ausbrechen wollte.

Entsprechend ist Disco mit seiner bewußten Baßlastigkeit „ein Forum für befreite Körper. (…) Die Musik spricht direkt zum Körper.

‚Set me free‘ oder ‚Set your body free‘ sind typische Textelemente (...). Alles deutet auf den Körper hin, und alles fordert den Körper auf, sich gehenzulassen und zu tanzen, sich ganz dem Rhythmus hinzugeben. (...) Der Clubbesucher wird zum ‚Slave to the Rhythm‘ (zum Rhythmussklaven), wie es Grace Jones 1985 in einem Disco-Song beschrieb"[19]; angetrieben von dem immer neue Platten aneinanderreihenden DJ, dessen geradezu sagenhafte Karriere genau hier ihren Ausgangspunkt findet.

Discomusik ist also nicht nur einfach Musik, sondern steht insgesamt auch für ein neues, selbstbewußtes, befreites und vor allem lustbetontes Lebensgefühl, das sich – einmal in den schwulen Underground-Discotheken aufs lebhafteste ausgebrochen und zelebriert – schon bald auf den Rest der Welt ausbreiten sollte.

Was für den schwulen Underground die New Yorker Clubs wie das ‚Sanctuary‘ oder die ‚Paradise Garage‘ waren, war für die High Society Manhattans schon bald das (unlängst auch zu cineastischen Ehren gelangte) ‚Studio 54‘, in dem sich alles, was in Film, Kunst, Musik und Literatur Rang und Namen hatte, zum exzessiven Gesellschaftstanz einfand: Andy Warhol, Grace Jones, Mick Jagger, Truman Capote... die Liste der berühmten Stammgäste, die sicher nicht nur am Sektkelch nippten, war endlos und erteilte der Discomusik mit ihrem unübertroffenen Geheimrezept ‚Mode plus Nachtleben plus Tanzlust plus Sex-Versprechen gleich Lebenslust pur‘ quasi den Ritterschlag. Was als Minderheitenmusik seinen Anfang nahm, war plötzlich auch in den Charts ‚Top of the Top‘. Mehr noch: „Zum ersten Mal definierten *Dancefloors* (Tanzflächen), wo oben und wo unten war. Disco hieß Weltherrschaft, und jeder, der sich Disco anschloß, konnte sich als Teil dieser Weltherrschaft verstehen. (...) Disco war auf einmal Herrschaft und Mainstream und blieb doch unleugbar eine schwule Angelegenheit (... und wie) selbstverständlich wurde im Disco-Rausch jede Form homosexueller Images (Zeichen) von der Masse unter dem Schlagwort ‚Nachtleben-Exotik‘ goutiert."[20]

Doch mit der Vermassung und der daraus folgenden Totalvermarktung schmeckte Disco vielen langsam immer weniger, wurde inhaltslos, leer und schal. Da vermochte es denn auch John Travoltas Disco-Posse ‚Saturday Night Fever‘ letztlich nicht mehr, das Disco-Fieber unendlich lange anhalten zu lassen. Das Therometer sank zunehmend fast auf Normaltemperatur. Fast! Denn was bleibt und fortwirkt, ist neben unzähligen Disco-Klassikern die Etablierung kleiner und schräger Underground-Clubs als Geburtsort innovativer Musik und Trends, der experimentierfreudige DJ als neuer Musikheld und das ununterdrückbare Verlangen junger Leute, das Zwangskostüm des Alltags abzustreifen und in neue, andersartige, aufregende Welten lustvoll einzutauchen. Die wichtigsten Grundlagen für Techno waren damit geschaffen. Der neue Sound mußte nur noch „erschaffen" werden und ließ in Deutschland nach dem Berliner Mauerfall auch nicht mehr lange auf sich warten.

7. Zerbrochene Welt – der Mauerfall und die Folgen

„... sie nutzten gewissermaßen die Gelegenheit,
zu verschwinden – vielleicht hatten sie von sich selbst genug?"
Jean Baudrillard, Philosoph

Als Berlin Anfang 1989 bereits die ersten Schallwellen von Techno-House-Klängen erreichten und im Sommer seine erste Love Parade erlebte (s. IV.1), stand die Mauer zwar noch, die Grenzen aber waren insgesamt schon durchlässiger geworden: In ganz Osteuropa rumorte es, und immer mehr DDR-Flüchtlinge erreichten – meist noch über Ungarn – die Bundesrepublik. Noch durchlässiger war nur der Äther, über den West-Berlins Frontstadtradio SFB (Sender Freies Berlin) auch ostdeutschen Jugendlichen die neuen Töne à la Techno und House und ihre Botschaft übermittelte: „Monika Dietl von Radio 4U infizierte auf diese Weise Teile des Ost-Berliner Undergrounds mit hedonistischer Techno-Ideologie: Party statt Partei. Ihre Sendungen wurden im Ostteil Berlins mitgeschnitten. Auf ersten DDR-Underground-Techno-House-Parties ersetzten diese Radiomitschnitte kurz vor dem Fall der Mauer Techno-DJs und -Platten."[21]

Kein Wunder also, daß es mit Techno und House nach dem Fall der Mauer am 9. November 1989 schnell aufwärts ging. Während verantwortungslose und offenbar wirklichkeitsfremde Politiker noch von „blühenden Landschaften innerhalb von fünf Jahren" fabulierten, dauerte die Wiedervereinigung der Technoszenen in Berlin genau zwei Tage. Paul van Dyk, der aus der ehemaligen DDR stammt und heute einer der gefragtesten internationalen DJs ist, erinnert sich: „An einem Donnerstag gingen die Grenzen auf, und an einem Samstag machten wir gemeinsam Party im West-Berliner Kultclub UFO, während andernorts die Bananenstände geplündert wurden. (...) Mit dem Mauerfall konnten alle gleichzeitig bei Techno einsteigen, denn: Damit ging es nun mal los zu der Zeit."[22]

Begünstigt wurde dieser Einstieg vor allem durch den Umstand, daß Techno mit seiner weitgehend wortlosen und ideologiefreien „Sprache" ein ideales Pendant zur Sprach- und Orientierungslosigkeit vieler Jugendlicher nach der Implosion der DDR und dem damit einhergehenden allgemeinen Utopiezerfall darstellte. Denn eins war vielen überdeutlich geworden: Nicht nur der Politik und den Politikern war nicht mehr zu trauen, sondern überhaupt jedem vermeintlich stabilen System, innerhalb dessen Politiker – gleich welcher Couleur – agierten. Aber auch das vermeintlich sichere System, in dem man selbst lebte und sich aufgehoben fühlte, erschien insbesondere den Jugendlichen nun anfälliger, mitunter gar hinfälliger, als sie je geglaubt hatten. Wozu also noch für einheitliche Ordnungs-, Moralitäts- und Wertmuster kämpfen, die sich ja soeben allesamt als trügerisch und weitgehend obsolet erwiesen hatten? Der Kampf um diese einst modernen Werte hat sich seitdem für viele erübrigt und wird nun abgelöst von einem Kampf um Identität und Lust auf Intensität in der Postmoderne, denn: Wer nicht glauben kann, will spüren.

II. Die Techno-, Club- und DJ-Szene

„Wenn diese introvertierten Verrückten
die Popstars von morgen sind,
dann kommt ja was auf uns zu."

Aphex Twin
(elektronischer Musiker aus Cornwall, England)

1. Ohne House – kein Techno!

Das Geburtshaus von House Music steht in Chicago, in einer nicht gerade einladenden Gegend, nennt sich ‚Warehouse‘, ist aber kein Lagerhaus mehr, sondern eher ein faszinierendes *Madhouse*, also Irrenhaus, aus dem bis in die frühen Morgenstunden sonderbare Klänge heraus- und immer wieder dorthin nachströmende, meist jüngere Menschen hineintreten. Offenbar handelt es sich also um einen ziemlich magischen Ort. Wie sonst wäre es zu erklären, daß sich Unzählige zu einem derartigen Unort und noch dazu zu Unzeiten geradezu magnetisch angezogen fühlen? Und in der Tat handelt es sich um einen der avantgardistischsten schwulen Underground-Clubs der 80er Jahre an Amerikas Ostküste, dessen „Zeremonienmeister“ ein DJ namens Frankie Knuckles ist. Sein Zauberstab sind die zwei Tonarme seiner *turntables* (Plattenspieler), und seine Zauberkraft wohnt seiner ganz speziellen „Mix-Tour“ von Platten inne, mit der er die Tanzwütigen fortlaufend auf Trab hält. Und glaubt man einer der vielen sich um die Ursprünge der Housemusik rankenden Legenden, so gibt es auch eine von einem ominösen ‚Jack‘ ausgesprochene Zauberformel, die diese neue Musik ins Leben gerufen haben soll, denn: „In the beginning there was Jack and Jack had a groove. And from this groove came the groove of all grooves. And one day (…) Jack bawled and declared: ‚Let there be House.‘ And House Music was born. (…) House Music is the uncontrollable desire to jack your body.“[23] („Am Anfang war da Jack, und Jack hatte einen

---

Groove

Unter Groove, was ursprünglich die Rille einer Schallplatte bezeichnete, versteht man ganz allgemein den bewegenden Takt, den ein Stück hat, und/oder das unmittelbare Gefühl, das das Stück in einem auslöst. Dabei gilt: Je mehr dessen Rhythmus und *Drive* einen (auch ganz unbewußt und spontan) zum Tanzen (sprich: zum Mitgrooven) animieren – desto besser! Der Groove ist also das Herzstück eines jeden Dancefloor-Songs, ohne den kein Herz höher schlagen würde. Bei einem ‚echt groovy House-Hit‘ reichen oft schon die ersten paar Takte aus, um die Leute völlig aus dem Häuschen zu bringen und sie auf die Tanzfläche stürmen zu lassen. Das Todesurteil über eine Clubnacht ist hingegen dann verhängt, wenn sich die Mehrheit der Clubbesucher/innen nicht so recht regen will – dann nämlich fehlt jeder Groove, und der gesamte Abend wird als ziemlich ‚ungroovy‘ empfunden und der Club, wenn derartiges öfter passiert, nie mehr betreten.

Jack

Umgangssprachlich bedeutet das englische Verb *to jack* jemanden auf Touren bringen, und genau darum geht es bei der Housemusik: Mittels treibender Beats, dem sogenannten *Jacksound*, die Leute in Ekstase zu versetzen, sie physisch aufzuladen – bis zur Explosion. ‚Jack your body to the beat' und ‚Jack to the Sound of the Underground' sind sowohl beliebte Titel als auch meist einzige „Texte" von House-Stücken, die direkte Aufforderungen darstellen, sich und seinen Körper gehen zu lassen. Nicht zufällig sind die Wörter ‚to jack' und ‚to jack off', was onanieren heißt, identisch. Housemusik zielt also nicht nur auf den Körper im allgemeinen, sondern gerade auch im sexuellen Sinne ab.

Groove. Und von diesem Groove stammen die Grooves aller Grooves. Und eines Tages (...) rief Jack aus und erklärte: ‚Es sei Housemusik.' Und Housemusik war geboren. (...) Housemusik ist das unkontrollierbare Verlangen, eure Körper auf Touren zu bringen".)

So gut das auch klingen mag – ganz so einfach war es dann doch nicht. Richtig ist, daß die Zeit für einen neuen *groove* reif war. Und den bekam man eben zuerst nur im ‚Warehouse' zu hören, wo Knuckles mit anderen DJs begann, einen neuen Sound aus den schon vorhandenen afro-amerikanischen Elementen Funk, Soul, europäischem Pop à la ‚Kraftwerk' und technoiden Klängen zusammenzumixen, sprich: zu *sampeln*. Resultat war eine schnellere und baßlastigere Version von Disco mit Soulelementen, mit oder ohne Vocals, aber auf jeden Fall mit ca. 120 Beats pro Minute, kurz BpM: *der* neuen Maßeinheit für diesen neuen Musikstil. Schon bald sprachen die Leute von dem *unique sound they play down in the House* (dem einzigartigen Sound, den sie da im House spielen), womit das ‚Warehouse' gemeint war, und damit hatte die neue Musik auch schon ihren Namen: schlicht Housemusik.

Der Durchbruch war geglückt und öffnet ab jetzt immer neue Türen für immer neue Stilvarianten, die jeweils in den unterschiedlichen Clubs von den jeweils dort auflegenden DJs geprägt werden. So klingt der New Yorker House-Sound eher weich, während der Chicago House-Sound schon härter in die Ohren dringt. Ganz anders wiederum klingt ‚Acid House', was der Name ‚Acid' (Säure) schon andeutet: Hierbei handelt es sich um eine Chicago House-Variante, die härter, disharmonischer und entsprechend *ätzender* ist und die ihren schrägen Klang vor allem dem Baßcomputer ‚Roland

Sampler

Ein Sampler ist ein Musikcomputer, der analoge Eingangssignale in digitale umwandelt und mit dem man Töne, Geräusche, Geschwindigkeit und ganze Musiksequenzen verändern und mischen (sampeln) kann. Die digitalisierten Signale heißen Samples und können ohne Streuverluste über eine Klaviatur abgerufen, unterschiedlichst bearbeitet und gespeichert werden. Der Klang bleibt also immer brilliant, egal, ob man sich seinen Song aus zehn, zwanzig oder sechzig Pop-Titeln zusammenklau(b)t. Mit Hilfe eines Samplers lassen sich also zum Beispiel Soundschnipsel von einem Orkan, einem kalten, metallenen Glockenschlag, einer Soulstimme, die immer mal wieder ‚Yeah' stöhnt, und ein durchgängiger tiefer 4/4 Baßrhythmus zu einem stimmungsvollen Sound zusammensampeln. Oder: Fehlt einem bei einem bereits „fertigen" Dancefloor-Song irgendwo ein Saxophonpart, so kann er nachträglich an der geeigneten Stelle einfach dazwischengesampelt werden. Oder vielleicht ein sanftes Meeresrauschen? Oder doch lieber ein Gewitterregen?... Dem Spieltrieb sind keine Grenzen gesetzt. Mit dem Sampler kann jeder, der will, seinen Einfallsreichtum unter Beweis stellen und – da mittlerweile fast ein Kinderspiel – vielleicht sogar einen Hit landen. So revolutionär die Collagetechnik einst für die Kunst und den Kunstbetrieb war, so sehr ist es die Sample-Technologie heute: Auch sie weicht den starren Musik- und Kulturbetrieb mit seinem Geschmacksdiktat auf und setzt sich dabei „spielend" über musikalische und kulturelle Grenzen hinweg. Aus Kultur wird Sample-Kultur, die Welt wird zum Remix.

Remix

Ein Remix ist ein wiederaufgelegter „neuer" Song bzw. Track, der seinem Original sehr ähneln, aber auch völlig anders klingen kann. Die ersten Remixes entstanden schon zu Discozeiten, in denen die Tanzbegeisterten gemäß dem Motto „Don't Stop" gar nicht mehr aufhören wollten zu tanzen: als sogenannte ‚Long Version' eines heißen Disco-Hits, der auf die zu diesem Zweck erfundene ‚Maxi-LP' (auch 12'' – also: ‚twelve inch' genannt) geb(r)annt wurde. Inzwischen sind Remixes von Dancefloor-Tracks nicht nur Standard, sondern geradezu „Pflicht"; reicht es doch schon längst weder den Produzenten noch Konsumenten aus, nur über *eine* Version ihres Tracks zu verfügen. Denn je nach Geschmack und Stimmung turnt mal die Instrumentalversion (zum Beispiel von ‚Nomad's' ‚I Wanna Give You Devotion') mehr an als der „Soul Mix", während der etwas heftigere „Rock Shock Mix" nur selten zu ertragen ist, der geniale, afrikanische „Joey Negro Mix" dafür aber geradezu süchtig macht. Remixes sind also Variationen und/oder Modifikationen eines Originals, die mittlerweile jedoch nicht mehr ausschließlich von den Original-Produzenten, sondern zunehmend auch von gut bezahlten Mix-Experten, den sogenannten ‚Remixern' vorgenommen werden, die in der Regel bekannte DJs sind.

TB 303' verdankt, der, um 1986 schon für 300 DM Second Hand zu haben, eine *der* technologischen Voraussetzungen für eine Ära noch härterer, metallisch hämmernder Beats einleitete, an deren Ende schon bald ein neuer musikalischer Meilenstein gesetzt werden sollte: In Detroit wurde ‚Techno' „erfunden".

Roland TB 303

Was den großen Konzertpianisten ihr ‚Steinway'-Flügel, ist den Techno-musikern ihr kleiner, kompakter ‚Roland TB 303'. Als Mini-Baß-Synthesi-zer mit integriertem Sequenzer garantiert dieser Drumcomputer ebenso wie die Modelle ‚TR 606' und ‚TR 909' die für House- und Techno-Tracks konstitutive, ultimative und maximal härteste *Bassline*. Mit kaum einem anderen Gerät klingen die gefürchteten Bässe fetter, die legendären Kickdrums einhämmernder und die subsonischen Bässe wummernder. Und da der Sound und mit ihm der Groove in der Tat aus dieser kleinen „Wunderschachtel" kommt, nennt man dieses Gerät auch schlicht und liebevoll ‚Groovebox'. Hinzu kommt, daß der eingebaute Sequenzer einer einzelnen Person gestattet, nicht nur 16 bzw. 32 unterschiedliche Instrumente gleichzeitig spielen zu lassen, sondern ferner auch noch innerhalb eines bestimmten Trackabschnitts Korrekturen in Echtzeit vor-zunehmen. Kurz: *No Groovebox – no House – no Techno-Shocks.*

---

2. Techno – die Abfahrt an den Hängen der Schallmauer

„Let's call it ... Techno" ...

... soll – wieder so eine Legende – ein DJ namens Juan Atkins auf die Frage, wie man denn die soeben hergestellte, bizarre Musik nen-nen könnte, geantwortet haben, nachdem er zuvor genüßlich und nachdenklich zugleich an seinem Joint gezogen hatte. Legende hin oder her: Die Art von Musik, die der futurismusverliebte Atkins und sein technikvernarrter Freund Richard Davis seit 1981 unter dem Namen „Cybotron" in Detroit fabrizierten, entzog sich in der Tat jeglicher Zuordnung: Für den bisherigen House-Sound fehlte es ihr an Seele, gleichzeitig kam ihre Musik aber auch nicht einem ein-zigen schrägen Fiepen und Blubbern von Acid House, einer Vari-ante von Chicago House, gleich. Und – man höre und staune: tanz-bar war sie dennoch. Nur gut, daß die beiden afroamerikanischen Detroiter Techno-Pioniere 1985 eine Single unter dem Namen „Techno City" herausgaben, so daß spätestens seitdem wenigstens der Name dieses neuen und harten Musikstils feststand.

Dabei entsprach die Härte des Sounds der gesellschaftlichen Härte und Kälte der grauen und öden Stadt Detroit. Einst durch Henry Ford, der hier damals sein erstes Auto baute und die Fließbandproduktion erfand, als boomende „Motor City" bekannt, degenerierte die Downtown Detroits in den 80er Jahren mit dem Niedergang ihrer Automobilindustrie zu einer gefährlichen Geisterstadt, in der man auch mal ab und zu und „aus reinem Zeitvertreib" jemanden „umnietete" (Jeff Mills, DJ aus Detroit). Nicht umsonst gibt es in der neuntgrößten Stadt Amerikas noch heute T-Shirts mit dem süffisanten Slogan, „Detroit – No place for wimps" („Detroit – Kein Ort für Feiglinge") zu kaufen. Der Techno-Sound spiegelt aber nicht nur die Gewalt und Tristesse von Downtown Detroit wider, in der heute ca. eine Million Menschen leben, von denen gut achtzig Prozent afroamerikanischer Herkunft sind. Er ist auch ein musikalisch-melancholischer Ausdruck der Sehnsucht, äußere wie innere Grenzen zu überwinden, dem Elend über das Durchbrechen der Schallmauer zu entkommen, an ihren Hängen zu tanzen und radikal „sein eigenes Ding" zu machen.

Mit den internationalen Chart-Erfolgen von Inner City's „Big Fun" und „Good Life" und Kevin Saundersons „Techno! – The New Dance Sound of Detroit" trifft der abgedrehte Sound 1988 schließlich auch auf dem britischen Eiland mit *seiner* „sich gerade formierenden Dancefloor-Kultur (ein). Aus britischen Detroit-Techno-Fans wie Adamski und Baby Ford wurden Produzenten, die in einer Mischung aus Techno und Acid eine europäische Version der Hi-Tech-Musik herausdestillierten."[24]

Public Energy for Germany

Für Techno in Deutschland stehen vor allem zwei Namen: Maximilian Lenz und Sven Väth. Zwei Steckbriefe:

> „Was Punk für die siebziger Jahre war, ist die DJ-Musik für die achtziger. Mit dem Unterschied, daß Punk das Ende einer Ära (Rock 'n' Roll) war, und die DJ-Musik, viele Traditionalisten werden es nicht gerne hören, der Beginn einer neuen ist."

Westbam

So fing für den am 4. März 1965 in Münster geborenen Maximilian Lenz nach eigener Aussage eigentlich alles einfach nur damit an: „Bumm, Bumm, Bumm."[25] Anstatt „Klick" hatte es also „Bumm"

Westbams erstes Zuhause: das Berliner Metropol am Nollendorfplatz

bei ihm gemacht, und schon mit achtzehn Jahren stand er „freiwillig" und in Anlehnung an sein Vorbild ‚Afrika Bambaataa', dem Begründer des politischen HipHop in den USA, als ‚Westfalia Bambaataa', (kurz: Westbam) hinter dem Discopult der Münsteraner Provinz-Disco ‚Odeon'. „Mit 19 folgte meine Einberufung ins ‚Metropol' Berlin, wo ich als Westfalia Bambaataa zum Enfant Terrible avancierte und es insgesamt auf 7 Überwerfungen mit Hinauswurf und Wiedereinstellungen brachte. So hieß es bald bei den Einheimischen: Wo ‚er' auftaucht, ist etwas los oder wird bald etwas los sein."[26] Und das nicht zu Unrecht, denn Westbams eigentliche Instrumente sind die Plattenspieler, auf denen er als einer der ersten deutschen DJs die ersten harten Chicago House-Stücke auflegte, sie endlos miteinander verschraubte und so (s)eine eigene, neue Musik unter das (damals noch überwiegend schwule) einheimische Tanz-Volk im Metropol brachte. Diese *Art* des Neukombinierens, besser: Neukomponierens bezeichnete er in der 1984 veröffentlichten Kulturzeitschrift ‚Der Neger' als „Record Art", die sich folgender Methoden bediente: „dem Mixen (Übereinanderlaufen lassen von Platten), *Cutten* (Aneinanderschneiden von Platten) und, nicht zuletzt, dem berühmt-berüchtigten *Scratchen*. (…) Record Art ist *minimal music*, sie ist unpopulär und unkommerziell.

35

(…) Record Art ist alles andere als nett, sie ist bad, hard and mean. (…) Aber darin liegt zugleich die Größe ihrer Kunst: Sie provoziert noch jemanden."[27]

HipHop

HipHop ist ein aus den afroamerikanischen Ghettos der New Yorker Bronx stammender Musikstil, der mit seinem entsprechend harten Rhythmus und dem ihn begleitenden rhytmischen Sprechgesang, dem sogenannten *Rap* (engl.: to rap = pochen, klopfen/ to rap out = herausbellen od. –poltern), die Musikwelt komplett revolutionierte: Faßte man unter dem Wort Rapper am Anfang dieses Jahrhunderts noch einen Informanten der Polizei auf, so klären seit Beginn der 70er Jahre die jugendlichen Rapper des HipHop ihre ignorante (weiße) Umwelt auf: nämlich darüber, was es für sie bedeutet, als sogenannte „Minderheit" denunziert, kriminalisiert und in Ghettos abgedrängt und damit abgeschoben zu werden. Unter dem Motto „Word Up" werden sowohl Stimme sowie (drohender) Zeigefinger erhoben, um auf (sexuelle) Gewalt, Verbrechen und die Macht der Drogen in den Ghettos aufmerksam zu machen. Aber auch die aus HipHop hervorgegangene Graffiti-Kunst und „Breakdance-Akrobatik" sind Ausdruck des Lebensgefühls der HipHop-Szene, so daß HipHop schon längst kein rein musikalisches Phänomen mehr darstellt, sondern Ausdruck einer ganzen, internationalen (Jugend-)Kultur ist.

Scratching

Das Scratching (engl., dt.: kratzen) ist eine zuerst von den HipHop-DJs eingesetzte Technik, bei der zwei miteinander verbundene Plattenspieler zum Einsatz kommen: Die erste Platte wird normal abgefahren, während die zweite zum Rhythmus der ersten immer wieder mal schnell vor- und zurückgedreht wird. Dabei kommt es zu dem berühmten Kratz-Ton, dem sogenannten *scratchsound*, aus dem besonders geübte Scratch-Spezialisten mit viel Fingerspitzengefühl, die sogenannten *scratchmasters*, sogar ganze Melodien herauskitzeln bzw. -kratzen können. Bei manchen Wettbewerben, den sogenannten *scratch competitions*, sollen sich auch schon einzelne DJs an bis zu einem Dutzend Plattenspielern ausgetobt bzw. „ausgescratcht" und ihr Talent unter Beweis gestellt haben.

1985 gründete er zusammen mit seinem Produktionspartner Klaus Jankuhn und William Röttger die Plattenfirma ‚Low Spirit', 1986 organisierten sie die vermutlich erste deutsche Techno-House-Party im Club „Ex & Pop", und zwischen 1987 und 1990 tourte ihr erfolgreiches Party-Konzept „Die Macht der Nacht" von Berlin aus auch nach Hamburg, München, Köln und Düsseldorf und trug auf seine Weise zur Verbreitung des Techno-House-Fiebers in

Deutschland bei. Am 31.12.1991 veranstalteten ‚Low Spirit' und Jürgen Laarmann – Herausgeber des damals größten und wichtigsten, inzwischen jedoch eingegangenen Techno-Magazins ‚Frontpage' – die erste ‚Mayday' in der Berliner Halle Weißensee, die seitdem eine der größten Rave-Veranstaltungen Deutschlands ist. Und natürlich fehlte Westbam auch nicht auf der ersten Berliner Love Parade: „Juli 1989, Motte spricht mich in (dem Club) ‚Turbine Rosenheim' an, er hätte sich überlegt, es müßte einen, wie er sagte, ‚International Party People Day' geben, er würde eine Demonstration anmelden, ob ich Lust hätte, ein Tape dafür aufzunehmen. Na klar. Eine Demonstration für Housemusik, dachte ich, für so was ist Berlin doch immer gut."[28] Bekannt ist der umtriebige, zugleich aber eher ruhige Westbam mittlerweile längst weltweit: im koreanischen Seoul ebenso wie in Tokio, Riga, London, Chicago, New York und in Frankfurt, wo jemand anderes sein Unwesen trieb. Jemand, der sich damals – sicher ganz im Gegensatz zu Westbam – vermutlich nie so wie er geäußert hätte: „Ich muß ja offen zugeben, daß der DJ-Popstar auch so eine Idee von mir war, als ich 18, 19 war und glaubte, man müßte sich lustig anziehen. Doch das hat sich bei mir gelegt. Ich bin zu dem Schluß gekommen, daß die Bühne bei Techno die Tanzfläche ist – und nicht das DJ-Pult. In dem Moment, wo es nicht mehr so ist, läuft es für mich in die falsche Richtung."[29]

„Das Nachtleben
war immer schon
ein Ventil für mich."

Sven Väth

Genau das DJ-Pult sollte aber für Sven Väth, der am 26.10.1964 in Obertshausen in der Nähe von Frankfurt geboren wurde, die Bühne, die die Welt bedeutet, werden. Seinen ersten Probeauftritt in Frankfurts Flughafendiscothek ‚Dorian Gray' bestand er 1982 ebenso nach allen Regeln der (Selbst-)Inszenierungskunst wie all seine unzähligen späteren Auftritte in dem von ihm, Luca Anzilotti und Martin Martinsohn am 5. September 1988 gegründeten und seither legendären ‚Omen': Mal in schrillster Aufmachung inklusive Sauerstoffmaske, mal nur mit zehn Zentimeter hohen und blinkenden Reebok-Turnschuhen „bekleidet", betritt er dort die DJ-Kanzel, „hebt einen Arm in die Luft, wedelt mit der Hand, als wolle er die Luftfeuchtigkeit messen. Die ist eh seit Stunden so hoch, daß alles klumpt. Da legt nicht einfach jemand Musik auf, da macht einer eine neue Welt klar, schafft den Schritt auf die nächste Ebene. Und noch etwas fällt auf: Väths Publikum tanzt mit Blickrichtung DJ. Das ist ungewöhnlich. (...) Sven baut Spannung auf, langsam und in langen Bögen. Wenn er die Arme hebt, predigt er – bis alles in einem Gewitter drückender Beats kulminiert. (...) ‚Ich bin mehr so die one man show', merkt er an. Und plötzlich blickt er ernst. ‚Ich weiß, ich hab' auch viele Feinde. Mich mögen viele Leute nicht. Aber ich glaube, ich bin auch einzigartig. (...) Wenn er feiert – das gilt auch heute – tut er es bis zum Exzeß. Kompromisse gibt es nicht. ‚Unter acht Stunden lege ich nie auf'."[30] Bereits mit seiner zweiten Single „Electric Salsa" avancierte er zum DJ-Star, 1991 und 1992 wurden die (1997 eingegangenen) Labels ‚EYE Q' und dessen Sublabel ‚Harthouse' das sich jungen, talentierten Technomusikern widmen wollte, von ihm, Heinz Roth und dem Produzenten Matthias Hoffmann gegründet. Und schließlich (kein Wunder bei soviel Tatendrang), pünktlich jedes Jahr im Frühling, widmet sich Sven Väth, so weit es irgend geht, sich selbst, indem er zum Entspannen nach Goa fliegt. Nachdem dies einmal die Runde gemacht hatte, mutierte Goa blitzartig zum angesagten Reiseziel nun endgültig infizierter Techno-Jünger, die seitdem offenbar keinen Weg scheuen, und sei er noch so lang, um sich den heißen Techno-Sound auch noch unter sengender Sonne und unter Palmen reinziehen zu können.

Was also ist dran an den Techno-Klängen, was genau ist Techno? Hier einige Antworten: „Techno, das sind zuerst einmal eintaktige Rhythmen im kilometerlangen Viervierteltakt. (...) Technospezifisch ist aber, daß und wie die Rhythmen übereinandergeschichtet werden. (...) Neben dem obligaten vierviertel-Baß und dem Schlagzeugsound werden verschiedene Computersounds oder -geräusche ebenfalls als Rhythmusträger eingesetzt. (...) Sowenig Techno-Komponisten sich um Harmonien scheren, sowenig interessiert sie offenbar auch die Form ihrer *Tracks*. Diese erscheint meist als willkürliches Aneinanderreihen von Elementen, zufällig und durch Ausprobieren entstanden. (... Wesentlich ist) ein ständiges Auf- und Abbauen von Spannung"[31], die an die entsprechend auf und ab und hin und her tanzenden Technokids weitergeleitet wird und dort ihren physisch-ekstatischen Ausdruck findet.

Track

Das Wort Track ist gleichbedeutend mit dem Wort ‚Spur‘ oder ‚Stück‘ (Musikstück), zugleich läßt es sich aber auch mit ‚Weg‘ übersetzen und verweist somit auch auf die Offen- und Unabgeschlossenheit der von den DJs aneinandergereihten Dancefloor-„Stücke“. Durch sein Geschick, die Übergänge dabei so fließend wie möglich zu machen, könnte man (zumindest als absoluter Laie) dem Irrglauben verfallen, auch noch nach Stunden ein und dasselbe Stück zu hören. Genau das ist jedoch die Masche, nach der in stundenlanger Feinstarbeit hinter den Plattentellern die endlosen Klangteppiche verknüpft werden, auf denen man ungestört und im Wortsinn ununterbrochen abfahren kann und soll. Zugleich wird damit aber auch die Unterscheidung von einzelnen Stücken und deren Interpreten unmöglich, da sie – einmal in die Endlosspur der auserwählten Tracks eingereiht – als erlesenes ‚Einzelstück‘ keine herausragende Rolle mehr spielen; wohl aber im Verbund eine vermittelnde.

Aus musikgeschichtlicher Perspektive betrachtet, verhält sich Techno als Weiterentwicklung seiner Vorläufer House und Acid wie einst der Free Jazz zum Ragtime. Denn auch bei Techno stehen „die Idee der Auflösung festgefügter Strukturen und das Experimentieren mit der Musik als Klangmaterial (…) im Vordergrund. ‚This is a journey into sound‘, verspricht (so auch) eines der häufig benutzten Vocal-Samples. (…) Techno ist die Musik absoluter Unmittelbarkeit und reiner Physik. Während Disco und House noch die Unmittelbarkeit über Verführung, Glamour, Erotik und Eleganz herzustellen versuchten, gelangte Techno mit Brachialgewalt über Lautstärke direkt in die Nervenschaltstelle und sandte von dort Signale an den Körper. Subsonische Basslines und Quietschgeräusche, die noch vor kurzem jenseits der Schmerzgrenze angesiedelt waren, landeten mit Techno auf dem Dancefloor.“[32]

Das Neue und Revolutionäre an Technomusik ist also, daß sie auf Songstrukturen und Texte fast völlig zugunsten einer reinen subsonischen Baßlinien-Struktur verzichtet. Es wird also nichts mehr „besungen“ – weder eine Flower Power-Idylle, noch ‚No Future‘-Hymnen à la Punk oder sozialkritische Statements wie zum Beispiel der von Pink Floyd berühmt gewordene antipädagogische ‚We don't need no education‘-Aufruf auf ihrem Album ‚The Wall‘. Diese Zeiten sind nun – und bei uns insbesondere nach dem Fall der ‚Berlin Wall‘ – endgültig vorüber. Von nun an erzittern die Mauern und Körper unter dem alles bestimmenden subsonischen Beat, der die bereits von House eingeleitete Underground-Club- und Dance-floor-Ära mittels eines noch schnelleren Tempos bis 200 BpM und mehr erneut belebt. Was bei Techno zählt, ist allein der wummernde Sound und das immer wieder neue Experimentieren um ihn herum.

Subsonischer Baß
Subsonische Bässe (engl.: subsonic bass) sind der Schrecken all derer, denen zum ersten mal ein Techno-Stück zu Ohren kommt oder genauer: in die Glieder fährt. Denn mit Schwingungen unterhalb 20 Hz sind diese subtilen Tiefenklänge zwar für das Gehör nicht mehr wahrnehmbar, wohl aber für den Körper spürbar: als der von den einen geliebte und den anderen gehaßte dröhnende Wummersound.

Dabei kommt natürlich die rasante Entwicklung auf dem elektronischen Musikinstrumentemarkt sowohl den House- als auch Techno-Produzenten mehr als entgegen. Zum einen werden immer raffiniertere Möglichkeiten der Klangproduktion und -manipulation auf dem gerade entstehenden Multi-Media-Markt feilgeboten, und das zum anderen auch noch zu zunehmend günstigeren Preisen. Vorbei sind die Zeiten, in denen die meisten vielleicht wirklich nur davon träumen konnten, Musikkünstler zu werden: erst die Anschaffung eines oder gar mehrerer teurer Instrumente, dann Unterrichtsstunden, womöglich noch privat, ferner nerviges Notenlernen, dann der ja schon immer befürchtete Streit mit dem Musiklehrer, der immer schon anders wollte als man selber, und schließlich – wie sollte es anders sein – dann doch der endgültige Bruch. „Ach ginge es doch einfacher!" oder „Könnte ich doch endlich das machen, was *ich* will!", stöhnte man damals. Und plötzlich – Wunder der Technik – geht es tatsächlich einfacher, und man kann sogar mehr machen, als man sich vielleicht je erträumt hat. Hinzu kommt, daß mit dieser preiswerten Technik mittlerweile jeder zu Hause perfekte Aufnahmen erstellen und verbreiten kann, und zwar auch ohne Unterstützung einer Plattenfirma. Das ‚Do it yourself'-Prinzip setzt sich nun auch in der Musik durch. Seitdem lautet eine der häufigsten Klagen (von wem wohl?), daß heute ja leider jeder Idiot meint, Musik machen zu können. Nun – den unerschrockenen und experimentierfreudigen „Idioten" sei Dank, denn ohne sie gäbe es grundsätzlich keine musikalische Innovation und damit letztlich auch weder House- noch Technomusik.

Und da mittlerweile nahezu jede technologisch produzierte Tanzmusik unter dem Oberbegriff ‚Techno' bzw. ‚House' zusammengefaßt wird, sollen im folgenden die wichtigsten Stilarten, die sich seither daraus entwickelt haben, aufgelistet und unterschieden werden:

House

Housemusik, benannt nach dem Club ‚Warehouse' in Chicago und fest
verbunden mit der ‚Paradise Garage' in New York, ist eine erstmals
Mitte der 80er Jahre von den DJs Frankie Knuckels (Chicago) und Larry
Levan (New York) speziell für den Dancefloor geschaffene, 4/4 taktige
und baßlastige Tanzmusik, die sich dabei stark an Disco und afro-ame-
rikanische Soulelemente anlehnt. Der treibende Rhythmus steht im Vor-
dergrund und soll alle – gleich welchen Geschlechts, welcher Hautfarbe
und welcher sexuellen Ausrichtung – zur „one nation under one groove"
lustvoll miteinander vereinen. So wollte es George Clinton, der diese
Maxime aussprach, und mit ihm gelingt dies seither so wichtigen
House-Interpreten wie Jesse Saunders, Farley Jackmaster Funk, Todd
Terry, David Morales und Armand van Helden in den USA, Claudio
Cocolutto in Italien und den deutschen House-DJs DJ Tonka und
Mousse T, um nur einen Bruchteil der groovenden Nationen und ihrer
„Vinyl-Helden" zu nennen. Sie alle stehen jeweils für eine bestimmte
Variante von Housemusik. So unterscheidet sich zum Beispiel der
etwas härtere Chicago House-Sound mit seiner Street-Mentality und
Rhythmusorientiertheit von dem New Yorker Garage-Sound mit seiner
Soul-Mentality.

Garage/Deep House

Beim sogenannten *garage sound*, der Mitte der 80er in dem New Yorker
Club ‚Paradise Garage' geprägt wurde und dieser House-Stil-Variante
den Namen gab, bleiben die klassischen Songstrukturen von Strophe
und Refrain in der Regel erhalten. Die menschliche Gesangsstimme tritt
in den musikalischen Vordergrund, erhöht damit den Soulanteil und gibt
dem Garage-Sound eine stärkere Gesangsorientierung. Garage klingt
also weicher und gefühlvoller und wird deshalb auch gerne mit ‚Deep
House' umschrieben. Mit Deep House bezeichnet man also vor allem
jene weicheren House-Stilvarianten, die besonders tiefgründig daher-
kommen und nicht vordergründig auf irgendwelche Effekte setzen.
Deep kann dabei alles mögliche sein: eine lang anhaltende beseelte
Soulstimme, ein wohlig in die Länge gezogener tiefer Baß, eine immer
wiederkehrende, angenehm kribbelnde Percussion-Sequenz oder ein
die Vocals zart begleitender Saxophonton. *Deep* ist Empfindungssa-
che, und alles, was tieferen Empfindungen bei House musikalischen
Raum gibt, ist *deep house*. Sehr *deep* sind hier vor allem Interpreten wie
Ultra Naté und Barbara Tucker, aber auch Byron Stingili, Arnold Jarvis
u. v. m.

Speed Garage

Übersetzt man ‚Speed' mit Geschwindigkeit, so könnte man meinen, daß der 1996 aufkommende Speed Garage-Sound den Garage-Sound noch einmal beschleunigt. Irrtum. Die Taktfrequenz bleibt mehr oder weniger unverändert. Das Neue aber ist, daß hier die bereits bekannten House-Elemente mit Drum & Bass-Elementen kombiniert, also mit abgehackten und sich dabei immer wieder neu überlagernden kurzen Beats angereichert werden und so einen neuen, variantenreicheren Stil kreieren.

Drum & Bass

Bei dem Ende der 80er aus London kommenden Drum & Bass-Sound stehen Percussion-, Baß- und Breakbeat-Elemente – also ungerade Takte bzw. eine Kombination von geraden mit ungeraden Takten – im musikalischen Mittelpunkt, die, jeweils digital verkürzt, immer wieder neu miteinander verbunden werden. Die eher geradlinige 4/4-Baß-linien-Struktur von House und Techno wird also ständig wieder gebrochen, bringt dadurch mehr Abwechslung und Spannung ins Spiel und sorgt so für einen entsprechend verspielteren, zugleich aber auch nervöseren Sound, egal ob er sich dabei mehr an den traditionellen Vorbildern Soul, Jazz oder Funk orientiert. Wichtige Drum & Bass-Verf(l)echter sind DJs wie Fabio, Grooverider und Goldie.

Jungle

Aus dem Dickicht von Drum & Bass-Stilen drang Anfang der 90er Jungle hervor, eine englische Breakbeat-Variante, die wegen ihrer Kombination von Samples aus Reggae-Musik und afrikanischen Klängen mit extrem schnellen Breakbeats wie ein musikalisches Buschfeuerwerk anmutet. Häuptlinge des Jungle sind UK Apachi und General Levy, aber auch der New Yorker DJ Soulslinger.

TripHop

TripHop stammt – wie Drum & Bass und Jungle – aus dem Breakbeat-Lager, ist jedoch langsamer und knüpft dabei sehr stark an die afroamerikanische HipHop-Kultur und deren Rapmusik an, die bei TripHop nun seit etwa 1993 auch ihren synthetisierten und meist rein instrumentalen Ausdruck findet. Sehr berauschend – sprich: trippy – sind zum Beispiel DJ Krush mit seinem Album „MiLight" und die DJ Food-Produktion „A Recipe For Desaster"; ganz zu schweigen von dem genialen Gemeinschaftscoup, den Massive Attack und Mad Professor auf „No Protection" mit ihren Soundcollagen aus Dub- und Reggae-Elementen landeten.

Big Beats

Der Big Beats-Stil ist eine schnellere, vor allem aber härtere Version von TripHop, die sogar wieder mit Fusionen von Rock'n' Roll-Parts inclusive Texten von sich hören macht. Besonders erfolgreich sind die Soundprojekte von Fatboy Slim, die englischen Chartstürmer Chemical Brothers und The Prodigy mit ihren Techno-Punk-Ekzessen.

HipHouse

HipHouse gelangte 1989 kurzfristig in die internationalen Hitlisten und stellt seitdem, wie der Name schon vermuten läßt, eine musikalische Kreuzung von HipHop (also der einst überwiegend aus den schwarzen Ghettos der Vereinigten Staaten stammenden Rapmusik und ihrem sich reimenden Sprechgesang) mit Rhythmen des Chicago House-Sound dar. Nach dem Erfolg von Rob Base & DJ E-Z Rock mit ihrem Hit „It Takes Two" verschwindet HipHouse so schnell von der Bildfläche, wie es gekommen ist, und taucht erst 1997 völlig unerwartet mit der Gruppe Run DMC und ihrem millionenfach verkauften Hit „It's Like That" wieder auf.

Progressive House

Mit Progressive House bezeichnet man einen Stil, der eine Mischung von House- mit Techno-Elementen darstellt. Als „progressiv" kann dabei zum Beispiel Dave Clarke angesehen werden, der Anfang der 90er begann, diese bislang noch weitgehend nebeneinander existierenden Stile miteinander zu verbinden, und damit neue musikalische Wege beschritt. Seitdem jedoch das Fusionieren unterschiedlichster Stile zum allgemein guten Ton gehört, verwässert der Begriff Progressive House zunehmend.

Acid House

Zwischen 1987 und 1989 stellte Acid House die ins Extreme getriebene Weiterentwicklung von Chicago House mit seinen zum Teil hämmernden Piano-Passagen dar, die nun mit schrill quiekenden, blubbernden und disharmonischen elektronischen Tönen, destilliert aus dem 1982 in Japan erfundenen Baßcomputer Roland TB 303, zu einer neuen, ätzenden und stechend-bestechenden Soundsuppe mit gut 160 BpM zusammengemixt wurden. Dabei lieferten, um im Bild zu bleiben, die Acid House-Mixer das „Lätzchen" gleich mit: das leuchtend gelbe Smiley T-Shirt, das neben der ebenso unverzichtbaren Trillerpfeife, *das* Sinnbild und Markenzeichen der Acid House-Anhänger war und z. T. heute noch ist. Doch auf dem Höhepunkt des Acid House-Fiebers mit seinen berüchtigten illegalen (Drogen-)Parties rückten – vor allem in England – bald andere Leute mit Trillerpfeifen den Partygängern auf die Pelle: Polizisten veranstalteten Großrazzien und schlossen illegale Clubs, und die Medien erblickten in der Acid-Bewegung schnell eine Gefahr für die zivile Ordnung. Es kam zu einer regelrechten Acid-Hysterie, in deren Folge die Warenhauskette ‚Burton's' sämtliche Smiley T-Shirts aus ihren Läden verbannte und die BBC sich sogar weigerte, den damaligen Nummer-1-Hit der nationalen Charts „We Call It Acieed" von D-Mob zu spielen. „Das war nun wirklich ätzend", fanden sicher nicht nur D-Mob, sondern auch die ebenso wichtigen Acid House-Vertreter DJ Pierre, Sleazy D, Bam Bam, Mike Dunn oder der vierzehnjährige, von der Jugendzeitschrift ‚Bravo' damals zum Acid-Star hochgejubelte Kid Paul in Deutschland. Es sollte nichts nützen, denn schon kurz darauf ging es weiter mit Techno.

Tekkno

Läßt sich Techno eigentlich noch steigern? Aber ja. Denn es gibt eben nicht nur Techno, sondern auch Tekkno. Darauf machten bereits all jene aufmerksam, denen die ersten Techno-Tracks schon Anfang der 90er zu lau und lahm waren. 130 BpM? Das war schließlich noch gar nichts! Noch lauter, noch schneller und noch härter lautete ihre Devise, nach der die Dezibil- und BpM-Schraube immer weiter nach oben gedreht wurde. Das doppelte ‚k' fungiert für diese gesteigerte Techno-, pardon, Tekkno-Variante sozusagen als Gütesiegel: Es verbürgt den (vorerst) ultimativen Kick, für den Tekkno-DJs wie DJ Tanith und Rok Pate stehen. Aber es gibt auch noch deftigeres: Gabber.

Gabber

Gabber kam 1991 aus den Niederlanden und stellt die seitdem wohl heftigste und kompromißloseste Variante aus dem elektronischen Schreckenkabinett der Töne dar, für die ein Rotterdamer DJ namens Paul Elstak verantwortlich ist. Selbst eingefleischten Techno-Fans fällt es seitdem nicht mehr so leicht, zu entscheiden, ob es sich bei dieser bis zu 230 BpM rasenden und mit den unglaublichsten Schrei- und Quietschorgien versehenen Musik noch um Musik handelt oder einfach nur noch um aggressiv machenden Lärm. Denn Gabber hört sich an wie ein musikalisch auf die Spitze getriebener Super-GAU, bei dem der größte anzunehmende Unfall wohl nur das Umfallen der 20 000 Raver auf den jährlichen und berüchtigten Gabber-Raves – zum Beispiel in Rotterdam – zu sein scheint. Berüchtigt deswegen, da diese Großveranstaltungen auch einen regen Zulauf aus den Hooligan-Lagern haben, so daß es dort nicht immer friedlich bleibt. In Deutschland sorgen – der Name ist Programm – Speedfreak/DJ Fistfuck und E-De-Cologne/Ec8or (Köln) und die Leute von Hardcore (Hamburg) für immer neue akustische Schockwellen, Frankreich schickt mit Laurent Ho seinen Gabber-Stürmer ins Feld, und für Gabber in Amerika schwingt zum Beispiel Lenny Dee die Fahnen.

Rave/Rave Sound

Übersetzt man nach ‚Langenscheidt' das englische Wort *to rave* mit toben, rasen (a. fig. Sturm etc.), so läßt sich daraus schon (fast) alles ableiten, worum es beim Raven geht: um den massenhaften Ansturm auf die gigantischsten, längsten (und auszehrendsten) Techno-Parties schlechthin. Bei den ersten illegalen und allein durch Mundpropaganda bekanntgemachten Wochenend-Raves tobte man sich zu Beginn der Acid House-Zeiten in England noch auf irgendwelchen abgelegenen Wiesen und Feldern nahe der Großstädte London und Manchester zu den hier besonders schnellen und harten Klängen des Techno-Sounds, dem sogenannten *rave sound*, aus. Heute bezeichnet man jede Techno-

Großveranstaltung, die mehr als 2 000 Ravern legal (und zu oft recht stattlichen Preisen) die Pforten zu den Veranstaltungshallen bzw. die Gatter zu den großen Freilicht-Parties öffnet, als Rave. Eine weitere Besonderheit ist ihre Dauer: Unter 16 Stunden läuft gar nichts. Die legendärsten Raves in Deutschland sind die jährlich stattfindende und 72 Stunden dauernde ‚Mayday‘ in der Dortmunder Westfalenhalle (1994 zählte man dort 25 000 Teilnehmer) und – last but not least – die Berliner Love Parade, auf der sich zum Beispiel 1998 mehr als 1 Million Raver aus aller Welt zum gesellschaftlichen Massentanz einfanden und zur sogenannten *raving society* (ravenden Gesellschaft) zusammenschlossen.

Happy Hardcore
Happy Hardcore ist um 1995/96 als (Gegen-)Reaktion auf Gabber entstanden und versucht vom Hardcore-Trip wieder etwas runterzukommen, indem das Tempo etwas verringert wird, Melodien erkennbar und auch Gesangspassagen vereinzelt wieder zugelassen werden. Einen Hit aus dem Happy Hardcore-Lager landeten zum Beispiel 1996 die ‚Technoheads‘ mit ihrem Track „I Wanna Be A Hippie (And I Want To Get Stoned)“.

Trance
Trance (fr.-engl.), laut Duden ein „Dämmer-, bzw. schlafähnlicher Zustand (bei spiritistischen Medien)“, entsteht nicht nur beim Beschwören altertümlicher religiöser Riten, sondern auch beim entrückten Zuhören oder Tanzen zu moderner elektronischer Musik. Hier wie dort wird ein von der Realität abgekoppelter, transzendenter, ekstatisch-hypnotischer Bewußtseinszustand angestrebt, der über ein sich Hingeben an eine daher meist besonders repetitive und eher ruhigere Musik zu erreichen versucht wird. Den „Weg zum Glück“ ermöglichen dabei je nach (Musik-)Geschmack so unterschiedliche Trance-Varianten wie ‚Techno Trance‘ (eine harmonische Spielart von Techno, die zum Beispiel die britische Gruppe ‚Underworld‘ pflegt), ‚Acid Trance‘ (eine von Acid House abgemilderte Variante, die das Träumen wieder ermöglichen soll), ‚Goa Trance‘ (eine von Techno-Guru Sven Väth zeitweilig ins Leben gerufene internationale Trance-Gemeinde, die sich am Anjuna-Strand im westindischen (Drogen-)Paradies Goa von den Blitzlicht- und Klanggewittern der heimischen Streßparties zu erholen versucht) und schließlich, nachdem Goa *out* ist und in der Szene nur noch nachsichtig belächelt wird, ‚Psychodelic Trance‘, eine Weiterentwicklung des Goa-Sounds, der, unter neuem und unverfänglicherem Namen, die Oasen der Ruhe und Rückbesinnung wieder in die heimische Szene reimportiert.

Ambient

Ambientmusik zielt, wie der Name schon andeutet, auf ein bestimmtes Ambiente ab, für das sie konzipiert wird. Ambientmusik ist also Konzeptmusik für einen Raum, der durch sie auch klanglich erfahrbar gemacht werden soll. So schuf Brian Eno 1978 mit seinem rein technologisch produzierten Album „Music for Airports" eine abstrakte, minimalistische Klangkulisse, die seinerzeit auch am Flughafen Berlin-Tegel als kaum wahrnehmbare Klanginstallation „vor Ohren geführt" wurde, mit der das sphärische Grundrauschen der draußen auf den Pisten landenden und startenden Maschinen gewissermaßen in die Schalter- und Wartehallen hereingeholt wurde. Dieses Konzept berauschte natürlich auch diverse Technoproduzenten und Clubinhaber, die darin eine Möglichkeit sahen, die mitunter doch sehr anstrengenden Clubnächte mit ihren hämmernden Beats und Strobo-Effekten sanft ausklingen zu lassen und damit auch zeitlich ausdehnen zu können: Sie schufen Ruhezonen, die sogenannten *chill out-rooms*, in die man sich seitdem zu ruhiger, futuristischer und entspannender Ambientmusik zurückziehen kann. Sehr gut gelingt dies zum Beispiel bei Strange Cargo, The KLF, Sven van Hees oder auch The Orb. Mittlerweile hat sich dieser Stil in diverse Subgenres wie ‚Ethno Ambient', ‚Electronic Listening', ‚Minimal Techno' und ‚Experimental Music' aufgespalten. Der gemeinsame musikalische Nenner bleibt aber eine für Zen-Buddhismus-Meditationen geradezu prädestinierte Musik, zu der man daher eher andächtig die Hände faltet als das Tanzbein schwingt.

3. Erst mal anhören – die Rolle der DJ-Record-Stores

Hardwax, Berlin – ein Beispiel macht Schule

Die Verbreitung und der Erfolg von House und Techno sind ohne die Etablierung spezieller Plattenläden kaum vorstellbar. In Deutschland machte sich der Aufstieg dieser Musik ab 1990 bemerkbar, da es zu dieser Zeit „für hippe, junge Leute plötzlich eine ganz neue Musik zu entdecken und zu sammeln (gab), für die man sich noch richtig Mühe geben (mußte), um sich mit ihr identifizieren zu können. Ähnlich wie in den früheren Punk-Jahren eröffneten bald in jeder Großstadt coole Import-Plattenläden"[33], die DJ-Record-Stores: spezielle kleine Underground-Plattenläden von DJs für DJs bzw. von Liebhabern für Liebhaber des neuen DJ-Sounds.

Einer der ersten und eine der ersten Adressen (vgl. hierzu auch II.11.) ist nach wie vor das 1989 von Inhaber Mark Ernestus aus der Taufe gehobene ‚Hardwax' in Berlin-Kreuzberg, das heute, weit über Deutschland hinaus, den Ruf eines der bestsortierten DJ-Re-cord-Stores im Lande genießt. „Vor 1989", so erinnert er sich, „kam man kaum an die Platten aus Detroit ran. Man hat was gehört in englischen Zeitungen, aber es gab nichts zu kaufen."[34] Inzwischen haben sich in seinem Laden alle DJs, die in der internationalen Szene etwas gelten, nicht nur umgesehen und mit Platten für die Parties eingedeckt, sondern sie haben sich zum Teil auch dort ge-troffen und sich dabei über die neuesten *releases* (Veröffentlichun-gen), Projektvorhaben und andere Szene-News untereinander aus-getauscht. Was den Literaten ihre Caféhäuser sind, sind den DJs also ihre Record-Stores. Hier findet man alles, was das DJ- und Ra-ver-Herz begehrt: einige alte und jede Menge brandneue Veröffent-lichungen und weitere zigtausend, nach Euro-, UK- und US-Labels sortierte Schallplatten, die in eigenwillig gestalteten Covern (Plat-tenhüllen) liegen und allein deshalb schon oft zum Reinhören ani-mieren. So findet man zum Beispiel unter Euro-Labels fast alles: von ‚April' (Ambient) über ‚Djax Up Records' und ‚Kanzleramt' (Techno, FfM) bis zu ‚Zhark Records'; unter den UK-Labels alles von Jeff Mills' Label ‚Axis' (Techno) über ‚Mo Wax' (TripHop) und ‚Warp Records' bis zu ‚Yoshitoshi Recordings' (House); und bei den US-Labels alles von ‚Accelerate' über ‚Strictly Rhythm' (House) bis zu ‚Zedd Records' (vgl. hierzu auch II.11.). Daneben gibt es noch zwei weitere Abteilungen für Jungle-, Reggae- und di-verse andere Dancefloor-Labels, zu denen inzwischen u. a. auch das hauseigene Label ‚Basic Channel' gehört. Und wem das noch nicht reicht (oder zuviel ist), der kann auch die Wand hinter dem Ver-kaufstresen anstarren: Ikonen gleich hängen dort, besonders her-vorgehoben und übersichtlich angeordnet, weitere topneue Ver-öffentlichungen neben alten Kultplatten. Ferner kann man sich mit ein paar wenigen Szenemodeartikeln ausstatten. Dabei steht das angenehm überschaubare Angebot von T-Shirts, Taschen und Jak-ken – vorzugsweise mit Label-Aufdrucken aus Detroit, dem Ur-sprungsort von Techno – im angenehmen Kontrast zur Label-Viel-falt und dem Überangebot von Platten ringsum. Ferner kann man sich für ein paar Mark mit ausgesuchten Szene- und Musikmagazi-nen oder auch umsonst mit Dutzenden von Flyern eindecken. Was es sonst noch gibt? Nun, zum Beispiel die für DJs unverzichtbaren Tonabnehmersysteme und *slipmats*, und zu guter letzt gibt es da noch die „Sonnenbrille für die Ohren: Hear Safe Gehörschutz für

Profis und Clubgänger" (Hersteller-Slogan), die das sicher noch nicht vollständig aufgezählte Repertoire an verfügbaren Szeneartikeln an dieser Stelle abrunden soll. Problematischer als das Auffinden ist daher eher das Zurechtfinden in den DJ-Record-Stores, wenn es heißt:

Das erste Mal

Zunächst einmal befinden sich Plattenläden wie ‚Hardwax' in Berlin sowie auch die meisten anderen Record-Stores dieser Art im Lande in der Regel eher (weit) abseits der gängigen Fußgängerzonen mit ihren regulären Platten-Mega-Stores, die einem mit ihren großen beleuchteten Neonlettern bereits schon von weitem klar und deutlich den richtigen Weg weisen wollen. Sucht man jedoch eher ausgefallene, weniger aktuelle und bekannte Dancefloor-Tracks und/oder -Releases, ist man dort ziemlich schnell auf dem Holzweg und daher gut beraten, lieber gleich einen Um-, schlimmstenfalls Irrweg zu einem der nächst gelegenen, in Städten wie Berlin nicht selten in zweiten und dritten Hinterhöfen versteckten, DJ-Stores in Kauf zu nehmen, um einen Frustkauf vielleicht doch noch erfolgreich abwenden zu können.

Hat man die erste Prüfung (Auffinden eines DJ-Record-Stores) erfolgreich bestanden, naht jedoch schon die nächste Herausforderung: Wie findet man in einem DJ-Store seine Dancefloor-Scheibe? Unter „Rock & Pop", „Disco-Soul" oder einfach unter der Rubrik „Dancefloor"? Die Antwort darauf lautet: auf diese Weise gar nicht. Denn derlei Sammelbegriffe, wie man sie aus den großen kommerziellen Plattenläden wie der Kette ‚WOM' (World of Music) oder ‚Saturn' kennt, sucht man in Läden wie ‚Hardwax' vergeblich. Schließlich ist dort ja alles irgendwie ‚Dancefloor-Musik'. Deshalb werden sämtliche Platten auch nach Ländern und ihren zahllosen Labels sortiert (s. o.). Einzelne Interpreten? Ebenfalls Fehlanzeige. Und CDs? Nein, auch die sind dort nicht gerade der Verkaufsschlager. Und weniger dubios sortiert sind sie ebenfalls nicht. Aber dafür gibt es jede Menge Schallplatten, Vinyl in schönster Hülle und Fülle. Und – eigentlich ja auch kein Wunder in einem DJ-Record-Store – auflegen kann man seine ausgesuchten Platten in aller Ruhe selbst (Hinweisschilder ermahnen: „Nicht mehr als 20 Platten auf einmal!" und: „Kein Scratching oder ähnliches!"). – Nur, man muß seine Favoriten eben erst einmal entdeckt haben. Kurz: Um in Spezialläden wie diesem auf Anhieb, also ohne Hilfe, fündig zu werden, muß man entsprechend selbst schon über ein gewisses Spezial- oder wenigstens Grundwissen verfügen. Denn was nützt einem zum Beispiel der Name eines DJs oder – wie im folgenden – irgendein Titel einer House-Musik-Compilation, wenn man nicht weiß, welchem Label sie jeweils zuzuordnen sind? In dieser Situation bleibt einem also nicht viel anderes übrig, als sich an einen der anwesenden Verkäufer zu wenden, für die derartige Fälle jedoch an der Tagesordnung sind und folglich zur Routine gehören. So hat bei ‚Hardwax‘ derjenige Glück im Unglück, der dort zum Beispiel mit Piet, James oder Cora zusammenstößt, die gerne auch mal auf den eigentlich fürs Plattenaufstapeln konzipierten und entsprechend etwas breiteren Skateboards schwungvoll durch den meist von lautstark wummernden Beats erfüllten Laden schießen. Denn sie alle sind nicht nur junge – und offenbar sehr dynamische – Verkäufer, sondern in erster Linie selbst DJs und kennen sich somit bestens aus. Und sollten auch sie einmal an die Grenzen ihres Spezialwissens stoßen, hilft ihnen immer noch der Computer weiter. Auf Tastendruck löst er normalerweise (fast) jedes Zuordnungsproblem binnen weniger Sekunden. Und wenn – trotz aller Bemühungen – die gesamte Suche für einen am Ende nicht ganz zum gewünschten Erfolg führt? Zum Beispiel weil sich schließlich herausstellt, daß die einst auf dem UK-Label ‚Warp-Records‘ herausgegebene House-Compilation einerseits zwar seit 1994 vergriffen ist, zwei ihrer bekanntesten Ursprungstracks aber andererseits noch als Remixe zu haben sind, von denen man vielleicht selbst bislang noch nicht einmal wußte? Nun, dann dürfte sich der Weg doch wohl schon gelohnt haben; zumal wenn man bereits nach einer halben Stunde weiteren Rumstöberns auf diverse neue Entdeckungen und vielleicht noch auf viel interessantere Sounds gestoßen ist, die noch dazu auf Labels veröffentlicht sind, die man bis dato nur vom Hörensagen oder auch gar nicht kannte.

Vinyl

Wurden zu Beginn des 20. Jahrhunderts die guten, alten und schwarzen Schallplatten aus Schellack fabriziert, so werden die Platten heute in allen möglichen Farben und selbst transparent hergestellt, eben aus Vinyl, einem speziellen Kunststoff, der weniger brüchig, dafür aber wesentlich hitzeempfindlicher ist als Schellack. Und noch ein Hinweis: Wurde die Schallplatte mit der Erfindung der CD von manchen voreilig für „tot" erklärt, so feierte sie spätestens mit dem DJ-Boom ihr großes Comeback. Vinyl ist wieder „in". Das beweisen übrigens auch einige CDs, nämlich jene, auf denen das berühmte Knistern einer Schallplatte künstlich nachgeahmt und damit wiederbelebt wird. Viele können da nur die Nase rümpfen, besonders diejenigen (ja, solche Leute gibt es wirklich), die im Leben nicht darauf kämen, eine CD auch nur anzurühren.

Flyer

Flyer (engl., dt: Handzettel, Flugblatt), sind kleine, bunte und phantasievoll mit allen Rafinessen des Computer Aid Design gestaltete Handzettel, denen jedoch keine Aufrufe zu politischen Demonstrationen, sondern Ankündigungen der nächsten Partytermine zu entnehmen sind. Vielleicht nennt man sie aber auch deshalb Flyer, da sie – Fliegen gleich – mittlerweile massenhaft in den Clubs, DJ-Record-Stores, Bars und Szene-Cafés herum(f)liegen. Um dieser Flyerflut, die zunehmend in Wegwerfwut mündete, etwas entgegenzusetzen, setzte Marc Wohlrabe aus Berlin mit seinem „Flyer" ein neues Zeichen: als Mini-Heftchen im A8-Format und altbewährtem Flyer-Design, das vierzehntägig erscheint und auf ca. 80 Seiten gezielt über alles informiert, was in dieser Zeit in Berlin und Umgebung an wichtigen Szeneveranstaltungen läuft. Und da dieses kompakte Szene-News-Kompendium nach dem Franchise-System funktioniert, erscheint es ferner auch noch monatlich in Frankfurt am Main, Hamburg, München, Nordrhein-Westfalen, Sachsen und sogar New York – kostenlos.

4. Techno-Labels – Orientierungsschilder im Plattendschungel

Majors Contra Minors?

Was die ‚Deutsche Grammophon' der großen und bekannten ‚Polydor International GmbH Hamburg' für Karajan war, sind für die Techno-DJs der ersten Stunde noch so unbekannte kleine Labels wie zum Beispiel ‚Low Spirit' und ‚Tresor Rec.' in Berlin, ‚Whirlpool Productions' in Köln oder ‚Labworks' in Mainz. Unter einem Label (engl.: Etikett) versteht man ganz allgemein ein Unterneh-

Slipmat

Auf jedem Plattenteller liegt gewöhnlich eine Gummimatte, auf die man seine Platten legt. Für DJs, die nun aber beim Auflegen ihre Platten permanent wechseln müssen, wird Gummi jedoch oft zum Verhängnis: Die Platten kleben manchmal derart fest, daß ein schneller Wechsel nicht möglich ist. Tauscht er die Gummimatte jedoch gegen eine dünne Filzscheibe, die sogenannte *slipmat* (engl., wörtlich übersetzt: Gleitmatte) aus, klappt's auch mit dem Wechsel. Ein weiterer Vorteil ist, daß man Platten, die auf Slipmats liegen, mit dem Finger anhalten kann, während sich der Plattenteller ungestört, d. h. mit unverminderter Geschwindigkeit weiterdreht, was beim „Anfahren" eines Tracks an einer ganz bestimmten Stelle von entscheidener Wichtigkeit ist. Und schließlich sehen Slipmats auch noch besser aus, da sie nicht einfach nur unischwarz, sondern mit großer kreativer Leidenschaft gestaltet sind.

Compilation

Unter einer Compilation versteht man eine Zusammenstellung unterschiedlicher tracks, die insgesamt jedoch für ein klares musikalisches Gesamtkonzept stehen. So ist zum Beispiel der gemeinsame musikalische Nenner bei der von DJ Sneak und Princess Julia produzierten House-Compilation „Kinky Trax" bereits mit dem Titel angegeben:System funktioniert, erscheint es ferner auch noch monatlich in Franfurt am Main, Hamburg, München, Nordrhein-Westfalen, Sachsen und sogar New York – kostenlos. So verschieden die insgesamt 35 Stücke („trax") der 35 hier vertretenen DJs auch sind, „kinky" – also möglichst abgedreht und ausgefallen – sind sie alle. Und da die zwei DJ-Produzenten die Stücke auch noch gekonnt ineinanderfließen lassen, kommt der Hörer so auch tagsüber zu Hause in den Genuß eines Clubnacht-Feelings mit durchgängig gemixter Musik – wenn auch nur für 149 Minuten und 49 Sekunden.

men, das sich mit der Produktion und/oder Vermarktung von Tonträgern beschäftigt. In der Bundesrepublik sind die fünf großen Labels ‚BMG Entertainment International' (14 Prozent), ‚EMI' (11,2 Prozent), ‚Sony Music' (15,7 Prozent), ‚Universal Music Group' (23 Prozent) und ‚Warner Music Group' (14,5 Prozent) mit insgesamt 78,4 Prozent[35] Marktanteil entsprechend marktbeherrschend. Man bezeichnet sie daher auch als ‚Majors'.

Daneben existieren jedoch mittlerweile unzählige kleinere bis mittelgroße, von ihnen unabhängige und deshalb auch ‚Minors' oder ‚Independent Labels' (kurz: ‚Indie Label', pl.: ‚Indies') genannte Plattenfirmen, die nicht nur kräftig mitmischen, sondern den Markt zum Teil auch regelrecht aufmischen und somit in Bewegung halten. Denn gerade am Anfang von Techno waren es die kleinen, von späteren deutschen Techno-Größen wie Westbam (1985, Low Spirit) und Sven Väth (1991, EYE Q) gegründeten Indies, die begannen, den etablierten Majors ernsthafte Konkurrenz zu machen. Denn im Gegensatz zu den großen etablierten Unternehmen reagieren kleinere Plattenfirmen in der Regel flexibler. Sie gehen höhere Risiken ein bei dem Versuch, neue, innovative Musik herauszubringen, und verfügen darüber hinaus auch noch über einen weiteren großen Vorteil: Sie operieren nicht aus der Ferne in einem klimatisierten Großraumbüro einer strategischen Zentrale für Musiktrends, sondern inmitten der lauten und verrauchten Clubszene, aus der heraus sie erwachsen sind und mit der sie deshalb auch eher verwachsen bleiben. Doch was oben bereits zu Underground und Mainstream ausgeführt wurde, gilt auch hier: Die Grenzen sind fließend, denn auch Majors wagen sich mittlerweile immer häufiger mit unkommerziellen Veröffentlichungen hervor, um so den Verlust an Szene-Rückhalt (Fachjargon: Szene-Credibility) wieder auszugleichen, während zum Beispiel ‚Low Spirit' bei Teilen der Technoszene inzwischen schon als völlig verkommerzialisiertes Techno-Pop-Label in Verruf geraten ist und so seinem Namen alle Ehre macht: in dem Sinne nämlich, daß für sie der einstige Geist (spirit) mittlerweile tatsächlich an seinem Tiefpunkt (low) angelangt ist. Doch was genau soll diesen Geist eigentlich auszeichnen?

Label Identity

Entweder du bist mit dir und dem, was du machst, identisch – also authentisch – oder du bist nichts. So in etwa ließe sich die Grundmentalität einer ambitionierten und unabhängigen Label-Crew zusammenfassen. Ähnlich einem spezialisierten Kunstsammler oder Galeristen, dessen ganze Liebe und Hingabe ganz bestimmten Künstlern und ihrem Œuvre gilt, verfolgen auch die meisten Labels eine von ihnen bevorzugte Stiltichtung, die sie begleiten und vorantreiben wollen. Dabei lassen sie sich grob in Underground-Kultlabels mit z. T. sehr niedrig gehaltener Auflage (UR/ Underground Resistance, Detroit), mehr auf House (allen voran Strictly Rhythm, New York) bzw. Techno (Warp, Sheffield) ausgerichtete Labels mittlerer bis hoher Auflage, weitgehend kommerziell ausgerichtete Labels mit hohen Auflagen (XL, England/Low Spirit, Berlin) und in rein chart- und mainstreamorientierte Overground-Labels (Sony etc.) mit den entsprechend größten Stückzahlen unterscheiden.

Wesentlich unübersichtlicher wird es hingegen, wenn die hier unterschiedenen Labels sich selbst noch einmal in sogenannte *sublabels* aufspalten. Dies geschieht in der Regel dann, wenn ein Stammlabel sich dazu entschließt, einen neuen Sound herauszubringen, der nicht so recht ins bisherige Klangbild paßt und der deshalb die Identität, mit der man sich erfolgreich hat profilieren können, gefährden könnte. Die Gründung eines oder mehrerer Sublabels soll dem zuvorkommen. So ist es keine Seltenheit, daß sich einige Labels mit den Jahren zu einem Konglomerat von fünf bis sieben Sublabels auswachsen. Und zählt man dann noch all die Mini-Labels hinzu, die immer mal wieder dazustoßen, um kurz darauf schon wieder sang- und klanglos im Labeldschungel unterzugehen, kommt man locker auf eine Anzahl von gut 4000 Indies. Daher gilt es, sich weder von der Labelvielzahl noch von der vermeintlichen Sachkompetenz einiger Verkäufer/innen in manchen DJ-Record-Stores beeindrucken zu lassen, sondern sich dort vielmehr „selbst und ständig" lustvoll auf Entdeckungsreise zu begeben.

5. Die Club- und DJ-Kultur – vom Club-Ambiente und der Rolle des DJs im Club

Der Techno- und House-Sound als eine von Underground-DJs speziell für den Dancefloor entwickelte Musik ist in erster Linie Club-Musik. Der Club stellt also den Geburtsort und im doppelten Wortsinn zugleich *Austragungsort* dieser neuen und innovativen Kunstform dar, die sich hier ihr eigenes und entsprechend schräges Ambiente, weit abseits der etablierten Glamour-Clubs, schafft. Deshalb wird der Begriff ‚Club' wegen seines Schickeria-Beigeschmacks von der Szene auch in den der unbestimmten (und unbestimmbaren) *Location* (engl.: Ort) umgewandelt. Darüber hinaus verweist diese Bezeichnung auf deren Mobilitätscharakter, da einerseits eine dauerhafte Existenz einer Location wegen ihres subkulturellen Charakters aus finanziellen (und häufig auch polizeilichen oder baubehördlichen) Gründen nicht gewährleistet ist und/oder andererseits auch von vornherein gar nicht erst angestrebt wird. Zu dem mobilen Charakter der Locations tritt also noch der Charme des Provisorischen hinzu. Und in welcher Stadt, wenn nicht in Berlin – ja dem Provisorium schlechthin! – hätte es, insbesondere nach dem Mauerfall, paradiesischere Voraussetzungen bezüglich ausgefallener Party-Locations gegeben, zumal sich Berlin darüber hinaus ja bereits als die wichtigste Einflugschneise des neuen, spacigen Sounds für Deutschland herauskristallisiert hatte? Es mußte nicht nur, sondern konnte eigentlich nur noch los- und schließlich auch abgehen:

Unidentified Flying Objects – die Club-Invasion beginnt

Die erste Berliner Acid House-Location „landete" im Jahr 1989 bereits kurz vor dem Mauerfall in einem Kreuzberger Keller, nannte sich ‚UFO' und knüpfte dabei mit ihrem Namen an den zu dieser Zeit sehr „spacigen" Sound (Szenejargon für hochfrequenten psychedelischen Klang) des Acid House an, der nun hier in einem ebenso außerirdisch anmutenden, feucht-dämmrigen Grotten-Ambiente für die Mutigen der ersten Stunde erklang. Die UFO-Crew, bestehend aus Ralf Regitz, Dimitri Hegemann, Achim Kohlberger und Matthias Roeingh, der sich schon bald zu einem der gefragtesten Berliner Techno-DJs „hochmixen", die Love Parade ins Leben rufen und sich den Namen „Dr. Motte" zulegen sollte, ließ nun das Berliner Nightlife in bisher unbekannte Dimensionen abheben.

Gleichzeitig gründete ein sich als „Tan$_z$stelle-Team" bezeichnendes Trio, bestehend aus Bob Young, Hilke Saul (genannt Hille) und Andreas Roßmann, einen chinesisch gestylten House-Club in einer stillgelegten Schöneberger Elektrowerkstatt, aus dem sich das bis heute existierende 90° (90 Grad) entwickeln sollte. Das ursprüngliche Erfolgsrezept bestand dabei in der schlichten Einsicht, daß man mit einer örtlich fest gebundenen Location eben auch „auf der Stelle tanzt" (von daher auch der Name „Tan$_z$stelle" mit seinem aus der Reihe tanzenden ‚z') und daß es deshalb viel besser sei, ein flexibles Dancefloor-Konzept zu realisieren, das durch die jeweilige Ungewöhnlichkeit der Orte und extra für sie konzipierter Events, wie zum Beispiel einer Off-Modenschau, besticht. Auf diese Weise wird für immer neue Anreize und zugleich auch für immer neue Publicity gesorgt. Dementsprechend sind die Locations, die mal für

VEW-Berlin: (Wieder)Vereinigte „Elektro-Werkstatt" – Berlin

ein paar Monate, mal für ein, zwei Wochenenden oder auch nur für eine einzige Nacht angemietet werden (oder auch nicht), so unterschiedlich wie sie nur sein können:
So war der erste Tanzstellen-Party-Trip ein musikalisch laut dröhnender und hohe Wellen schlagender Boots-Trip, der in Tegel ablegte und während seiner mehrstündigen Rundfahrt so einige wachsam-gelangweilte Vopos (Volkspolizisten der ehemaligen DDR) in ihren Wachtürmen entlang der Berliner Mauer (diese stand nämlich noch) verdutzte und die wild groovenden Passagiere an Bord mehr als vergnügte. Der Einstand hätte nicht besser sein können – weitere Locations folgten: Eine im dritten Hinterhof ge- bzw. entlegene, geräumige, zweigeschossige Fabriketage in der Schlesischen Straße in Kreuzberg mit Blick auf den Landwehrkanal und die gegenüberliegende Mauer (und damit auch wieder auf die neugierigen, wacheschiebenden Vopos, die nun erneut die Gelegenheit hatten, mit ihren Ferngläsern auf ihre Weise „vorbeizuschauen"), ein ehemaliges Schuhgeschäft in Neukölln namens „Hermann's Fenster", wo man sich für kurze Zeit die Sohlen heiß tanzen konnte, und schließlich

das mit einem Mietvertrag abgesicherte und bereits erwähnte 90° in der Dennewitzstraße in Schöneberg, das – dessen ungeachtet – sowohl seinem flexiblen Location-Konzept als auch der Housemusik bis auf den heutigen Tag treu geblieben ist, wenn auch mit neuer Crew.

Let's go East!
Mit dem Mauerfall kam es dann zu einer regelrechten Club-Invasion. Es herrschte Aufbruchstimmung in der Abbruchstimmung eines insgesamt runtergewirtschafteten, maroden, ruinierten und damit historisch einmalige Ruinen und nahezu rechtsfreie Räume hinterlassenden Staates. Der Sponti-Spruch „Legal-Illegal-Scheißegal" wurde in dieser Umbruchzeit zum allgemein gültigen Leitgedanken vieler Jugendlicher, die sich von nun an selbst ihre eigene Infrastruktur aus besetzten Häusern, Bars, Galerien und Party-Locations schufen. Diverse HO-Gaststätten, Kaufhallen, verlassene Industrieanlagen und Verwaltungsgebäude, Truppenübungsplätze und ausgediente Bunker waren dabei besonders angesagt. Je skurriler und abgewrackter, mythenbeladener und entlegener die Location war, desto besser. Das sogenannte „Auftun" einer partytaugli-

chen Location und deren Auffinden entwickelten sich schnell zum jugendlichen Volkssport. War sie ausgemacht, wurden in Nacht- und Nebelaktionen Musik- und bescheidene Lichtanlagen angefahren, um mit denen, die nicht nur über Mundpropaganda von der Party Wind gekriegt, sondern sie sogar aufgespürt hatten, gemeinsam abzufahren. Wieviele „Wessis" bei diesen Irrfahrten auf der Strecke geblieben und im „Zauberwald Ost" vom rechten Weg abgekommen sind, kann nur geschätzt werden. Sicher ist, daß die „Wessis" dabei erstmals den Osten für sich entdeckten, sicher ist ferner, daß die „Ossis" hier einen klaren Heimvorteil hatten, aber ebenso sicher ist schließlich auch, daß viele unter ihnen, egal, ob Ost oder West, ihren eingeschlagenen Karriereweg verließen, um sich von nun an voll und ganz dem Techno-Leben zu verschreiben.

High Voltage – Tresor, Planet & E-Werk, Berlin u. a.

Für Techno stehen in Berlin vor allem die Namen „Tresor", „Planet" und ‚E-Werk'. Im März 1991 eröffneten Dimitri Hegemann und Achim Kohlberger, die ehemaligen ‚UFO'-Macher, und Johnny Stieler den geräumigen Stahlbetonkeller „Tresor" (Slogan: „Der sicherste Club der Welt") in der Leipziger Straße am Potsdamer Platz (vgl. hierzu auch das Interview unter III.3.). Dimitri Hegemann erinnert sich: „Der Tresor war durch seine räumlichen Gegebenheiten (nur Stahl und Beton) für den Durchbruch prädestiniert. Mit der musikalischen Aufbauhilfe aus Detroit marschierte der Club in Windeseile in die erste Liga international wichtiger Clubs. (...) Fast alle großen DJs, besonders (...) aus Detroit, wurden eingeflogen und halfen mit, ein internationales Flair und ein hohes Niveau in der Berliner DJ-Landschaft zu schaffen."[36] Techno war damit für Berlin und somit auch für Deutschland im Wortsinn eingefangen, und die Berliner Night-Life-Szene brach in Techno-Fieber und neu beseelte Clubbetriebsamkeit aus:

Das „Tanzstelle-Team" hängte sich mit seinen beliebten *After Hour-Parties* im 90° an den Techno-„Boom" an, schloß sich noch im selben Frühling mit Ralf Regitz und DJ Dr. Motte alias Matthias Roeingh (beide ehemalige Mitglieder der „UFO-Besatzung") sowie dem Kanadier Lee Waters zur „Planet Glamour Crew" zusammen und gründete auf dem Gelände eines verlassenen Seifenlagers direkt an der Spree das „Planet".

After Hour-Party
After Hour-Parties sind Partyveranstaltungen, die erst dann losgehen, wenn andere bereits aufgehört haben. Sie beginnen also in der Regel frühestens ab vier Uhr morgens und ziehen sich nicht selten bis in den späten Nachmittag hin. Der Traum der ewigen, „never ending party" wird damit zur Wirklichkeit, zumindest für diejenigen, die in Städten wie Berlin feiern können, in denen es keine Sperrstunde gibt. Für viele Politiker, aber auch Arbeitgeber sind After Hour-Parties hingegen schlicht ein Alptraum: Die einen sehen in ihnen eine entscheidende Ursache für das unter jugendlichen Technokids übliche Konsumieren wachhaltender Partydrogen, die anderen erblicken in ihnen den Grund für deren zunehmendes Zuspätkommen am bzw. völliges Fernbleiben vom Arbeitsplatz. Und so fordern beide Interessengruppen immer wieder eine härtere Gangart bei der Sperrzeitregelung – bislang mit nur mäßigem Erfolg.

Damit gab es „nun endlich einen Laden, der mit alten Klischees brach und ungestörtes Ausflippen garantieren konnte. Vorne am Tor zur Straße (stand) eine mit Leuchtstab markierte Person, die den Gästen den Weg wies und Alarm schlug, wenn Autos mit blauen Lichtern auf dem Dach mit verdächtigem Tempo dem Laden näher kamen."[37] Die Tore wurden indes schon bald aufgrund eines fehlenden Mietvertrages durch die Polizei geschlossen. Süffisanter Kommentar der Betreiber-Crew: „Mittlerweile ist das Ganze durch wachsende Popularität so bekannt geworden, daß ein Geheimbleiben der Parties kaum noch möglich ist. Deshalb mußten wir leider gehen."[38]

Nachdem auch die zweite Location, eine alte Lagerhalle auf der Spreehalbinsel Alt-Stralau, „die noch nie ein Mensch zuvor gesehen hatte"[39], schließen mußte, wurde sich erneut ans Werk gemacht – ans ‚E-Werk' in der Wilhelmstraße in Berlin-Mitte. Mit seinen zwei Hallen und dem sie verbindenden Tunnel, der 1994 geöffnet wurde, kam das ‚E-Werk' auf insgesamt gut 2000 m² und stellte damit *den* Techno-Tempel der Stadt schlechthin dar. In alter Warehouse-Tradition (s. II.1.) fühlten sich dort Heteros und Schwule genauso wohl wie Lesben, Bi- und Transsexuelle. So schwärmte noch 1996 die Schwulenzeitschrift ‚Flagge Zeigen' (FZ) in ihrer Juniausgabe unter der Rubrik Lifestyle: „Es ist kein Geheimnis: Ab sechs Uhr ist das ‚E-Werk' Berlins größter schwuler Club (... und) nach wie vor der Treffpunkt für alle schwulen Szenen Berlins: Muskelmänner, Ledertrinen, Technoboys, smarte Dreißigjährige. Selbst wenn sich das ‚E-Werk' nicht als schwuler Club versteht, die Schwulen haben es erobert."[40]

Doch nicht nur sie, denn schon innerhalb von achtzehn Monaten kannten „bereits über 130 DJs aus 17 Ländern das E-Werk"[41], aus dessen vorhandenen internationalen Strukturen und Kontakten sich so auch neben der gastronomischen Seite eine Booking-Agentur, eine Werbeagentur und ein Kunstverein (‚Chromapark') zügig entwickeln konnten.

Heute sind diese drei Bereiche unter dem Namen ‚Planetcom' (s. IV.4) in einer Gesellschaft zusammengefaßt, die – neben der Love Parade – auch nach wie vor die Ausstellungen für Technokunst organisiert. Diese finden allerdings nicht mehr im ‚E-Werk' statt, da diesem mittlerweile ebenfalls der Saft abgedreht wurde. Bilanz: Von den Berliner Techno-Clubs der ersten Stunde hat sich bis heute nur der ‚Tresor' das Überleben sichern können. Die Club- und Location-Philosophie lebt jedoch seitdem in unzähligen Clubs (nicht nur) der Bundesrepublik weiter (vgl. hierzu auch II.11.): Anstatt in ehemaligen ‚HO'-Gaststätten verabreichen die DJs in Berlin nun ihre „musikalische Brain-Food-Nahrung" für einige Zeit im ‚Discount', einem ausgedienten Supermarkt, der jedoch mittlerweile „ausverkauft" ist, so daß die Parties jetzt in der ‚Pfefferbank' stattfinden. Im ‚Matrix' kann man sich unter gewölbten S-Bahnbögen-Decken „quer beat" über zwei Tanzflächen ausbreiten oder sich im ehemaligen Gästehaus des Ministerrates der DDR, dem ‚WMF', die Hacken bzw. sonntags, dem „G(ay)MF"-Tag, die Stöckelschuhe heiß tanzen. Sehr angesagt ist auch der ‚Sage-Club', der sogar über drei – im doppelten Wortsinn – heiße Dancefloors und – dankenswerterweise – auch über einen Außenbereich zum Abkühlen für zwischendurch verfügt.

Die wichtigsten und legendärsten Clubs in Frankfurt waren das bereits 1984 eröffnete ‚Dorian Gray' mit DJ Talla 2XLC, das damit höchstwahrscheinlich als der erste Technoclub Deutschlands angesehen werden kann, und das am 5. September 1988 gegründete ‚Omen' mit Stamm-DJ Sven Väth. In München hob man in der Waschküche des alten Flughafens München-Riem zu den Beats von DJ Upstart und Michi Kern ab, die dort im Juni 1994 das ‚Ultraschall' eröffneten, das – vom neuen Messegelände verdrängt – heute im Kunstpark Ost gelandet ist. Und für die Technobewegung im Rheinland war schließlich vor allem der von 1990 bis 1992 schwer angesagte Kölner ‚Space Club' (später in ‚Warehouse' umbenannt) mit seinen DJs Roland Casper, Groovemaster K. und Mate Galic verantwortlich. Kurz: Mit der seit Ende der 80er Jahre einsetzenden „Raveolution" und der damit einhergehenden Clubinvasion stehen Techno und House schon bald darauf eindeutig im musikalischen Vordergrund des innovativen Dancefloor-Bereichs – und zwar bundesweit. Dies ist um so bemerkenswerter, denn:

Die Rolle des DJs im Untergrund ist der Hintergrund

Die „Stars" sind nun nicht mehr nur die sich meist ausschließlich in den Vordergrund spielenden Musikbands, sondern zunehmend die (bis auf Sven Väth) eher im Hintergrund agierenden und experimentierenden DJs (vgl. hierzu auch II.11. sowie das Interview unter III.2.). Dabei steht jeder DJ und jede DJane (= weiblicher DJ) in der Regel für eine bestimmte Richtung der House- oder Technomusik, für die er/sie bekannt ist und geschätzt wird. Allen gemeinsam sind dabei zunächst ihre Musikleidenschaft, ihr künstlerischer Ausdruckswille und ihr Ausgangsmaterial: ein Sammelsurium unterschiedlichster Schallplatten. Nach welchen Kriterien sie von ihnen aufgelegt werden, hängt aber nicht allein von ihrem eigenen Geschmack ab. Ebenso wichtig ist ihr Gespür für die jeweilige Stimmung der Clubbesucher, deren Gunst sie deshalb immer wieder aufs Neue gewinnen müssen. Wie schwierig und mitunter frustrierend das sein kann, wird wohl nur der ermessen können, der sich einmal selbst der Herausforderung gestellt hat, eine ganze Nacht lang eine Party zu schmeißen und dabei für *durchgehend* gute Laune und elektrisierende Stimmung zu sorgen. Jeder DJ ist also auch ein Interaktionskünstler und nicht „nur" ein Künstler im sensiblen Aneinanderreihen und Mixen von Schallplatten. Mit der ständig neuen Kombination von Platten, die er auflegt, „organisiert (er) Geschaffenes und fügt Kunstwerke zu einem neuen Ganzen zusammen. Er ist ein Künstler zweiten Grades. Alte Musik wird in neue Zusammenhänge gestellt"[42] und vom DJ (den diese theoretischen Reflexionen sicher nicht scheren), in praktischer Ausnutzung seiner nahezu unbegrenzten musikalischen Zugriffsmöglichkeiten, immer wieder neu erfunden. Damit verkörpern die DJs geradezu prototypisch das, was nach dem Medienguru Marshall McLuhan auch die Avantgarde-Künstler auszeichnet: Diese sind nämlich „Experten der sinnlichen Bewußtheit (...) im Bereich *neuer senso-*

rischer Gemische"[43] und somit Abenteurer im Grenzbereich der akustischen Sinneswahrnehmung, den sie immer wieder erweitern oder gar sprengen möchten. Entsprechend spricht Friedrich A. Kittler in ebenso ironischer wie folgerichtiger Anlehnung an Walter Benjamin, der sich seinerzeit über „Das Kunstwerk im Zeitalter seiner technischen Reproduzierbarkeit" Gedanken machte, auch von der „Geschichte des Ohrs im Zeitalter seiner technischen Sprengbarkeit".[44] Und wer wollte den DJs, die mittlerweile in der Tat (d. h.: mit ihrem Tun) zu historischem Ruhm gelangt sind, hier ihren Platz streitig machen?

6. Technokunst-Samplekunst – wie künstlich ist die Welt?

Kunst & (T)raum: (T)raumkunst im Chromapark, Berlin

Die neuen Klänge des Techno-Sounds reizten aber nicht nur die Ohren vieler jugendlicher Technoliebhaber, sondern sie öffneten vielen unter ihnen auch die Augen für ebenso innovative, visuelle Ausdrucksformen und -möglichkeiten. Und – die Ergebnissse lassen sich sehen: seit Ostern 1994 im ‚Chromapark'.

Die erste Veranstaltung „fand mit gut einhundert Künstlern in der Zeit zwischen dem 31. 3. und 10. 4. 1994 in den Räumen des ‚E-Werk' statt und war vom Konzept her der Versuch, über einen Rhythmus schaffenden Wechsel zwischen den nächtlichen Chromaparties und dem täglichen Ausstellungstreiben eine neue, lebendige Dynamik (zu erzeugen). Das Prinzip der Party wurde mit verlagertem Schwerpunkt auf den Ausstellungsspace übertragen. Kunst und Technologie verschmolzen zu einem pulsierenden Happening"[45] und verwandelten das ‚E-Werk' in ein multifunktional begehbares „G-Werk", sprich: Gesamtkunstwerk. Seitdem ist die Dynamik ungebrochen und der Chromapark, neben der Love Parade, die wichtigste Techno-Veranstaltung in Berlin. Neben zeitgenössischer Malerei, Modedesign und Photographie stehen hier jedes Jahr vor allem die Computeranimations-, Lichtprojektions- und Videokunst, aber auch die Computergraphik im Zentrum der Ausstellung. So unterschiedlich die Kunstrichtungen auch sind, so eindeutig ist ihre jeweilige Ausrichtung, denn hier ist alles auf Zukunft programmiert. Das beweisen allein schon so ambitionierte

Chromapark-Themen wie „Auf der Suche nach dem Weltmodell" oder „Projektionen zur Natur der Zukunft", über die neuartige kulturelle Räume erschlossen, ausgeleuchtet und miteinander in Verbindung gebracht werden sollen. Das Zauberwort heißt also „Vernetzung", denn:

Technokunst ist interaktiv

Das kann zum Beispiel so aussehen: Man stelle sich zunächst einen möglichst großen, abgedunkelten, gut gefüllten und mit spacigem Techno-Sound erfüllten Raum vor. Gerne auch etwas zugenebelt. Darin dann einen langen Laufsteg, der links und rechts von zwei Großleinwänden flankiert wird. Im Rhythmus des Beats dann plötzlich drei aufflammende Farben: links blau, rechts rot, der Laufsteg gleißend weiß. Dann wieder fällt alles ins Dunkel, aus dem nun junge und natürlich wunderschöne Models in hautengen und in LCD-Farben blinkenden Mikrochip-Kostümen heraustreten. Fügen sie sich nicht wunderbar in die Fraktalmuster ein, die nun hinter ihnen auf der rechten Großleinwand gemeinsam mit ihnen herumzuschwirren beginnen? Welch außerirdische Anmutung. Vielleicht entstammen sie ja tatsächlich einer der Besatzungen, die der Videozusammenschnitt aus ‚Raumschiff Enterprise'-Szenen, diversen Raketenstarts und Mondlandungen auf der linken Leinwand zeigt? Darüber kann man sich später ja noch gerne im Internet-Raum nebenan virtuell austauschen oder auch ganz real an der Bar. Aus Anlaß des Tages hat man dort u. a. die Auswahl zwischen „Highfly"-, „Orbit"- und „Earthquake"-Cocktails, die offenbar allesamt nicht mehr von dieser Welt sind. Die im Astronauten-Look aufgemachten, lächelnd-umhereilenden und dabei großzügig Zigaretten und Teilnahmelose verteilenden Personen sind das hingegen schon eher, auch wenn ihre Mission „‚West' in Space" ja recht abgehoben scheint: Denn zu gewinnen ist ein Trip in ein Ausbildungscamp für Astronauten, mit Simulationsflug und allem Drum und Dran.

Chromapark besteht also nicht nur aus der Vernetzung seiner unterschiedlichen künstlerischen Inhalte und deren Präsentation, sondern auch durch ein Netzwerk von internationalen Partnern, das neben den Künstlern auch potente Sponsoren und Produzenten umfaßt, ohne die Chromapark vermutlich nicht so schnell über seine räumlichen (‚E-Werk') und schließlich auch nationalen Grenzen hinweg ein Begriff für innovative Kunst geworden wäre. Techno-Kunst ist also nicht nur interaktiv, sondern auch zunehmend international aktiv. Was ist sie noch?

Technokunst ist Samplekunst

Von Sample-Kultur war bereits die Rede als eine sich spielerisch über musikalische, aber auch kulturelle Grenzen hinwegsetzende Technik, deren „Vor-Bild" einst die Collagetechnik mit ihren Tabubrüchen war. Und heute? Heute kann man sich vor künstlerischen Vorbildern und Regelverletzungen gar nicht mehr retten. Mehr noch: Es herrscht die reinste Bilderflut und mit ihr ein buntes Nebeneinander und kreatives Durcheinander von Stilen und Epochen. Genau diesen Zustand spiegelt die Techno-Kunst, denn ihre Kunstwerke sind Ausdruck ihrer Zeit. Sie sind im Bild eingefrorene Gegenwart. Jedes Bild ist ein Zeit-Bild und trägt damit den Zeitgeist in sich. Und der wird heute vor allem durch die Globalisierung und Vernetzung der Welt geprägt, in deren Zuge sie sich regelrecht in einen kulturellen Selbstbedienungsladen verwandelt hat. (Fast) alles ist verfügbar, sofort und überall. Grenzen spielen dabei keine Rolle mehr. Via Internet und Mausklick landet man binnen Sekunden in der Londoner Tate Gallery, bei einem japanischen Comicverlag, auf der Homepage eines italienischen Modemagazins mit Photogalerien der derzeit beliebtesten Models oder auch bei der amerikanischen Hamburgerkette ‚McDonald's‘, zu der schon damals der bekannte Pop-Art Künstler Andy Warhol eine geradezu prophetische Aussage machte, die sinngemäß so lautete: ‚Das Schönste an Tokio ist McDonald's. Das Schönste an New York ist McDonald's. Das Schönste an Paris ist McDonald's (...) China ist nicht schön. China hat kein McDonald's.‘

Er brachte damit zum Ausdruck, was heute (nicht nur) in der Kultursoziologie unter dem (selten) schönen und allgemeinverständlichen Begriff „McDonaldisierung der Welt" zusammengefaßt wird: Die ästhetische und kulturelle Normierung der westlichen Globalgesellschaft, in der mittlerweile eigentlich alles Warencharakter angenommen hat und in der somit auch alles zunehmend verflacht, beliebig wird; eben zu (r)einer (?) „Fast Food-Kultur" degeneriert. Man verfolgt nicht mehr in Ruhe einen Film im Fernsehen, sondern man „zieht ihn sich rein". Und wenn er einem nicht schmeckt, wird eben weitergezappt. Immer schneller wird Genuß zum Verdruß.

Egal, ob es sich dabei um Filme, Klamotten oder Platten dreht. „Kenn ich schon", „Das zieht doch kein Mensch mehr an" oder „Also vom HipHop-Trip bin *ich* ja schon lange runter" sind Standardaussagen, die genauso allgegenwärtig sind wie die Flut an zunehmend austauschbaren Produkten, auf die sie sich beziehen.

Genau diese Austauschbarkeit von Produkten und ihren „Botschaften" drückt sich in der Sample-Kunst der Technoszene aus, mit der sie von Anfang an für Aufsehen und genaueres Hinsehen gesorgt hat:

So werden zum Beispiel das Tankstellen-Logo und die Typographie von „Aral" (blaues, gekipptes Quadrat) als Sample (dt.: Warenprobe, Typenmuster) übernommen, der ursprüngliche Wortinhalt und somit dessen Botschaft („Aral") aber durch das Wort „Anal" ersetzt. Mit diesem kleinen Eingriff, besser: Kunstgriff, treten Signifikat (Ausdruckszeichen) und Signifikant (Bezeichnetes) auseinander und stellen über deren Dekontextualisierung einen neuen Bedeutungskontext her, der den alten unterhöhlt und auf ironische Weise kommentiert und überwindet. Entsprechend mutiert „Jägermeister" zu „Ravermeister", „Coca-Cola" zu „Kokser-Cola", „Puma" zu „Koma", „Braun" zu „Brain", „Nissan" zu „Pissan" und „Ritter Sport" zu „Zitter-Sport". Wer bei diesem letzten Beispiel an das wilde Tanzen in einem Club denkt, liegt zwar nicht ganz daneben, dennoch wird hier auf etwas anderes abgezielt: Auf die von „Ritter Sport" anvisierte Zielgruppe der Trendsportart Snowboarding, die, wie übrigens viele andere neue Trendportarten auch, selbst ein Produkt des Sampling ist.

Diese Form der Sample-Kunst hat – sicherheitshalber? – zwei Namen: Die einen sprechen von *Bootlegging*, die anderen von *Adbusting*. Gemeint ist in beiden Fällen dasselbe: das im Techno-Underground seit Ende der 80er Jahre besonders kultivierte und bis heute beliebte, illegale Verschieben (engl.: to bootleg) bzw. Sprengen und Degradieren (engl.: to bust) von Werbebotschaften mitsamt ihren Symbolen. Ähnlich wie in den Werken Andy Warhols münzt auch die Ikonographie der Techno-Kunst „ein für die Werbung entwickeltes Bildrepertoire anonymer Prägung auf das Kunstbedürfnis und den Kunstmarkt um. Der Gebrauchswert wird zum Ausstellungswert geadelt; zugleich jedoch wird das ausgestellte Kunstwerk zum verlängerten Arm der Warenwerbung."[46]

Und die hat schnell dazugelernt. Denn was im Underground mit der Gestaltung von Flyern begann, bei der die Sample-Strategie erstmals mit Erfolg (und so manchem gerichtlichen Copyright-Nachspiel) angewandt und später auf T-Shirts, Plattencover und Szenemagazine kreativ ausgeweitet wurde, ist mittlerweile längst zu einem gängigen Gestaltungsprinzip in der Werbung geworden. Denn auch in den Agenturen mit ihren sogenannten ‚Kreativen‘ und ‚Art-Direktoren‘ (von Teilen der Szene verächtlich mit ‚Werbefuzzis‘ tituliert) ist die Ehrfurcht vor bislang tabuierten Symbolen immer mehr einem bedenkenlosen Spielen und Neukombinieren mit ihnen gewichen, so daß auch sie des öfteren anecken und mit Protesten und Prozessen rechnen müssen. Das geschieht in aller Regel und Regelmäßigkeit immer dann, wenn sie mit ihren provokanten Kampagnen den Spielraum an Toleranz und Aufnahmebereitschaft des Rezipienten überschätzt und ihre Reichweite unterschätzt bzw. nicht kritisch genug eingeschätzt haben. Andererseits wird das Risiko einer gerichtlichen Auseinandersetzung auch bewußt in Kauf genommen, gemäß dem Prinzip: „Nur eine Kampagne, über die man spricht, ist eine gute Kampagne.“ Bestes Beispiel hierfür sind die Werbeplakate von ‚Benetton‘, die mit ihren absichtlich krassen Bildern erfolgreich Gesellschaftstabus wie Aids, Abtreibung, Armut und Krieg aufbrechen und so zu einer Auseinandersetzung zwingen. Nur der eine, kleine, aber entscheidende Haken daran ist, daß mit zunehmendem Symbolverschleiß auch eine immer stärkere Gewöhnung, um nicht zu sagen Abstumpfung, bei den Rezipienten eintritt, die ferner dazu führt, daß ein Aufbau von dauerhaften Symbolen nicht mehr möglich ist. Der zweite ist nicht minder tückisch: Denn das soeben Gesagte gilt ebenso für die Technoszene mit ihren „Zeichen-Trick-Helden“.

Zusammenfassend läßt sich sagen, daß die Techno-Künstler auf die unterschiedlichste Weise dem allgegenwärtigen und sie besonders prägenden und herausfordernden Medien-Overkill *ihr* Verständnis vom Umgang und Gebrauch der neuen Medien entgegensetzen. Im virtuellen Zeitalter angelangt, steht für sie die künstlerische Auseinandersetzung jenseits der Realität und damit jenseits der klassischen Weltordnungsraster Raum, Zeit und Ort im Mittelpunkt. Auf diese Weise werden „ferne“, künstliche Welten, virtuelle Landschaften und andere abstrakte Bild-Erscheinungen als künstlerische Leistungen sichtbar und faßbar, die schweifende Phantasie konkretisieren. Dabei wirft jedes *wirkliche* Kunstwerk, egal ob mit Händen gemalt oder Joystick entworfen, neue, aber auch alte Fragen auf. Zu ihnen gehört die ewige, metaphysische Frage, die schon Sartre bei seiner Betrachtung eines Bildes von Giacometti beschäftigte: „Warum existiert überhaupt etwas und nicht vielmehr nichts? Dennoch existiert etwas: eben diese störrische, ungerechtfertigte und überflüssige Erscheinung. Diese gemalte Person wirkt wie eine Halluzination, denn sie steht vor uns als *fragende Erscheinung.*"[47]

7. Last Night a DJ saved my Life – vom Lebensgefühl der „Partysanen"

Hauptsache, man ist gut drauf

Techno-Kultur ist DJ-Kultur ist Club-Kultur ist Party-Kultur. Gemeinsam bilden sie dabei ein sich gegenseitig bedingendes System aus, erst ihr Zusammenspiel bewirkt den gesamten, z. T. schon beschriebenen, kreativen Output, der sich schließlich als eine urbane Jugendkultur niederschlägt und in einem „neuen Lebensgefühl" ausdrückt (vgl. hierzu auch das Interview unter III.1.).

Die diversen Clubs, in denen die Parties stattfinden, sind daher nicht nur irgendwelche Locations, in denen einfach nur getanzt wird (dagegen spricht allein schon ihre Aufmachung, die ja bereits einen ästhetischen Niederschlag des Lebensgefühls darstellt), sondern sie fungieren als eine Art Identität stiftende, lebendige Lebenswelt, die eine Parallel-Welt zur üblichen grauen Alltags- und Problemwelt darstellt. Diese wird so oft und so lange wie nur eben möglich gemieden, da sie ohnehin schon genug Raum einnimmt und dabei den „Spiel-Raum" der Techno-Jugend und ihr Bedürfnis nach Expressivität, Ekstase und Identität einengt. Ihr Ringen um Identität, um nicht zu sagen, ihre „Identitätsbesessenheit wird (dabei vor allem) deshalb verhaltensauffällig, weil sie sich mit einem diese Lebensphase dominierenden Selbstdarstellungsbedürfnis multipliziert."[48] Waren die 60er Jahre weitgehend von politischer und kreativer Aufbruchstimmung, die 80er von Zynismus und Konsumfeindlichkeit geprägt, so findet die Techno-Jugend „ihr gültiges Selbstbild auf dem Markt. Bevor das passende Alter überhaupt erreicht ist, stehen dort die schablonierten Identitäten schon bereit"[49], und zwar, um Thomas Ziehe zu folgen, in Form von semantischen Angeboten, aus denen sich die Jugendlichen ihre „eigenen passenden Verhaltensmuster, Sprachspiele (und) subkulturellen Normen"[50], die sogenannte *patchwork identity* zusammenflicken. Hierbei erfahren sie „die Welt nicht direkt, sondern deuten sie mit Hilfe derjenigen Deutungsmuster, die sie, kulturell vermittelt, zur Verfügung haben. Zwischen die objektive und die subjektive Welt ist (also) ein Drittes gestellt – der jeweilige kulturelle Bestand an Deutungsmustern, Wertvorstellungen, sozialen Regeln und Normierungen, kurz eine symbolische Ordnung."[51] Und die ist in unserer heutigen Options- und Mediengesellschaft an Vielfältigkeit wohl kaum zu überbieten. Es herrscht der reinste multimediale Vorbild-Terror, vorbildlich ist zugleich aber nichts mehr.

Das hat Vor-, aber auch Nachteile. Das Identifikationsüberangebot ermöglicht einerseits zwar eine entsprechende Erweiterung und Pluralisierung von Lebensentwürfen, andererseits verstärkt jedoch die kulturelle Vielfalt sowohl die Entscheidungszwänge als auch den Legitimationsdruck nach einer getroffenen Entscheidung, die dann eben nur noch eine mögliche Möglichkeit neben anderen möglichen Möglichkeiten darstellt. Das andauernde Gefühl, grundsätzlich etwas verpaßt oder vielleicht sogar eine folgenschwere Fehlentscheidung getroffen zu haben, wird so zum alles bestimmenden Lebensgefühl (nicht nur) der Techno-Jugend. Das gilt für die Berufswahl ebenso wie für die Auswahl an Mode-, Freizeit- und Meinungsangeboten. Und schließlich kommt das oberste Gebot der Jugend, nämlich, möglichst „cool", „in", „korrekt" und „trendy" zu sein, noch erschwerend hinzu. Denn immer schneller ist „out", was gerade noch „in" schien. Wie also kann ich wissen, ob der ausgeflippte Hut, den ich mir soeben mutig auf meine frisch gefärbten, blauen Haare gepfropft habe, nicht übermorgen schon als „alter Hut" in meinem ohnehin schon überbordenden Kleiderschrank vor sich hin gammelt? Droht Streetball nicht schon längst zum Deppensport zu verkommen? Liegt der Beruf des Marketing-Spezialisten eigentlich noch im Trend, liegt er mir überhaupt, und liegt man sowieso nicht völlig daneben, in Zeiten wachsender Jugendarbeitslosigkeit noch anzunehmen, genau dort landen zu können, wo man jobmäßig vielleicht hin will? Der schöne alte und prägnante Spruch „Die, die heute von morgen sind, sind morgen von gestern" ist zwar nach wie vor unübertroffen und sehr aktuell; dem in ihm zum Ausdruck gebrachten Anspruch gerecht zu werden ist jedoch heute ungleich schwerer als noch vor zehn Jahren.

Die Folgen sind permanente Selbstzweifel, Überforderung, Frust, Gereiztheit und allgemeine Orientierungslosigkeit – mit einem Wort: Streß. Sätze wie: „Streß' mich nicht an", „Hör bloß auf mich zuzutexten", „Verschon mich bloß mit dem ganzen Meinungsschrott", aber auch: „Versuch halt cool zu bleiben", „Relax dich erst mal" und, „Na ja, irgendwie wird's schon werden", sind allesamt Aussagen, die auf den Punkt bringen, daß eben nichts mehr so leicht auf den Punkt zu bringen ist.

Diesem Dilemma versucht die heutige Jugend gegenwärtig auf dreierlei Weise zu entkommen: „Da gibt es einmal einen weitverbreiteten Konventionalismus, in dessen Folge die Augen entschlossen zugemacht werden. Hier wird beharrlich daran festgehalten, daß die alten Gewißheiten eigentlich ungefragt gelten könnten (...). Es gibt des weiteren kulturelle Suchbewegungen, die sich erprobend zur Moderne verhalten und versuchen, sie in Teilbereichen des Lebens aushaltbar, wenn nicht sogar produktiv zu machen. Und drittens gibt es neo-konservative Gegenangebote."[52]

Die Techno-Jugend flieht nun nicht aus der Wirklichkeit (wie vor ihr zum Beispiel die bereits erwähnte Hippiebewegung), sondern *in* die Wirklichkeit und hat somit die zweite Strategie für sich „entdeckt" und dabei zusätzlich subjektiv radikalisiert und potenziert. Was bedeutet das in diesem Zusammenhang? Potenzieren heißt „etwas künstlich mit Bedeutung aufladen. Gesucht wird hier nicht Nähe, auch nicht Gewißheit, sondern Intensität. Das ist eine ästhetische Kategorie. (...) Die Potenzierung will die Moderne weitertreiben, zuspitzen (und) radikalisieren. Eine weitere Version (der) Potenzierung liegt darin, sich so weit als möglich in das Reich der Zeichen zu begeben. (...) Insgesamt ist das Gegenbild dessen was gesucht wird nicht die Kälte (...) und nicht der Sinnverlust (...), sondern Gegenbild ist hier die Öde. Sie gilt es zu vermeiden, sie ist das Schlimmste."[53] Deshalb kämpfen die Kids auch mit all den ihnen zur Verfügung stehenden Mitteln (und Kräften) gegen sie an. Dieser „Kampf" gleicht dabei einer Suche nach immer neuen, immer stärkeren, noch intensiveren Reizen. Das Ziel ist der ultimative Kick, eine „thrilling experience", sei es beim Sport oder beim Partyrausch.

Kick/Thrill

„Kick" und „Thrill" bezeichnen im Szenejargon eine vor allem bei Jugendlichen neue Erlebnisweise, die sich durch Ungewöhnlichkeit, Ausgeflipptheit, Intensität und z. T. – vor allem bei den neuen Extremsportarten Bungee-Jumping oder S-Bahn-Surfen – auch durch Gefährlichkeit auszeichnet. Den Maßstab für die Qualität eines „echt geilen kicks" stellt neben einem Überwältigungsgefühl auch das spürbare Maß an freigesetzten Endorphinen dar, das sich z. B. beim freien Fall aus 60 Meter Höhe einstellt. Aus dieser Perspektive erscheinen die Steigerung der Lautstärkedosis bei Techno, die berühmte „Dröhnung", und die Gefühlssteigerung mittels Gefahrensteigerung bei den Extremsportarten als ein zusammengehöriges Phänomen einer Jugend, die heute generell exzeßverliebt scheint. Das bedeutet natürlich nicht, daß jeder, der nachts in einem Club auf Techno abfährt, am Tag darauf gleich auf den nächsten Bungee-Tower hochsprintet!

Schon Nietzsche schrieb: „Für den modernen Menschen ist es nicht mehr wichtig, Lust oder Unlust zu empfinden, sondern angeregt zu werden."[54] Diese An-, aber auch Auf- und Erregung stellt sich bei den Kids vor allem bei den nächtlichen Parties in den Clubs ein. Eine der wenigen Parolen, die auch in der Technoszene auf allgemeine Zustimmung stößt, lautet deshalb auch „Fight for your right to party" (Kämpf für dein Recht, zu feiern). Und ist nicht auch die Sehnsucht nach dem Ausbrechen aus der Öde bereits in dem Wort „Party" selbst ausgesprochen, indem es das Wort „to part" – sprich: verlassen, enthält? Auf jeden Fall sind diese Parties, wie das Prinzip der Potenzierung ja schon nahelegt, so heiß und abgedreht wie die „Partysanen" selbst, die hier – auf dem Dancefloor – vor allem eins feiern: sich selbst.

Lost in Music

So schwer, wenn nicht gar unmöglich es auch ist, ein Lebensgefühl und erst recht das „Club-Feeling" zu beschreiben, so sehr drängt sich an dieser Stelle genau ein solcher Beschreibungsversuch auf, dessen zwangsläufige Lückenhaftigkeit nur durch einen – an dieser Stelle heiß empfohlenen – Partybesuch kompensiert werden kann, zum Beispiel in Berlins Techno-Schmiede ‚Tresor':

Insbesondere an den Wochenenden heben hier Tausende Technokids sprichwörtlich ab. Die Atmosphäre in den geräumigen Kellerfluchten des ehemaligen Tresorraumes des alten Berliner Wertheim-Kaufhauses ist immer noch einzigartig und macht dem Namen

Stark, aber ungefährlich: gestählter Techno-Hüne mit Pumpgun

„Untergrund" bis heute alle Ehre. Und vermutlich muß sich jedem, der hier zum ersten Mal für fünfzehn Mark den Abstieg über die (inzwischen nicht mehr baufällige) Treppe riskiert, geradezu zwangsläufig der Vergleich *aufdrängen*, damit zugleich auch den Preis für den Einstieg in die Hölle entrichtet zu haben: Denn bei Temperaturen bis zu 45°C verschmelzen hier grellgrünes Laser-Licht, weiß aufblitzende Stroboskop-Lichtgewitter, Trockeneis-nebel, krachende Beats und wild zuckende und schwitzende, halb-nackte Körper zu einem pulsierenden Massenspektakel, bei dem ei-nem (allein schon durch das flackernde Licht) geradezu schwindelig wird. Insgesamt wird dadurch eine (Party-)Atmosphäre erzeugt, in der es „überhaupt keine Formen oder Entwicklung von Formen mehr (gibt). Es gibt ebensowenig eine Struktur wie eine Genese. Es gibt nur Verhältnisse von Bewegung und Ruhe, von Schnelligkeit und Langsamkeit (...). Es gibt nur Diesheiten, Affekte, Individua-tionen ohne Subjekt, die kollektive Gefüge bilden."[55] Dazwischen ertönen immer wieder Trillerpfeifen und ekstatische „Oooh"- und „Yeah"-Schreie, wenn der DJ gerade mal wieder einen besonders angesagten Track in sein *Set* eingereiht hat. Die phonstarke Musik, so sehr sie dem ersten Eindruck nach auch im Zentrum stehen mag, ist also nur ein, wenn auch das wichtigste, Mittel, um die Party-people abheben zu lassen oder, wie Christine Steffen es bechreibt: „Sie ist der fliegende Teppich, die Welle, die alle mitnimmt, die mit-wollen auf die Reise ins Wunderland. Die Reise – um die geht es. Techno ist ein Transportmittel und der DJ dessen Fahrer. (...) Kör-per korrespondieren im Tanz, das Gespräch führen die Bewegun-gen. Arme antworten Beinen, Leiber erzählen eigene Geschich-ten."[56] Unter anderem die von der Renaissance des klassisch griechisch-athletischen Schönheitsideals, das in der Technoszene als...

... Body-Culture

seine zeitgemäße Fortsetzung und, insbesondere bei den Herren der *Schöpfung*, seinen physischen Ausdruck findet. Denn hier ist, wie bereits unter I.6. angedeutet, der Körper Kult, um nicht zu sagen, zum (solariumgebräunten) Kult-Objekt erhoben worden. Sich selbst feiern bedeutet in diesem Zusammenhang also vor allem auch, seinen eigenen, überwiegend in den Body-Building-Studios modellierten und gestählten, jugendlichen Körper feiern, der sich auf dem Dancefloor in seiner ganzen männlichen Pracht und Schönheit präsentiert. Dabei erscheinen die Körper jedoch primär als Image- und Zeichenangebot denn als stoffliche Körper. Sie stel-len sich daher auch in erster Linie als selbstgemeißelte, lebendige Skulpturen, als ein *Kunst-Werk* dar, das wie dieses beachtet und be-staunt, weniger aber berührt werden möchte. Es gibt aber auch noch eine weitere Gemeinsamkeit: Denn wie das Kunstwerk strebt auch der Körper nach seiner Vollendung, ein Prozeß, der bekannt-lich nicht nur lange dauern, sondern mitunter auch ziemlich fru-strierend sein kann. Dennoch quälen sich ganze Heerscharen jun-ger Körperfetischisten Jahr für Jahr durch die geradezu martialisch anmutenden Geräteparks der Fitneßstudios. Warum tun sie (sich) das (an)? Machen sie das wirklich alle freiwillig? Oder haben wir es hier mit einer neuen Form von Masochismus zu tun? Wie konnte es zu diesem Boom kommen?

Von Gewicht sind hier vor allem drei einflußnehmende Faktoren: Eine kaum zu unterschätzende Rolle spielen erstens die durch den Film-, Fernseh- und Printbereich massiv hervor- und in Umlauf ge-brachten Schönheitsideale mit den sie verkörpernden und nahezu perfekt gebauten Models, die für die Jugend eine Leitbild- und so-

Werbung im Dopingzeitalter: angesprochene (Alp)Träume der Automarke Ford

mit auch physische Vorbildfunktion haben. Zweitens spielt auch hier der schon mehrfach angesprochene sexualisierende Einfluß der Schwulen eine nicht unbedeutende Rolle, die mit sich zugleich auch ihren (männlichen) Körperkult und Muskelfetischismus in die Partykultur hineingetragen haben (vgl. hierzu auch II.10.). Und drittens scheint schließlich auch noch ein sehr viel grundlegenderes Motiv für die Hinwendung zum Körper zu existieren, das mit dem schon unter I.7. beschriebenen allgemeinen Glaubensverlust an eine Veränderbarkeit der Welt verknüpft ist: Denn wenn die Kids die Welt schon nicht ändern und nach ihren Wünschen gestalten können, so doch zumindest ihren eigenen Körper. Zudem erhalten sie dabei wenigstens ein permanentes und vor allem unmittelbares und vielfältiges Erfolgs-Feedback, da sie ihren (Kraft-)Einsatz und die daraus resultierenden Veränderungen nicht nur spüren, sondern auch messen, beobachten und greifen können. Und sich sehen und bewundern lassen können sie schließlich auch noch.

Diese Form der Schönheit kann allerdings auch eine Kehrseite haben: „In ihren Extremen wird diese Modellierung wiederum Disziplin: Daueraufmerksamkeit für sich und Dauerarbeit an sich selbst."[57] Aber auch ein zunehmend zu verzeichnender Anabolikage- bzw. -mißbrauch insbesondere bei männlichen Jugendlichen spiegelt so gesehen nicht nur den „neuen Narziß", sondern auch die An- und Überforderungen der Leistungsgesellschaft wider: Der Konkurrenz- und Qualifikationsdruck steigt nicht nur auf dem Arbeitsmarkt, sondern auch auf dem nicht zufällig expandierenden Markt der Eitelkeiten: dem internationalen Schönheits- und Dopingmarkt mit seinen z.T. mehr als fragwürdigen Body-Drogen.[58] Doch wen interessiert das schon? Schließlich zählt auf den Parties primär die Wirkung (inclusive die, die man auf andere hat) und nicht die Nebenwirkung.

We are one family

Das Bemerkenswerte an den Parties ist schließlich aber vor allem ihre Friedlichkeit. Aggressivität, Anpöbeleien oder Rempeleien haben hier im Vergleich zu anderen Discotheken oder Massenveranstaltungen äußersten Seltenheitswert. Über jeder noch so überfüllten Party „herrscht" das ungeschriebene Gesetz der Toleranz und Gewaltlosigkeit, das selbstverständlich eingehalten wird und so alle Party-People zu einer sowohl selbstverliebten als auch selbstvergessenen, wild tanzenden und friedlichen Gemeinschaft zusammenfügt. Genau diese Komponenten zeichnen den Geist, den sogenannten *family spirit* in der Technoszene aus. Er stellt die ethische Grundlage, die Wurzel der Techno-Kultur überhaupt dar, ohne die sie weder gewachsen noch über sich hinausgewachsen wäre. Diese Gemeinschaft – und auch das ist besonders bemerkens- und bedenkenswert – muß nicht mehr wie bisher theorie- und utopielastig beschworen werden, sondern sie stellt sich durch die Reduktion auf das Wesentliche gewissermaßen von selbst ein. Wollten die 68er die Welt noch von ihren Grundsätzen überzeugen, bleiben die Raver bei sich und beschränken sich darauf, friedlich, freundlich lächelnd und glücklich vereint durch die Wochenenden zu tanzen. Daß dabei nicht nur Eierkuchen, sondern natürlich auch (illegale) Drogen konsumiert werden, ist selbstverständlich und hinreichend bekannt, weniger hingegen, daß es sich bei ihnen auch um spezifische Drogen handelt, die genuine Aspekte des Selbstverständnisses der Technoszene widerspiegeln, die deshalb immer auch ein Licht auf die Gesamtgesellschaft und deren Verhältnis zu Drogen zurückwerfen, das bekanntlich ein verstörtes ist:

8. Voll (gut?) drauf – Partydrogen und Hintergründe

„Ey, haste mal 'ne ‚E'?"

Jede Kultur hat ihre Drogen, und somit ist Techno-Kultur auch Drogen-Kultur. Stand für die Hippiebewegung die Droge ‚LSD' und deren „Papst" Timothy Leary Pate, so erscheint die Techno-Kultur unter ihrer Hauptdroge „Ecstasy" (Szenekürzel „XTC" oder einfach nur „E") subsumierbar. Indes – der Schein trügt. Richtig ist, daß Ecstasy eine der beliebtesten und stilprägendsten Drogen der Szene ist, aber eben auch nur eine unter vielen. Nicht minder hoch im Kurs stehen weiterhin Canabis, LSD, Kokain (zumindest für die, die es sich leisten können) und die Wachmacher-Droge „Speed", die ebenso wie Ecstasy dem frühzeitigen Ermüden auf den nächtelangen Parties den „chemischen Riegel" vorschiebt. Die in den Clubs gehandelten Pillen werden zwischen 15 und 35 DM an den Mann und die Frau gebracht. Sie sind rund und bunt und tragen verschiedene Prägesymbole, „die eine Wiedererkennung bestimmter Chargen für den Konsumenten ermöglichen sollen. (...) Der Wirkstoff ist weiß. Die unterschiedlichen Farben der Tabletten dienen also nur der Unterscheidbarkeit und lassen keine Rückschlüsse auf den Wirkstoff zu."[59] Ferner haben die Pillen ihrem Aussehen entsprechende Namen, wie etwa ‚Tauben', ‚Tönnchen' oder ‚Olympics', mit denen sie von der Szene geradezu liebevoll belegt werden, was wiederum einen Rückschluß – einen sehr wesentlichen zumal – ermöglicht: nämlich den, daß das Verhältnis der Technokids zu ihren

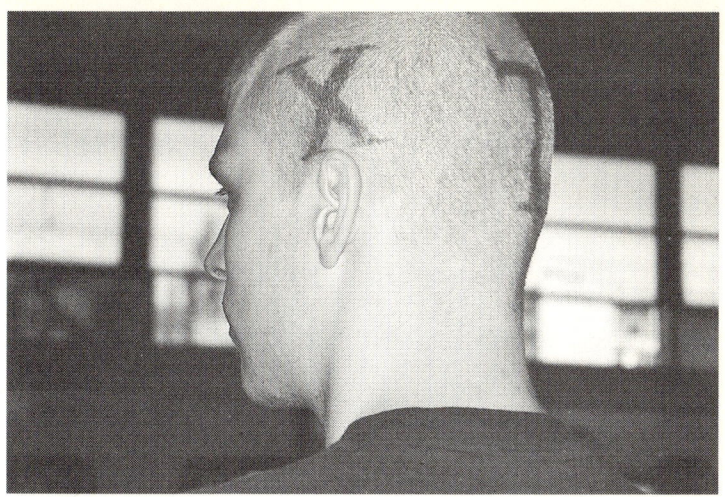

Nur Drogen im Kopf?

Drogen nicht nur ein selbstverständliches, sondern offenbar auch ein überaus intimes ist. Was also ist dran an (und drin in) den Partydrogen, deren Konsumenten in der Regel zwischen 16 und 28 Jahre alt sind?

Ecstasy

Ecstasy stellt mit seinem 3,4- Methylendioxymethamphetamin (MDMA) oder MDEA (N-Äthyl-MDA) ein Amphetaminderivat und somit eine psychostimulierende Substanz dar. 1914 wurde sie durch die Pharmafirma Merck patentiert und 1985 in den USA erstmals verboten. Seitdem gilt sie auch international als illegale synthetische Droge. Ihre Wirkungen sind „erhöhte Schlagfrequenz des Herzens, erhöhter Blutdruck, trockener Mund, vermindertes Hungergefühl, Wachheit, gehobene Stimmung (...). Es wird von Euphorie, gesteigerter körperlicher und emotionaler Energie und einer veränderten Wahrnehmung der Zeit berichtet."[60] Darüber hinaus berichten viele Konsumenten auch von einer Abnahme von Aggression. Schließlich findet sich für Ecstasy auch noch die Bezeichnung eines Emphatogens oder Entaktogens, da durch dessen wohldosierte (!) Einnahme „Offenheit, Einfühlungsvermögen (und) Kommunikationsfähigkeit"[61] zunehmen können. Der Schwellenwert –

75

also die Mindestdosis für den angestrebten Effekt – liegt bei Männern je nach Körpergewicht und psychischer Konstitution bei ca. 75 und 100 mg, bei Frauen generell etwas darunter. Die Wirkung tritt nach 10 bis 30 Minuten ein. Bei höheren Dosierungen überwiegen die unerwünschten und z. T. sehr unangenehmen Nebenwirkungen wie Zittern, Kiefermahlen oder Übelkeit.

Speed

Das verwandte Methamphetamin Speed mit seinem Basisstoff Ephedrin ist hingegen ein reines Aufputschmittel, das direkt auf das zentrale Nervensystem wirkt und dabei primär die Müdigkeit verschwinden läßt und die Stimmung antreibt. Beim exzessiven Tanzen vertreibt Speed die körpereigenen Warnsignale wie Erschöpfung oder Seitenstechen und erhöht die Leistungs- und damit Durchhaltefähigkeit auf dem Dancefloor. Die Einnahme erfolgt in der Regel nasal, gelegentlich aber auch oral. Seit 1986 fällt Speed in Deutschland ebenso wie Ecstasy als sogenannte „weich" eingestufte Droge unter das Betäubungsmittelgesetz (BTM). Allerdings mit zwiespältigem Ergebnis: So macht ‚Der Spiegel' darauf aufmerksam, daß der bis zu zwanzig Stunden wirkende Schnellmacher Speed zu Hause „schnell gekocht" werden kann: „Ein Kilogramm Speed läßt sich im gut ausgestatteten Heimlabor mittels einiger Chemikalien (im Wert von 450 Mark) innerhalb von knapp zehn Stunden zusammenkochen. Schwarzmarktpreis: 150 000 Mark."[62] Die Konsequenzen sind bekannt: Die Qualität des Stoffes ist in solchen Fällen nicht mehr überprüfbar und erst recht nicht zu garantieren, heraus kommen Mogelpackungen. Das aber erhöht das Risiko auf der Konsumentenseite.

Die Sache mit dem Bewußtsein – Perspektive 1

Allein die hier beschriebenen Wirkungen verdeutlichen bereits, warum Speed und Ecstasy zu *der* Party-Droge der Techno-Kultur avancieren konnten: Zusammen stellen sie nicht nur einen quasi „repräsentativen Querschnitt" des Lebensgefühls dar (Rausch, Ekstase, Glücksgefühl), sondern sie vermögen dieses, gemäß der bereits oben angesprochenen Maxime der „Potenzierung", bis zu äußerster Intensität zu steigern. Darüber hinaus werden die ohnehin schon physisch spürbaren Beats noch einmal auf ein intensiveres Niveau angehoben, bis man förmlich zu spüren glaubt, daß die Musik nicht mehr von außen auf einen einwirkt, sondern umgekehrt aus dem eigenen Innern herauspulsiert.

Die Wirkungen der Techno-Drogen Ecstasy und Speed sind daher *meistens* durch Aktivität, Klarheit und Diesseitigkeit gekennzeichnet und zielen eher auf eine Sprengung des Bewußtseins ab. Damit aber unterscheiden sie sich grundlegend von den Wirkungen von Canabis und LSD, die meist durch Passivität und trancehafte Jenseitigkeit gekennzeichnet sind. Sie spiegeln also eine eher entgegengesetzte Mentalitätslage wider, die, wie damals der Hippie, mehr an einer Erweiterung des Bewußtseins interessiert ist. Deshalb ist man auch nicht „high" oder „stoned", sondern „voll geil drauf" und „schiebt einen echt spacigen Film". Raumschiff Enterprise läßt grüßen. Oder, wie P. Walder es auf den Punkt bringt: „Raver auf LSD führen keine Diskussionen mit Gott & Marx, Raver auf LSD tanzen."[63]

In aller Regel gilt, daß „der Konsument über die gewünschte Wirkung informiert ist. (Er) weiß sehr genau, was er erleben will. Er hat sich seine Droge ausgesucht, weil das, was er über sie gehört hat, ihm zusagt. Oft tragen die Begleitumstände des Drogenkonsums dazu bei, den erhofften Effekt auszulösen. Dazu gehört, Teil einer Gruppe zu sein, die die erwartete Wirkung gemeinsam erleben will. (...) Psychoaktive Substanzen zu sich nehmen hat für die Konsumenten also (auch) rituelle Bedeutung."[64] Ein Zusammenhang, der so lange existiert wie die Menschheit selbst.

Inzwischen sind illegale Drogen längst selbstverständlicher Bestandteil der modernen Gesellschaft geworden, wobei der Beschleunigung der Gesellschaft die Beschleunigung durch Drogen und Beats entspricht. „Der knappen Freizeit und den engen Freiräumen muß das Letzte an Ereignis und Attraktion abgerungen werden: immer schneller immer mehr. Diese Leistung ist ohne Doping nicht zu schaffen."[65] Während „Millionen Menschen mit Prozac zufrieden sind (und dabei) behaupten, nun sei alles besser, jetzt zeige sich ein neues, ihr wahres Selbst"[66], fühlen sich andere eben mit Speed und Ecstasy wohl(er). Der wesentliche Unterschied liegt dabei jedoch im Intentionalen, denn das „Ziel des Konsums von Drogen, Beats und Stroboskopblitzen ist ein exzessiver Rauschzustand, der bekanntlich mit den tragenden Stützen unserer Gesellschaft zu kollidieren droht. Arbeit, Disziplin und Nüchternheit zählen nicht gerade zu den Grundfesten der Raving Society."[67]

Prozac
Prozac, in Deutschland unter dem Namen „Fluctin" im Handel, ist ein Stimmungsaufheller und stammt aus dem Lager der „Happy-Pills" (Glückspillen), deren Hauptvertreter Peter D. Kramer ist. Prozac wird daher insbesondere bei depressiven Patienten von den sie behandelnden Ärzten eingesetzt. In der Technoszene spielt Prozac keine Rolle.

Das liefert natürlich immer wieder Argumente für eine verschärfte Drogenintervention. Diese ist jedoch in der Regel ziemlich erfolglos und hat mittlerweile stark an Überzeugungskraft eingebüßt, denn „die Drogenprohibition hat nicht nur deswegen versagt, weil sie kein taugliches Konzept darstellt, irgend jemanden am Konsum einer Droge zu hindern, sondern auch, weil die Konsumgesellschaft jedes moralische Recht dazu längst (verspielt) hat. Dem simplen ‚just say no' ist (daher) das ‚just say *know*' (also das ‚Gewußt-Wie') allemal überlegen."[68] Das klingt zwar gut, ist sicher auch richtig, ...

Die Sache mit dem Bewußtsein – Perspektive 2

... Tatsache ist aber auch, daß es viele Technokids gibt, die ihre Partydrogen nicht besonders gut im Griff haben und ihr Leben damit noch weniger. Und selbst wenn ihnen das bewußt ist, bedeutet das noch lange nicht, daß sie deshalb imstande sind, den „Bewußtseinshebel" einfach umlegen zu können. Das hat sowohl mit den Wirkungen, Nach- und Nebenwirkungen der Drogen selbst als auch mit dem Prinzip der Parties zu tun, deren Zusammenspiel bei vielen anstatt Spaß und Vergnügen nur allzuoft Frust und sogar Depression erzeugt.

So ist bereits der öde Alltag, der ohnehin schon als Belastung, wenn nicht gar als Zumutung empfunden wird, für viele überhaupt nur noch deshalb erträglich, weil die *berauschenden* Wochenenden Ablenkung und Trost versprechen. Dabei wird „die Zeit zwischen Montag und Freitag wie in einer Wartehalle verbracht, ohne wirklich zu wissen, was man da eigentlich zu suchen hat."[69] Die Idealisierung und die damit verbundene Einengung der eigenen Interessen auf die konkurrenzlos schöne, bunte Partywelt führen daher oft zwangsläufig zu einer Vernachlässigung anderer Interessen. Diese Tendenz wird zudem noch durch die Nachwirkungen von Ecstasy und Speed und durch einen allgemeinen Übermüdungsstreß gefördert. „Der Speedkater macht gereizt und unkonzentriert, im

Ecstasykater kommt es zu Motivationsverlust und eingeschränkter geistiger Leistungsfähigkeit."[70] Kein Wunder also, daß, wer derart ausgepowert ist, eigentlich „keinen rechten Bock mehr auf gar nichts" hat: weder auf die Schule, wo Blaumachen am Montag schon nichts Besonderes mehr ist, noch auf die Arbeit, die zwar „nicht immer, aber immer öfter" gemieden wird. Die logische Folge ist eine Aufspaltung der Raverseele in eine idealisierte Partywelt, in der es so lange wie möglich zu verweilen gilt, und in eine graue Alltagswelt, die es so lange wie möglich zu vermeiden gilt.

Probleme sind aber nicht nur verstärkt im Leistungsbereich zu beobachten, denn sowohl die Beziehung zu Freunden und Bekannten, die ja auch nicht immer einfach ist, als auch die zu sich selbst kann durch die Doppeldröhnung Party plus Droge in Mitleidenschaft gezogen werden. Denn „persönliche Beziehungen stehen zumindest in der Gefahr, vornehmlich durch das Thema Drogen genährt zu werden. Es ist auch nicht selbstverständlich, daß sich aus den Partybekanntschaften Freundschaften entwickeln, die auch unter der Woche Halt geben können. Vielen fehlt es unter der Woche an Selbstbewußtsein, hat man sich doch in einer Rolle kennengelernt, die sich mit alltäglich notwendiger sozialer Distanz oder Fehlerhaftigkeit nur schwer vereinbaren läßt. In der Beziehung zu sich kommt es zum Verlust einer Lebensperspektive, das Ziel ist weniger eine Ausbildung oder dergleichen, Ziel ist die nächste Party."[71]

Und wer einmal so richtig auf dem Party-und Partydrogen-Trip ist, kommt eben nicht immer so leicht und locker von ihm runter wie er draufgekommen ist. Auf die Dauer muß eine solch exzessive Lebensweise natürlich zu nicht gerade unerheblichen psychosozialen Krisen und Bewältigungskonflikten führen. Und irgendwo weiß auch der junge Raver, daß sein wohl doch etwas zu heftiger Pillenkonsum nicht eben gesundheitsfördernd ist. Und daß sein ständiges Ausweichen vor den Anforderungen und Notwendigkeiten des Alltags auf kurze oder lange Sicht nicht wirklich gutgehen kann und letztlich wohl auch nicht möglich ist, hat er auch schon festgestellt. Zwar mit großem Bedauern, aber immerhin. Doch was nützt ihm sein diffuses Wissen, solange er – warum genau, weiß er selber nicht – einfach nicht in der Lage ist, wenigstens einige dieser Probleme *selbst* in den Griff zu bekommen? Aber vielleicht ist das ja gerade das Problem.

Dankenswerterweise hat sich inzwischen auch bei uns immer mehr die Erkenntnis durchgesetzt, daß Wissen nicht in Anonymität und schon gar nicht über Abschreckung vermittelt werden kann. So gibt es in Deutschland mittlerweile in jeder größeren Stadt Suchtberatungsstellen, die sich auf die Partydrogen-Problematik spezialisiert haben. Eine davon ist die in Berlin von Helmut Ahrens initiierte Selbsthilfeorganisation „Eve&Rave", deren Aufklärungs- und Unterstützungsarbeit vor allem durch eine maximale Nähe zur Technoszene gekennzeichnet ist. Denn eine Prävention, die auf eine *nachhaltige* Risikominimierung drogenkonsumierender Jugendlicher ausgerichtet ist, kann nur dann effektiv sein, wenn sie sich „an der Alltagswelt der betroffenen Konsumenten und nicht an den Idealen der unbeteiligten gesellschaftlichen Mehrheit orientiert."[72] Entsprechend wird bei „Eve&Rave" ein lebensweltspezifischer und *Peergroup*-orientierter Ansatz verfolgt. Was heißt das?

Das bedeutet erstens, daß die Aufklärungs- und Unterstützungsarbeit intern in kleinen und altershomogenen Bezugsgruppen stattfindet, deren Teilnehmer sich auch bezüglich ihrer Urteilsfähigkeit, ihrer Interessen- und insbesondere Problemlage möglichst wenig voneinander unterscheiden sollen. Das ist wichtig. Denn nur eine Umgebung, die eine Atmosphäre schafft, in der man sich unter sich und daher eher sicher fühlt, schafft auch die Vorraussetzung für eine offene Auseinandersetzung und vor allem für einen angstfreien Erfahrungsaustausch.

Und das bedeutet zweitens, daß man auch extern Präventionsarbeit leistet. Diese sogenannte ‚Sekundärprävention' umfaßt dabei in der Regel dreierlei: das Herausgeben von handlichen und szenegerecht aufgemachten Informationsbroschüren, das Einrichten und Betreuen von Informations- und Beratungsständen auf den Parties und das Planen weiterer aufmerksamkeitsfördernder und bewußtseinsbildender Kampagnen in Kooperation mit den Clubbetreibern.

Und schließlich werden in immer mehr Gebieten Notrufzentralen, die sogenannten ‚Ecstasy-Hotlines' eingerichtet, die über den Umgang mit Partydrogen informieren und bei „Unfällen" Beratung bzw. Hilfe anbieten.

Auskünfte über die verschiedenen Beratungsorganisationen und deren Sitz in der Bundesrepublik Deutschland erteilt die Bundeszentrale für gesundheitliche Aufklärung (BZgA) in Köln unter: 02 21-89 20 31.

9. Zu schön, um wahr zu sein – Techno- und Trend-Fashion

Ob teuer oder nicht – wertfreie Mode gibt es nicht

Was dem einen sein Armani-Anzug an der Börse und das Ralph Lauren-Polo-Shirt beim Golfen ist, ist dem anderen seine verwaschene Blue Jeans und das weiße T-Shirt für alle möglichen Anlässe; wenn auch nicht gerade für „gesellschaftlich gehobene". Aber auf die pfeift dieser Kleidertypus in aller Regel sowieso, und wenn nicht, dann wird er – ob er will oder nicht – zumindest gewisse Konzessionen eingehen müssen, denn: „Wie jede Geschmacksäußerung eint und trennt die ästhetische Einstellung gleichermaßen. (...) Die Geschmacksäußerungen, d. h. die zum Ausdruck gebrachten Vorlieben, sind die praktische Bestätigung einer unabwendbaren Differenz."[73] Dabei spielt es keine Rolle, ob man besonders viel Wert auf Mode legt oder nicht. Selbst jemand, der von sich behauptet, Mode interessiere ihn nicht im geringsten und der ganze Zirkus darum erst recht nicht, bringt diese – wenn auch geringere – Wertschätzung durch sein Auftreten ebenso zum Ausdruck wie derjenige, der gewillt ist, für die Demonstration seiner „Wenigkeit" nicht eben wenig blaue Scheinchen in den goldenen Kassen seiner ausgesuchten Designer-Boutiquen zu lassen. In beiden Fällen gibt jeder auf seine Weise demnach nicht nur beiläufig zu verstehen, „zu dem Club gehöre ich (nicht)", sondern er gibt damit zugleich auch ein offen sichtbares, persönliches Statement ab: „Ich *will* auch (nicht) dazugehören". Jeder Modestil und jeder Modeartikel, den man trägt (mag er noch so nebensächlich erscheinen), trägt somit immer auch schon eine bestimmte Bedeutung, eine Botschaft, wenn nicht gar eine Ideologie, in sich selbst. Aber erst durch dessen Auswahl wird die damit verbundene Einstellung auch nach außen und damit in die Welt getragen. Die über Mode transportierten Wertvorstellungen sind dabei so unterschiedlich und zahlreich wie die Szenen in der Gesellschaft selbst. Ein einheitliches Schönheitsideal existiert nicht mehr, wohl aber ein Überangebot an immer neuen, schönen, nebeneinander existierenden und untereinander konkurrierenden Lifestyle-Konzepten, aus denen sich jeder sein Selbst nach Belieben „zurechtschneidern" kann. Kurz: Insbesondere für junge Menschen ist Mode ein wesentliches (Hilfs-)Mittel zur individuellen Identitätsbestimmung mittels Abgrenzung. Wichtiger als der Anschaffungswert ist deshalb vor allem ihr symbolischer Wert.

Graue Mäuse vs. bunte Vögel – Mode zwischen Selbstdisziplinierung und Selbstinszenierung

Mode verleiht aber nicht nur individuellen Charakter, sondern unterdrückt ihn auch. Besonders deutlich tritt dieser Aspekt bei militärischen Uniformierungen hervor, denn „sie umhüllen Menschen wie Tarnkappen, machen sie austauschbar und dekorieren sie nach einem eisernen Gesetz."[74] Ähnliche Gesetzmäßigkeiten, wenn auch nicht gerade „eiserne", sondern eher zivile, zeichnen die konformistische und daher risikolose Allerweltskleidung der meisten Jugendlichen aus. Auch mit ihr tarnt sich der einzelne und kann so problemlos und unauffällig in der grauen Masse des Mainstream untertauchen. Denn so unbegrenzt die Auswahlmöglichkeiten an ungewöhnlicher bis ausgeflippter Mode auch sind, so begrenzt wird von ihnen „im wirklichen Leben" Gebrauch gemacht. Das hat vor allem drei Gründe:

Erstens sind es ohnehin immer nur wenige, die selbstbewußt genug sind, sich provokativ gegen die gerade gängigen modischen Konventionen aufzulehnen. Zweitens wird es zunehmend schwieriger, überhaupt noch so etwas wie überholte, geschweige denn „alte Konventionen" ausfindig zu machen. Und damit ist es drittens heute um so vertrackter (oder positiv ausgedrückt: um so herausfordernder), einen neuen, progressiven Modetrend in Gang zu setzen. Da hilft es letztlich wenig zu wissen, daß cool, korrekt und trendy sein nach wie vor *die* zentralen Werte gerade auch im Bereich der jungen Mode darstellen. Viel wichtiger ist nämlich die Frage, was denn, bitteschön, in Zukunft noch die Chance haben wird, in der Technoszene als cool, korrekt und trendy gelten zu können. Doch auch dafür gibt es Regeln.

Erstens: Cool ist zunächst einmal all das, was garantiert nichts mit dem langweiligen und nichtssagenden Mode-Mainstream zu tun hat, also entschieden anders und deshalb auffällig ist. Dabei haben alle möglichen bizarren modischen Errungenschaften, die sich

irgendwann einmal erfolgreich in Opposition zum Mainstream be-
fanden, sowohl heute als auch in Zukunft noch gute Chancen, als
cool wiederentdeckt und aufgegriffen (sprich: „revived") zu werden. Das können sonderbare Schnitte wie Haarschnitte, unauffäl-
lige wie besonders hervorstechende Accessoires wie Ohrringe oder
Piercings oder auch die unterschiedlichsten Motive von Tatoos sein,
die man – Überraschung! – unter Umständen auch noch da entdek-
ken kann, wo die letzte kleine, coole Kleidungshülle gefallen ist.
Denn cool sein endet nicht unbedingt an der Gürtellinie.

Revival/Revival Party
Stellen Revivals in der Mode eine Art Avantgarde resteverwertender
Wiederaufbereitung vergangener und zu jener Zeit als besonders exen-
trisch geltender Modestile dar, so erleben die mit dem jeweiligen Klei-
dungsstil verbundenen Lebensstile und Lebensstilmerkmale auf den
sogenannten revival parties ihr großes Comeback. So rückt man zu
Disco- oder Hippie-Revival-Parties in den entsprechenden Outfits in
den Clubs an, deren Dekoration, Getränkekarte und Musik konsequent
auf das jeweilige Motto der Party abgestimmt sind.

Cool *und* korrekt ist die selbstbewußt ausgewählte Modelinie
aber zweitens erst dann, wenn sie wirklich individuell ist und für
„das richtige Bewußtsein" steht. Auf keinen Fall dürfen die Klamotten billige Massenware sein. Marken, gleich welcher Größe und
Art, die diesen Ruf einmal weghaben, sind damit sofort und definitiv weg vom „Show-Fenster". Entsprechend gilt es heute bei den
Ravern als ebensowenig korrekt, über seine Kleidung eine elitäre
Show abzuziehen, die Statusbewußtsein und Geldgeilheit repräsen-
tieren soll. Frivole Kleidung kann zwar durchaus korrekt sein und
im Trend liegen, jedoch bestimmt nicht in diesem Sinne.

Denn als trendy wird drittens, wenn überhaupt, nur das akzeptiert, was sich auch im Einklang mit den Grundwerten der Technoszene befindet: sein eigenes Ding machen und Mut und Wille
zur Innovation bei gleichzeitiger kreativer Aufgeschlossenheit für
eine Adaption aller dafür als tauglich empfundenen Inspirations-
quellen. Gesetzt werden diese neuen Modetrends in der Regel nicht
in den oberen Etagen der Stardesigner in Mailand, Paris, London
und New York, sondern im quirligen Underground, und dort vor allem in den Clubs. Der Begriff *Clubwear* schien daher wie maßge-
schneidert.

Clubwear
Mit Clubwear bezeichnet man jene Garderobe, die vor allem für das Ausgehen in die Clubs konzipiert ist. Mag das fürs Theater berühmte lange, enganliegende und weitausgeschnittene Schwarze für eine heiße Clubnacht vielleicht gerade eben noch geeignet sein, so ist es der Anzug oder Frack mit Sicherheit nicht: zu warm, zu bieder und vor allem zu unbequem, ein Zwangskostüm eben und damit als Clubwear völlig ungeeignet. Clubwear – so unterschiedlich sie auch ist und sein soll – verschnürt und versteckt den Körper nicht, sondern will ihn im Gegenteil zur Geltung bringen: schön, schrill und (farben-)prächtig. Individuelle Bewegungs-, aber auch Ausdrucksfreiheit sind daher die obersten Gebote aller Clubwear-Designer.

Da es jedoch inzwischen an fast jeder Ecke Clubwear zu kaufen gibt, ist dieser Begriff eigentlich *out*. Und außerdem zieht man diese Klamotten ja nicht nur ausschließlich im Club an. Wer schiefe Blicke vermeiden will, erkundigt sich also besser nicht mehr nach Clubwear, sondern sieht sich nach ausgefallener „Trendwear" um.

Sein + Design = Bewußtsein

Ebenso extraterrestrisch wie die Aufmachung der Clubs, scheint auch die der Party-Kids schon von Anfang an nicht von dieser Welt gewesen zu sein. So ist es auch kein Wunder, daß Wera Wonder und Mik Moon bereits im Jahre 1985 in Berlin einen der ersten Trendwear-Läden Deutschlands überhaupt gründeten. Ihre Namen sind dabei von Anfang an Programm gewesen: Zum einen als Musikband ‚The Planets' (die einst sogar in Japan einen Hit landete) und zum anderen als ‚Planet Wear', ihrem parallel zur Band gegründeten Modelabel. Schon immer von Trash- und B-Movies und Science-Fiction-Filmen wie der ‚Raumpatrouille Orion' magisch angezogen, fasziniert und inspiriert, zogen sie zunächst in einen kleinen Schöneberger Laden in der Leberstraße ein, um von dort aus den besonders aufgeschlossenen und damit meist jüngeren Anteil der Erdbewohner völlig neu anzuziehen. Und so manche, die als Menschen in den Laden hineinspaziert kamen, spazierten als Außerirdische aus ihm heraus: zum Beispiel auf kniehohen, silbernen Stiefeln mit sonderbar hohen Absätzen und mit schrillfarbigen, engen Polyesterhosen, T-Shirts oder gar Raumfahrtanzügen mit – der besseren Ortung im All wegen? – großflächig aufgenähten

PLANET BERLIN since 1985

SILVERHEAD PROD

BERLIN CITY · DIE PLANET CREW

FASHION

PLANETWEAR®

Foto : Wolfgang Brückner

Je schriller, je besser

Reflektoren, die sicher auch Käpt'n Spock von der Enterprise gefallen hätten. Genau diese Reflektoren waren es auch, mit denen
'Planet Wear' damals bekannt wurde und die inzwischen längst
zum 'Outfit-Klassiker' der Technoszene geworden sind. Heute
sind sie natürlich eher *out*. Das heißt aber nicht, daß sie nicht
doch eine Renaissance in der Technoszene erleben können, deren
Credo sich seitdem am besten so auf einen Nenner bringen läßt:
auffallen, um (sich) zu gefallen.

Welche modischen Stilmittel zu diesem Zweck jeweils angewendet werden, läßt sich hingegen nicht auf einen Nenner bringen. Denn maßgebend ist im doppelten Wortsinn immer der seine Zeit reflektierende Zeitgeist. Die Science-Fiction-Welle mit ihren spacigen und synthetischen Outfits ist jedoch nur eine, wenn auch sehr ergiebige, modische Inspirationsquelle, aus der junge und kreative Modedesigner bis heute schöpfen. Ferner können Wirtschaftskrisen, Umweltkatastrophen, Zusammenbrüche gesellschaftlicher Systeme und Kriege, aber auch technologische und soziale Fortschritte Impulsgeber für außergewöhnliche modische Erscheinungsformen sein. Entsprechend korrespondiert Rezessionsbewußtsein mit einer abgerissenen Rezessionsästhetik und Ökologiebewußtsein mit Naturfaser-Outfits. Mit dem Mauerfall halten NVA-Uniformen, russische Militärabzeichen und die seinerzeit besonders angesagten Russenfellmützen ebenso Einzug auf dem Dancefloor wie Fliegerbrillen, Gasmasken, Kampf- und Schutzanzüge, die wiederum andere apokalyptische Untergangsszenarien versinnbildlichen und vergegenwärtigen sollen. So gesehen ist in puncto Clubwear bzw. Trend-Fashion also nicht nur erlaubt, was gefällt, sondern es wird über sie auch vor Augen geführt, was einem mißfällt oder Angst einflößt. Sensibel wie ein Seismograph reagiert sie auf die unterschiedlichsten Strömungen in der Umwelt und reflektiert diese – und seien sie noch so unscheinbar oder vermeintlich irrelevant.

Richtiges Bewußtsein = Markenbewußtsein

Wer nun aber glaubt, daß das ausgefallene Design allein schon ausreicht, um Coolness und Korrektheit zu garantieren, der irrt. Denn erst das richtige Label an den Klamotten verleiht ihnen auch Glaubwürdigkeit, um nicht zu sagen, ihre Existenzberechtigung. Wer sich also in der Szene durch ausgefallene Mode vom Mainstream abgrenzen will, ohne gleich selbst zu seinem eigenen Modeschöpfer zu werden, was übrigens viele sind, muß nicht nur die neuesten Trends kennen, sondern auch die zu diesem Zeitpunkt angesagtesten Labels. Und da man diese speziellen Marken nicht bei Ketten wie ‚C & A' oder ‚H & M' findet, muß ein um Korrektheit bemühter Raver daher auch noch jene Klamottenläden kennen, von denen er weiß, daß sie mit ihrer speziellen Einkaufspolitik immer bemüht sind, Trendaktualität und Exklusivität für ihn zu gewährleisten.

Eben so einen Laden wie ‚Planet Wear‘, der inzwischen (genau: seit 1989) in der vornehmen Schlüterstraße, einer Seitenstraße von Berlins Flanier- und Modemeile Kurfürstendamm, residiert und der sich dennoch in keine „Nobel-Klitsche" verwandelt hat. „Dann nämlich, könnten wir gleich dichtmachen", sagt Mik Moon. Über die verschiedenen Klamotten und Labels, über die ich mich mit ihm unterhalten will, redet er erst dann etwas offener, als klar wird, daß ich kein Agent von der Abteilung für Trendspionage bin. Das ist auch nur allzu verständlich, denn Trendläden wie dieser können, wie alle anderen auch, nur dann auf Dauer existieren, wenn es ihnen gelingt, mit ihren neuesten Produkten immer wieder früher auf dem Markt zu sein als die Kopierer der großen Modeketten von ‚H & M‘ und Co. Die Konkurrenz schläft bekanntlich nicht, und so ist auch sie immer schneller mit *ihren* Trendwear-Kopien präsent, die sie in großen Stückzahlen und daher zu Niedrigstpreisen in ihren immer größer werdenden Trend-Ecken an ihre junge Klientel verhökern kann. Viele Kids stört dieser Trend hingegen nicht allzu sehr. Denn warum sollten sie für ihr Outfit, das dort komplett für 150 Mark zu haben ist und eigentlich genauso cool aussieht wie das, das andere Spezialboutiquen auch anbieten, das Drei- bis Fünffache hinblättern? Das Risiko, jemandem über den Weg zu laufen, der annähernd das Gleiche trägt wie man selbst, wird von ihnen deshalb bewußt in Kauf genommen. Hinzu kommt, daß viele, wenn auch bei weitem nicht alle, inzwischen ohnehin kapiert haben, daß ab einer bestimmten Preisklasse sowieso alles Verarschung ist, und zwar unabhängig davon, ob sie es sich leisten können oder nicht.

Diese Einstellung können sich viele Modedesigner und kleinere Boutiquenbesitzer jedoch nicht leisten, leben sie doch schließlich von ihrem Ruf als Exklusivitätsgaranten. Und der kostet sie und damit auch ihre Kunden nun einmal etwas mehr. Gerade weil Techno-Mode längst zur Massenware geworden ist, sind sie um so mehr bemüht, sich durch ihr eigenes und möglichst einzigartiges Angebot an kleinen, aber feinen Labels ein eigenes Profil aufzubauen. Denn nur auf diese Weise können sie sich von dem austauschbaren Massencharakter der anderen Läden abheben. Ihre Einkaufs- und Preispolitik sieht daher genau umgekehrt aus: Interessant sind lediglich jene Marken, die nur an ausgesuchte Boutiquen ausgeliefert werden und deren Stückzahl – insbesondere bei hochpreisigen

Markenartikeln – begrenzt ist. Damit wird sichergestellt, daß nicht jeder, womöglich auch noch szenefremde, Depp genau in dem Outfit herumläuft, das man gerne für sich und ein paar wenige Gleichgesinnte reserviert gesehen hätte.

Ähnlich wie bei den Image- und Positionierungsstrategien der Plattenlabels gründen auch viele Modefirmen, die den progressiven Trend-Fashion-Markt lediglich neben anderen für sie wichtigen Ziel-, aber auch Altersgruppen für sich erschließen wollen, Sublabels. Das hat vor allem drei Vorteile. Erstens: Unter einem neuen, unbekannten und somit unverdächtigen bzw. unbelasteten Namen können die jungen und neu heranwachsenden Zielgruppen besser erreicht und leichter gebunden werden, während zweitens zugleich die alte und alternde Zielgruppe unter dem althergebrachten Label,

---

Sabotage

Sabotage aus Mannheim ist einer der Klassiker in der Techno-Mode und trachtet danach, wie der Name schon andeutet, überholte Mode- und damit verwobene Denkmuster zielstrebig und konsequent zu stören, zu unterlaufen und aufzuheben, eben: zu sabotieren. Das Ergebnis ist der für Sabotage typische futuristische und spacige Look und ein maximal fortschrittlich ausgerichteter Style.

E-Play

‚e-play‘ – was heißt das? Wofür nur mag das e stehen? Für ekstatisch, easy going, erotisches Vorspiel oder gar Ecstasy? Vielleicht ist ja an der e-play-Kollektion von allem was dran. Auf jeden Fall steht sie für besonders knappe und sexy Outfits und ist damit in erster Linie für männliche und weibliche Fans körperbetonter Kleidung konzipiert. Hinter e-play steckt aber auch noch – wer hätte das gedacht? – ‚Replay‘.

P-Type

Noch so ein prägnantes Kürzel: P-Type kommt aus Frankfurt am Main, steht für Prototype und vor allem für ausgefallene Stoffkombinationen, egal ob bei T-Shirts, Hosen oder Jacken. Latexstreifen an Baumwollhemden? Warum eigentlich nicht.

Planet Wear

Mit Planet Wear-Outfits zeigt man nicht nur, daß man nichts gegen Kunstleder, große Knöpfe, riesige Reißverschlüsse und gedeckte Faran das sie gewöhnt und bereits gebunden ist, modisch aus dem Jugendalter herausbegleitet werden kann. Die Aussichten auf eine erfolgreiche Langzeitbindung verschiedenster Zielgruppen unterschiedlichsten Alters wird damit drittens massiv erhöht, und das, wenn klug eingefädelt, auch noch meist ohne jeden Imageverlust. Und schließlich gibt es ja vielleicht noch einen weiteren Vorteil: nämlich den, daß sich (nicht nur die in den Verdacht der „Unkorrektheit" geratenen) Majors über diese Strategie vorzüglich tarnen können. So gesehen läßt sich eben heute doch nicht mehr so leicht und schon gar nicht mehr eindeutig entscheiden, wer hier eigentlich so alles Etikettenschwindel betreibt. Doch auch das ist, so scheint es, reine Bewußtseinssache. Ob groß oder klein, angesagte Modelabels sind u. a.:

ben hat, sondern man zeigt auch viel Haut. Besonders gerne werden plastische Materialien verwendet, und selbst die sind manchmal mehr oder weniger voll transparent.

NO2
Auch die sehr fesche Trend-Mode des sich insbesondere auf den schwulen Outfitbereich beziehenden Männerlabels NO2 ist nicht ohne. Denn sowohl bei den körperbetonten Hosen, transparenten T-Shirts und Hemden als auch bei den extrem schrillen Anzügen und den an den Glamour-Look der 70er anschließenden Glitzerklamotten bleibt einem fast, natürlich nur vor Staunen, die Luft weg.

Jiggy
Jiggy hingegen ist ein Frauenlabel, dessen Style nicht auf einen effekthascherischen Auftritt, sondern auf einen eher schlichten Schnitt setzt. Besonders raffiniert und elegant sind die angenehm weichen Flausch- und Kapuzenkleider, deren ausgefallenes Design sich einem eben nur bei näherem Hinsehen erschließt.

Royal Elastics
Mit den Produkten des australischen Turnschuh-Labels Royal Elastics kann man – elastisch wie ein Känguruh? – beschwingt durch die Stadt- und Partylandschaft hüpfen und – wer weiß? – vielleicht auch ebenso große Sprünge machen. Angesagt sind diese Turnschuhe aber auch, da ihre Ästhetik eben nicht so „ausgelatscht" ist wie die der „Dreistreifen- und ‚Just do it'-Treter", die einen überall auf Schritt und Tritt verfolgen.

So unterschiedlich die Marken auch sind, so sehr verbindet sie ihr gemeinsamer Anspruch, mit ihren Outfits den vielbeschworenen Zeitgeist nicht nur möglichst haargenau zu treffen, sondern ihn nach Möglichkeit auch alleine als *dernier cri* (re)präsentieren zu dürfen. Mit anderen – leicht paradoxen – Worten: Ihr gemeinsamer Anspruch ist ihr Alleinvertretungsanspruch. Um diesem gerecht zu werden, scheut die Modebranche bekanntlich weder Mittel und Wege noch Abwege. Ihr Bemühen, immer neue Trend- und damit verbundene Lebens-Philosophien zu kreieren und als *dernier cri* auszurufen, kann, wie das Ende des Films „Prêt-à-Porter" zeigt, mitunter groteske Formen annehmen: In eindrucksvoller wie ironischer Weise begleitet und kommentiert der bekannte amerikanische Regisseur Robert Altman mit seiner Kamera die Großen der Branche auf ihrer Jagd nach dem nächsten, ultimativen Lifestyle. Die Ergebnisse der anstrengenden sowie angestrengt anmutenden Trendsuche münden am Schluß des Films in einen Werbespot: Er zeigt ein Paar, das beschwingt und geradezu entrückt auf einer ebenso paradiesisch anmutenden Blumenwiese nicht etwa auf einen Apfelbaum, sondern auf eine überdimensional große Werbetafel zutanzt. Das Paar ist nackt, und die letzte Verheißung lautet: „Get natural!" Doch was heißt heute schon „natürlich"?

10. Zu geil für diese Welt – Sex und Liebe in den Zeiten der Erlebniskultur

Der Club als multisexueller Erlebnispark

So schrill und exhibitionistisch die Modestile der Technokids sind, so wild und körperbetont zeigt sich auch das Publikum auf den allnächtlichen Clubparties. Motto: Je bunter und gemischter das nach Ekstase fiebernde junge Tanzvolk, desto sympathischer. Je mehr Haut dabei zu sehen ist, desto besser und schließlich: Je später und heißer die Nacht, desto häufiger fallen die noch so ausgefallenen Hüllen. Abgesehen natürlich von jenen der athletischen Gogo-Tänzer und -Tänzerinnen auf ihren Podesten und Bartresen (oder wo sie sonst noch überall auftreten mögen), die sowieso schon von Anfang an fast nackt und geradezu orgiastisch zu den hämmernden Beats zucken, um die meist nicht minder schlecht gebauten Tanzwütigen ringsum immer weiter aufzuheizen. Einige unter ihnen tragen vielleicht eng anliegende T-Shirts mit so selbstbewußten und provokanten Aufdrucken wie zum Beispiel ‚Female Macho‘, ‚Pussy Power‘ oder – schlicht und einfach – ‚Please don't touch!‘. Notwendig sind derlei „Warnungen" jedoch nicht, da es hier im Unterschied zu den normalen Mainstream-Discos um alles mögliche gehen kann, nur nicht ums plumpe Anbaggern und Abschleppen. Es darf also wild drauflos geflirtet werden, ohne deshalb gleich mißverstanden zu werden. So sehr sich auch bei den Parties alles um die Inszenierung und Zelebrierung des Sex und des Triebhaften dreht, so wenig spielen Sexismus und Machismus eine Rolle. Besonders angenehm und in vielerlei Hinsicht befreiend wirkt sich dieser Umstand für die Frauen aus. Denn egal, ob sie in die Rolle des „braven" Girly, der großbusigen Silicon Valley-Amazone oder der mit Latexmini, Nietenbüstenhalter und siebenschwänziger Peitsche ausgestatteten Domina oder Hardcore-Lesbe schlüpfen, Busengrabscher und chauvinistische Blicke brauchen sie hier alle nicht zu fürchten. Jeder, ob hetero-, homo-, bi- oder auch transsexuell, kann und soll sich in den Clubs so frei und sicher bewegen, wie es ihm oder ihr beliebt. Denn gerade diese Art von auf- und erregender sowie anregender Mischung macht den besonderen Reiz und Charme der heute existierenden Clublandschaft aus, in der jeder beachtet, aber auch auf selbstverständliche Weise geachtet und sexuell in Ruhe gelassen werden will und auch wird. Wichtiger als das (ja immer auch an eine bestimmte Person bindende) Einlösen der sexuell versprühten Reize ist das unverbindliche Spiel mit ihnen. Der Vorzug dieser Art von normalem Partybetrieb liegt also (in aller Regel) gerade im Ausbleiben des Vollzuges.

Wem das jedoch zu artig und anständig ist, der hat – je nach Neigung – mittlerweile eine schier unbegrenzte Auswahl an noch verschärfteren Parties, bei denen es durchaus auch zur Sache gehen kann. Insbesondere in den schwulen Clubs, die von Anfang an Impulsgeber und Vorbilder für die heute existierende Partykultur waren, wird die eigene Sexualität nicht nur häufig für jedermann animierend auf Videoleinwänden zur Schau getragen, sondern auch an Ort und Stelle untereinander praktiziert. Wo und wie genau das stattfindet und wie weit Mann dabei geht, hängt vom Club, dem Motto der Party und grundsätzlich natürlich immer von ihm selbst ab. So fühlen sich die einen auf den derzeit besonders beliebten und feucht-fröhlichen Foam-Parties wohl, bei denen man sich und seine männliche Schönheit besser nur mit einer knappen Badehose bekleidet präsentiert und zusammen mit den anderen Schönen der Nacht durch hüfthohen Schaum tanzt. Das macht schließlich mehr Spaß, als jemandem tagsüber im Schwimmbad nur beim Duschen zuzuschauen. Außerdem fehlt da die Musik und die gelöst-intime Atmosphäre Gleichgesinnter und den Herren damit meist der Mut, ihr begehrtes Gegenüber einmal so richtig, dabei aber auch überaus sanft und ausdauernd, einzuseifen. Auf den Schaumparties haben sie dagegen gute Chancen, daß solche Träume keine Schäume bleiben. Und wohin derlei Vorspiele so alles führen können, wird man ja sehen...

In anderen Clubs wiederum ist alles auf die berühmte schnelle Nummer ausgerichtet und entsprechend eingerichtet: So gibt es mittlerweile nicht nur in den schwulen Metropolen dieser Welt spezielle Discotheken, in denen die Existenz eines Dancefloorbereichs schon fast einer reinen Alibifunktion gleichzukommen scheint; übertrifft doch die Quadratmeterzahl der häufig in den Kellerfluchten dieser Clubs gelegenen Cruising Areas die des oberen Discothekenbereichs um ein Vielfaches. Diese Cruising Areas, auch Darkrooms genannt, stellen gewissermaßen die „erogenen Zonen" des Clubs dar. Sie sind meistens in beinahe komplett abgedunkeltes, schummeriges Licht getaucht und häufig mit Privatkabinen für die unterschiedlichsten Zwecke ausgestattet. Sind einige dieser Kabinen mit Löchern in den Wänden miteinander verbunden, durch die man nicht nur spannen, sondern – weshalb, soll der Phantasie überlassen bleiben – auch im Stehen seinen Penis stecken kann, hat man in anderen Kabinen die Möglichkeit, gemütlich in den dort von der Decke baumelnden Slings abzuhängen und auf diese, vielleicht auf Dauer etwas bequemere, Weise auf Besuch zu hoffen. Kurz: Cruising Areas sind die Wandel- (oft aber auch Warte-)hallen der Erotomanen, durch die der nach einem sexuellen Abenteuer trachtende Clubbesucher bei Bedarf jederzeit entsprechend lustwandeln oder in die er sich – besonders wenn es eilt – mit (s)einem bereits gefundenen Partner zurückziehen kann.

Aber auch an der heterosexuellen Partyfront haben sich, wie bereits angedeutet, die Grenzen zwischen „normalen" und, nennen wir es, extravaganten Inszenierungsformen der Lust und Liebeskunst längst verwischt. So fahren Mann und Frau zum Beispiel bei den immer häufiger stattfindenden Bizarr- und Sado-Maso- (S/M) Parties nicht nur auf House- oder Technomusik ab, sondern auch auf die jeweiligen Live-Performances. Und schließlich kündigen viele Clubs über entsprechend animierend gestaltete Flyer für bestimmte Tage auch Party-Events an, die eindeutig als Sex-Parties deklariert sind. Wer nun aber glaubt, daß sich die Clublandschaft in ein einziges großes Freudenhaus verwandelt hat, der täuscht sich gewaltig, denn...

Deutschland einig Spannerland oder: wie tabu sind die Tabus?[75]
unter welchem noch so (auf)reißerischen Motto die Parties auch stattfinden mögen, so sehr bleibt es meistens doch beim unverfänglichen Sehen-und-Gesehen-Werden. Zwar hat Sex, wo man auch hinguckt, Hochkonjunktur, die tatsächlich praktizierte Sexualität macht jedoch momentan eher schwierige Zeiten durch. Die Gründe dafür sind so vielfältig wie das zusehend einfältige, dabei aber dennoch auf vielerlei Weise verunsichernde, mediale Hokuspokus darum: „Die Konfrontation mit der Erwachsenensexualität durch die Medien hat die Irritationen anwachsen lassen[76]“, stellt Margit Tetz vom Dr. Sommer-Team der ‚Bravo' immer wieder fest. Und: „Die klassische Pubertät gibt es nicht mehr. Als geschlechtliche Wesen werden Kinder heute früher zu Jugendlichen und Jugendliche früher zu Erwachsenen. Die Pubertät als die Zeit der Entdeckungen ist von Jahren auf ein paar Monate zusammengeschrumpft.“[77] Kein Wunder, denn keine andere Generation ist mit so vielen Sexszenen und Nacktbildern aufgewachsen wie die heutige. Ein erotischer Nervenkitzel folgt dem nächsten, wobei in zunehmend kürzeren Abständen immer noch einer draufgesetzt werden muß, um dem immer schneller abschwellenden Interesse der voyeuristischen TV-Nation überhaupt noch entgegenwirken zu können. Tabus sind dabei – so scheint es – in unserer reizüberfluteten sowie zunehmend überreizten Erlebnisgesellschaft endgültig tabu geworden. Sex jeder Art ist heute in einem Umfang öffentlich und damit für jedermann zugänglich geworden wie nie zuvor. Lange bevor sich die Kids selbst für das erste Mal bereit fühlen, werden sie mit allen Spielarten des Sex geradezu bombardiert. Dabei wird Sexualität jedoch zumeist auf den reinen Penetrationsakt reduziert. Ihr ganzes vielfältiges, erotisches Spektrum bleibt damit trotz aller vermeintlichen Fortschritte und Tabubrüche nach wie vor auf der Strecke. Konsumierte Geilheit und mediale Stimulanz triumphieren so tagaus und tagein über private Sinnlichkeit. Alles wird gezeigt und dis-

kutiert und meistens mehr als oberflächlich analysiert und interpretiert, so daß die Jugendlichen eher irritiert als wirklich informiert sind. Der Bremer Soziologe Gerhard Amendt macht in diesem Zusammenhang daher auch sehr treffend auf den Unterschied von Reden über Sexualität und sexueller Geschwätzigkeit aufmerksam. Und auch die Post, die Margit Tetz über Briefe oder via E-Mail erreicht, beweist, wie wenig viele Jugendliche mit den allgegenwärtigen sexuellen Klischees und Extremen zurechtkommen. So verbirgt sich hinter der häufig gestellten Frage, was genau eigentlich S/M bedeutet, nicht selten die Befürchtung, ob man da vielleicht auch schon etwas können muß. Wenn sich die Jugendlichen ihrem ersten Akt nähern (das Durchschnittsalter dafür liegt heute bei Jungen und Mädchen laut ‚Emnid' bei 15,4 Jahren), läuft folglich ein bereits tausendmal gesehener Film ab. Angst vor dem Sex haben sie dabei weniger, um so mehr jedoch davor, bei ihrer Premiere „schlechter auszusehen als die Männer und Frauen, denen sie auf Photos, im Fernsehen und auf der Leinwand beim Akt zugeschaut haben."[78] So scheitert das erste Mal nicht selten an den viel zu hoch gesetzten Maßstäben. Es wird zwar mittlerweile, auch von seiten der Eltern, eine sehr starke und zum Teil überraschend erfolgreiche Aufklärung über Verhütungsmethoden, Aids[79] und Geschlechtskrankheiten betrieben, aber sexuelle Probleme und Angst vor dem Versagen sind nach wie vor tabu. So hat „mehr als die Hälfte aller Teenager von heute nie mit Mutter oder Vater über das erste Mal gesprochen. Und nur jeder vierte gibt an, daß er von seinen Eltern das Wesentliche über Sexualität erfahren hat."[80] Begriffe wie Sterilität, Erektionsschwäche oder vorzeitige Ejakulation sind für viele Jugendliche schwer zu unterscheiden. Für sie bedeutet das alles Impotenz. Dabei ist Impotenz bei männlichen Jugendlichen eine Ausnahme. Die Hauptursachen für sexuelle Probleme bei Jugendlichen sind Unsicherheit, Streß und Angst. Die Medien aber verbreiten das Bild des nimmermüden und unfehlbaren Supermannes. Und wenn der mal schlapp machen sollte, kein Problem, dann kommt Mann dank des Turboladers Viagra sicher wieder schnell auf Touren.

Just do it

Die Angst, außerhalb der von den diversen Supermodels gesetzten Normen zu stehen, stellt sich bereits sehr früh ein, und zwar bei Frauen und Männern. Für viele wird deshalb allein schon der Blick

in den Spiegel zum Streß. Denn, so lautet die Devise, sexy sein bedeutet, schlank, fit und makellos zu sein. Diese Vorstellung wird
insbesondere in der Werbung tief in unserem Bildgedächtnis veran-
kert. Lag früher das große Schweigen zwischen den Sex-Partnern,
so schwebt heute eben dieses Bildgedächtnis wie ein Über-Ich über
den jungen Paaren, dessen Botschaft ihnen – gerade in den intim-
sten Augenblicken – wieder schlagartig ins Bewußtsein rückt: Nur
der ideale Körper ist der sexuell begehrenswerte und reizvolle. Mit
dem Bedürfnis der Jugend, diesem Image zu entsprechen, verdient
die Werbeindustrie Milliarden. Denn: *Sex sells.* Der wahre Preis,
diesen physischen Vorbildern um jeden Preis gerecht zu werden,
kann indes um ein Vielfaches höher liegen, als sich die Kids vielleicht je haben vorstellen können.

Besonders hart gehen die Mädchen mit ihrem Aussehen ins Ge-
richt. Schätzungsweise 60 Prozent sind mit ihrem Gewicht unzufrieden und mit ständigen Korrekturmaßnahmen beschäftigt. Das
wußten auch jene Kommunikationssstrategen, die sich, um nur ein
Beispiel zu nennen, für die Werbung eines Lifestyle-Magazins für
junge Frauen einst den folgenden, überaus „smarten" Spot ausdach-
ten: In amerikanischer Totale und mit fester Kameraeinstellung zeigt
er eine superschlanke, sich anmutig und selbstbewußt räkelnde,
junge nackte Frau, die mit ihren Händen immer wieder sanft über ihren Körper und durch ihr langes Haar streicht. Den Grund für ihren
glücklichen und selbstverliebten Zustand enthüllt eine suggestive,
sanfte Frauenstimme aus dem Off: „Was das Schöne an einem fla-
chen Bauch ist? Daß man ihn beim Sex nicht mehr einziehen muß. –
‚Shape', die neue Fitneßzeitschrift für Frauen, die in Form bleiben
wollen." Daß Spots dieser perfiden Art junge Mädchen regelrecht in
die Magersucht treiben können, wird dabei immer wieder geflissent-
lich übersehen und damit in Kauf genommen.

Bei Männern hingegen reicht inzwischen nicht mehr nur ein flacher Bauch, es muß schon ein gestählter Waschbrettbauch sein, und
auch die anderen Maße an Muskelmasse müssen schon stimmen.
Das führt zwar nicht in die Magersucht, aber ebenso häufig zu Min-
derwertigkeitskomplexen mit nicht weniger gravierenden Folgen.
Denn auch immer mehr männliche Jugendliche sind mit ihrem Körper unzufrieden und beäugen ihn überkritisch. Sie fühlen sich in ihrer Sexualität gehemmt und haben deshalb häufig Probleme mit ihrer Potenz. So ist auch unter ihnen eine steigende Anzahl von Fällen

zu beobachten, die an der sogenannten ‚Dysmorphophobie' leiden. Diese jungen Männer sehen ihren gesamten Körper oder ganz bestimmte Teile von ihm ganz anders, als sie in Wirklichkeit sind. Das kann alles sein, was dem verinnerlichten, angestrebten und vermeintlich perfekten Körperbild ihrer Ansicht nach zuwiderläuft. Das Fremdbild wird auf diese Weise immer öfter zum Zerrbild des physischen Selbstbildes. Die Vorstellung, die sie dabei von sich entwickeln, kann mitunter zu einer regelrechten Obsession werden und das Leben dieser jungen Menschen geradezu zerstören.

Die mediale Überflutung mit sexuellen Reizen bedeutet also nicht, daß immer mehr Sex stattfindet, eher ist das Gegenteil der Fall. Denn sowohl der Zwang zur Perfektion als auch der damit verbundene Drang, möglichst dauerhaft in der Rolle der bzw. des unerreichbar Schönen aufzugehen, vereitelt so etwas wie wirkliche Nähe. Hinzu tritt, insbesondere bei den noch jüngeren Kids, die Verunsicherung darüber, wo genau sie sich bei all der propagierten sexuellen Pracht, Vielfalt und Freizügigkeit überhaupt noch einordnen können, ohne selbst als „häßliches" und womöglich noch verklemmtes „Entlein" angesehen zu werden. Bedeutet Lust für sie also nur noch Frust? Und war die sexuelle Liberalisierung am Ende etwa nichts weiter als ein trügerisches Spiel?

Love is here to stay

Mitnichten. Denn insgesamt üben die Sex-Appeal-Images der Hochglanzmagazine zumindest auf die Selbstwahrnehmung der meisten männlichen Jugendlichen zwischen 12 und 18 Jahren eher wenig Einfluß aus. Nur etwa ein Drittel von ihnen will etwas an sich ändern, die Ansprüche an das Aussehen und die sexuelle Attraktivität ihrer Partnerinnen bleiben allerdings hoch. An vielen Ecken scheint sich daher langsam, aber sicher auch ein Gegentrend bemerkbar zu machen, der wieder mehr auf natürliche als auf ge- bzw. überzüchtete Schönheit ausgerichtet ist. Denn immer weniger Kids haben mittlerweile noch Bock darauf, sich ihr Lebensgefühl durch den permanenten, kollektiven Schönheitszwang mit diversen und, erwiesenermaßen, kontraproduktiven Diäten vergiften und unzähligen Gewichten erschweren zu lassen. Das Leben ist so schon schwer genug.

So stark die Identifikationsprobleme der Kids auch sind, die vielbeschworenen Probleme mit dem Geschlechterverhältnis haben sie wesentlich besser im Griff als ihre Elterngeneration. Beschwerten sich früher viele Männer noch darüber, daß sie sich völlig verunsichert fühlten und nur deshalb impotent seien, weil der Feminismus so unnachgiebig und grausam war und sie deshalb nicht mehr so könnten, wie sie eigentlich wollten, da sich durch ihn die Geschlechterrollen zu stark zu ihren Ungunsten verändert hätten, so ist das Geschlechterverhältnis unter den Jugendlichen von heute wesentlich entkrampfter. Vieles ist zum Glück und zum sexuellen Wohl (fast) aller insgesamt weitaus selbstverständlicher geworden. Willigten Ende der 60er Jahre beim ersten Mal „noch fast 90 Prozent der Mädchen ‚dem Jungen zuliebe' ein, so sind es heute 6 Prozent."[81] Fragen wie die, wer oben und wer unten zu liegen hat, dürften sich demnach inzwischen wohl schon lange in allgemeines Wohlgefallen aufgelöst und eher in eine Art *Running Gag* verwandelt haben, über den man nur noch wissend und – je nach Alter – vielleicht auch etwas betreten schmunzeln kann, so daß heute ein gutes Stück Machismus gewissermaßen coupiert ist. Sex steht nicht mehr unbedingt im Mittelpunkt, Liebe und Aufgehobensein in einer Partnerschaft dafür um so mehr. Familienwerte sind wieder hoch im Kurs. Denn in einer Zeit, in der Jugendliche mit immer schnelleren Entwicklungen konfrontiert und belastet sind, in der die Scheidungsrate enorm in die Höhe geschnellt ist und „17 Prozent der 15- bis 17jährigen mit nur einem Elternteil"[82] aufwachsen und in der Arbeitsplätze und Zukunftsperspektiven nicht mehr so sicher sind wie noch vor zwanzig Jahren, ist das Bedürfnis, Halt und Geborgenheit bei einem Partner zu finden, entsprechend groß. Grundsätzlich wird eine Partnerschaft fürs Leben angestrebt, an die 70 Prozent trotz – oder gerade wegen – aller Erfahrung glauben. Diese von den Medien gerne als „neue Romantik" ausgerufene Haltung hat allerdings wenig mit romantischer Tradition und schon gar nichts mit christlich-moralischer Ethik zu tun. Die Kids sind bei aller natürlichen Schwelgerei eher Realisten, und so wird auch die kurze Beziehung als stabile und nicht unbedingt weniger attraktive Beziehung angesehen. Das Konzept des Lebensabschnittspartners erscheint vielen unter ihnen weniger verträumt und idealistisch als das der ewigen Liebe, die angeblich nur der Tod zu scheiden vermag. Sie wissen es besser und leben daher lieber das, was mit dem schönen Begriff der sequentiellen Monogamie umschrieben wird: eine kurze monogame Beziehung nach der anderen. Und kommt es mal zum Seitensprung, so wird dieser zwar immer noch als schmerzhaft, jedoch nicht mehr unbedingt als das total Trennende empfunden. Denn schließlich ist man noch jung, die Experimentierfreude entsprechend groß, und so gilt auch hier: Spaß muß sein. Und je weniger Risiko und Verbindlichkeit damit verbunden ist desto mehr Fez kann es machen, jemanden auf die unterschiedlichste Art und Weise anzumachen:

All around the clock: Lust und Liebe rund um die Welt

Zum Beispiel beim Telefonsex, dessen Boom Sexualwissenschaftler u. a. auf eine zunehmende Onanisierung des menschlichen Trieblebens in den Zeiten von Aids und die damit einhergehenden vielfältigsten Safe-Sex-Praktiken zurückführen. So wird nach 24 Uhr bei den penetranten Werbeunterbrechungen der Privatsender nicht mehr um die würzigsten und kühlsten Biere, sondern um die heißesten Nummern konkurriert. Zigtausende, nicht nur verklemmte, ältere, sondern auch neugierige junge Menschen, sprechen täglich auf die Lockrufe der sich nach Lust geradezu verzehrenden „Nummerngirls und -boys" an, die lasziv verkünden: „Wir haben so viel Freizeit. Ruf uns doch an!" oder „Entspann dich, ich mach den Rest!" oder „Rede live mit Boys aus deiner näheren Umgebung. Wähle jetzt 0190...!" oder auch „Der schnellste Weg zu neuen Verabredungen mit Single-Frauen aus ihrem Umkreis. Wählen sie...!" Mit Minutenpreisen, die etwa zwischen 3,80 Mark und 2,50 Mark liegen, kann man dabeisein und sich – je nach Lust und Laune – per Konferenzschaltung, den sogenannten ‚Party Lines', mit anderen privaten Teilnehmern austauschen und (vielleicht später auch) treffen oder sich ganz privat dem individuellen Service von Telefonsex-Profis hingeben.

Noch beliebter ist das globale Chatten und Austauschen von erotischen Botschaften im Internet. Das kostet nur 3,60 Mark pro Stunde (Tendenz fallend), und zu sehen gibt's – je nach Adresse – auch noch jede Menge. Zum Beispiel in den sogenannten ‚CU-SeeMe' (see you, see me)-Räumen. Anders als in den herkömmlichen Chaträumen hat man hier nicht nur die Möglichkeit, schriftliche Nachrichten per Tastatur an eine Person oder an eine Gruppe von Personen zu übermitteln und sich, so vorhanden, ins Netz gestellte (Nackt-) Photos von ihnen anzugucken, sondern man kann seine Chatpartner/innen auch live (bei was auch immer) und in *realtime* auf seinem Bildschirm sehen, mit ihnen sprechen und sich zugleich an ihnen ergötzen. Das Ganze nennt sich Videochat und funktioniert so: Kamera oder die noch kleinere Web-Cam und Mikrophon an den PC anschließen, sich unter www.cuseeme.com einloggen, und ab geht die Post. Was ursprünglich als weltweite und seriöse Videokonferenz gedacht war, wird inzwischen längst zur privaten Peep-Show umfunktioniert. „Und weil sich dort auch viele Heteromänner zu Hause nackt vor ihrem Bildschirm räkeln, machen sich die Schwulen ein Späßchen daraus, die Heten zu verführen. Regelrechte Parties gibt es da mittlerweile, bei denen sich ein paar Schwule bei dem am besten ausgerüsteten Freund treffen und sich (mit verstellter Stimme) als ‚Susi' oder ‚Tina' einloggen (Namen, die weltweit Verlockung verheißen). In Nullkommanichts wird Susi mit Anrufen aus aller Welt bombardiert. (…) Klar, im Netz wird viel gelogen und geschummelt, aber die private Peep-Show funktioniert u. a. auch deshalb, weil sich die Heteromänner gerne einer Illusion hingeben, denn es mangelt an echten Frauen, die dieses Spiel mitmachen. Hat sich Tom aus Dallas schließlich entleert (schlimmstenfalls auf die Tastatur), wird weitergeswitcht, nach Buenos Aires, Abu Dhabi oder Sydney. Schönes neues WWW – Welt Weit Wichsen!"[83] Das Internet bietet aber natürlich nicht nur einen (weitgehend) freien Zugang zu den unterschiedlichsten „Rotlichtzonen", sondern auch einen freien Blick auf sämtliche Plattformen, auf denen sich die Technoszene tummelt, miteinander austauscht und für jedermann offen präsentiert.

11. Techno im Internet – ein virtueller Trip

„Die Jugend besitzt ein instinktives Verständnis
der heutigen Umwelt – des elektronischen Dramas.
Sie lebt mythisch und ganzheitlich.
Dies ist der Grund für die große Entfremdung
zwischen den Generationen."

Marshall McLuhan in: Das Medium ist Massage

Ein paar Zahlen, Fakten und Infos vor Antritt der Reise

Das Zauberwort für das neue Millenium heißt Multimedia, und deshalb wächst kaum ein Markt so stark wie der der neuen Technologien. Die Traumfabrik des 21. Jahrhunderts steht nun nicht mehr nur inmitten der Hügellandschaft Hollywoods, sondern im nicht allzuweit entfernten Silicon Valley mit seinen innovativen Hi-Tech- und Computer-„Schmieden". Und auch bei uns, zum Beispiel auf der alljährlichen Internationalen Berliner Funkausstellung mit ihrer Leistungsrallye der technischen Neuerungen und Erfolge, können sich insbesondere die jungen Besucher dem faszinierenden und aufwendig inszenierten Zauber der dort vor Augen und Ohren geführten Zukunftstechnologien kaum entziehen. Diese jungen Technik- und Computerfans – das wissen vor allem die Multimedia-Fürsten, die daher auch ihre ganze Hoffnung und verkaufsfördernde Phantasie auf sie setzen – sind nicht nur die Nutzer von morgen, sondern sie stehen auch heute schon den unterschiedlichsten technologischen Innovationen am aufgeschlossensten gegenüber. Folglich veranstalten die Medienkids in ihren Jugendzimmern auch keine Wettrennen auf platzraubenden Carrera-Auto-Rennstrecken mehr, sondern toben sich auf virtuellen Reisen auf dem Datenhighway aus, bei denen sie per Mausklick spielend Raum- und Zeitgrenzen überwinden. „Touch and go" anstatt „Stop and go" lautet so auch die neue Devise, nach der der Multimedia-Motor in der globalen Hochgeschwindigkeits- und Glasfaserkabelgesellschaft, in der mittlerweile fast jeder zweite deutsche Haushalt über einen Personalcomputer verfügt, immer stärker ins Rollen kommt. Im Zuge dieser rasanten Entwicklung verändern sich die Welt und die sie vernetzenden Computer gleichermaßen.

War der PC vor ein paar Jahren lediglich ein eher wenig ansehnlicher, da meist so grau wie seine Maus erscheinender, wenn auch bereits schon überaus smarter Rechner, der sich jedoch noch selbst genug war, so strahlt er heute im neuen Gewand des superdesignten, farbenfrohen, vor allem aber sound- und internetfähigen Multimedia-Computers weit über sich hinaus.

Neben einem Bildschirm, mindestens einer Festplatte und einem leistungsfähigen Hauptprozessor, der sog. ‚CPU' (engl.: Central Processing Unit, dt.: zentrale Recheneinheit), ist ein Multimedia-Rechner im Unterschied zu herkömmlichen Computern ferner noch mit einem integrierten 56k-Modem (bzw. mit dem noch schnelleren 64k-ISDN-Adapter) für das Internet, einem Disketten- und 32-fachen CD-ROM-Laufwerk, einer Soundkarte für eine brilliantere Tonerzeugung sowie gegebenenfalls mit einer Video- und TV-Karte für Film- und Fernseh-Empfang und einer SCSI-

Karte für Verbindungen mit weiteren Peripheriegeräten (wie zum Beispiel externen Festplatten, Scannern und CD-Brennern) ausgestattet, so daß sein Besitzer für das boomende Multimedia- und Internet-Zeitalter (vorerst) bestens (aus)gerüstet ist.

Inzwischen, so ‚Der Spiegel', nutzen ungefähr „150 Millionen Menschen das Netz aller Netze, vor fünf Jahren waren es nicht einmal 10 Millionen weltweit. Alle 15 Monate verdoppelt sich derzeit die Zahl der Surfer. Etwa im Jahr 2005, da sind sich die Experten einig, werden eine Milliarde Menschen per Internet miteinander verbunden sein. Deren Computer, schwärmt Sean Meloney, Vizepräsident beim Chiphersteller ‚Intel', ‚bilden einen virtuellen siebten Kontinent, auf dem jedermann das Weltwissen jederzeit auf Tastendruck zur Verfügung steht'. (...) Der Strom der Daten schwillt zu bisher unvorstellbaren Größenordnungen an. Allein in England, so ergab eine Studie der British Telecom, entsteht alle zwei Sekunden eine neue *Web-Site* – pro Woche summiert sich das auf 300000 neue Seiten."[84] Da im Rahmen dieses Buches die Anzahl der Seiten sowie Abbildungen hingegen einer natürlichen Beschränkung unterliegt, soll im folgenden lediglich *ein* möglicher Routenplan aufgestellt werden, nach dem sich jeder, der will, orientieren sowie selbst auf virtuelle Entdeckungsreise begeben und sich – ein weiterer Vorteil – dabei ferner auch noch Gigabytes an akustischen Informationen abrufen kann.

Log in – Step out

Immer eine gute Adresse und zugleich Eingangspforte ins Techno-Universum stellt die Anschrift www.techno.de dar. Von dieser Web-Site aus gelangt man sogleich *mit links* zu den unterschiedlichsten Rubriken wie ‚Chat', ‚Games', ‚Love Parade', ‚News' oder zu dem vielversprechenden Feld ‚Data'. Klickt man dieses an, landet man umgehend im ‚Techno-Online-Archiv', das unzählige Adressen von und umfassende Informationen zu diversen Magazinen, DJs, Booking Agenturen, Labels, Online-Shops, Record Stores und Clubs bereithält. Eine Auswahl:[85]

Der Bildschirm als Schaufenster

Wer zu elektronischer Musik ja sagt, kann zu E-Commerce nicht nein sagen. Warum auch? Wichtig ist nur, daß man unter keinen Umständen den schwerwiegenden Fehler begeht, unverschlüsselt einen

Online-Kauf mit seiner Kreditkarte zu tätigen. „Wer das tut, kann gleich Blankoschecks in der Fußgängerzone verteilen"[86], urteilt Stefan Kelm vom Deutschen Forschungs-Netzwerk Hamburg. Daher sollte man bei Kreditkartenzahlungen unbedingt darauf achten, ob der jeweilge Online-Shop über das klassische Verschlüsselungsverfahren *Secure Socket Layer* (‚SSL') verfügt. Am sichersten ist bisher das *Secure Electronic Transaction* (‚SET')-Verfahren, bei dem ein

---

Magazine: www.techno.de/cgi-bin/tool/techno_mags
Wer wissen will, was es alles an Magazinen zum Thema Techno gibt, der ist hier an der richtigen Adresse und schaut zum Beispiel einmal bei ‚De-Bug', der Berliner Zeitschrift für elektronische Lebensaspekte, unter www.de-bug.de, dem ‚Flyer'-Magazin unter www.flyer.de, bei ‚Groove' unter www.groove.de oder beim ‚Partysan' unter www.partysan.de vorbei, um nur einen Bruchteil der existierenden deutschsprachigen Titel zu nennen (s. auch IV.3.).

DJs: www.techno.de/cgi-bin/tool/artists
Auf dieser Seite geben in alphabetischer Reihenfolge namhafte sowie weniger bekannte DJs in Form von DJ-Porträts Auskunft über sich. Darüber hinaus erfährt man, wer von ihnen wann und wo bereits aufgelegt hat, welche eigenen Produktionen und veröffentlichten Alben von ihnen vorliegen und welchen Booking Agenturen sie jeweils zugeordnet sind.

Booking Agenturen: www.techno.de/cgi-bin/tool/booking
Von ‚Beatbox Booking' in Polen und ‚Jackfruit)))', Berlin über ‚Undercore Booking' in Bremen und ‚Yamar' in Düsseldorf bis zu ‚Venom Vibes Booking' in der Schweiz bietet diese Webside einen guten Überblick über die unterschiedlichsten Booking Agenturen. Neben ihren genauen Anschriften und ihrem Gründungsjahr erfährt man, welche lokalen sowie internationalen DJs über welche Agentur buchbar sind und an welchen (prestigeträchtigen) Veranstaltungen, den sogenannten *Acts*, die jeweiligen Agenturen bereits beteiligt waren.

Labels: www.techno.de/cgi-bin/tool/musik_labels
Wer wissen will, welches Label eigentlich welchen Musikstil vertritt und welches Label welche DJs unter Vertrag hat, der ist hier genauso richtig wie derjenige, der nach sämtlichen oder wichtigen bisher veröffentlichten Platten eines bestimmten Labels fahnden möchte. Und für den Fall, daß gewisse Fragen unbeantwortet bleiben, ist ebenfalls gesorgt: Dann nämlich kann man sich dank der aufgeführten Adressen immer noch per Brief oder E-Mail oder auch direkt per Telefon an die für das jeweilige Label zuständigen und ebenfalls genannten Ansprechpartner wenden.

Mißbrauch so gut wie ausgeschlossen ist, da der Händler lediglich die von seinem Kunden übermittelte Bestellung, nicht aber die codiert übertragene Kreditkartennummer lesen kann. Folglich muß der Händler die noch verschlüsselte Kartennummer an die Bank weiterleiten, um über sie das Geld für die Waren zu erhalten. Aber es geht ja auch nach wie vor per Überweisung oder per Nachnahme...

Online-Shops: www.techno.de/shop/index.html

... zum Beispiel dann, wenn man, wie hier vom ‚Techno-Online-Flyer-Archiv‘, vielleicht so angetan ist, daß man dem Kauf einer dort angebotenen CD, auf der sich eine ansehnliche Sammlung von 400 Flyer-Motiven befindet, kaum widerstehen kann. Oder soll es doch lieber die Love Parade-CD mit Bildern von 1991 bis 1997 inclusive 23 Quicktime-Videos sein? Oder was zum Anziehen?

Online-Trendwear-Shop: www.danoize.de

In diesem Online-Shop kann man nicht nur Netzstrümpfe und -hemden aus dem *Web* ordern und in den elektronischen Warenkorb ablegen, sondern man hat hier die Auswahl an – so steht es dort geschrieben – gut „350 coolen Millenium-Wear-Outfits für Sie und Ihn". Je nach angeklickter Artikel-Kategorie (‚Men's Fashion‘, ‚Women's Fashion‘, ‚Accessoires‘) klappen etwa ein Dutzend Bilder auf, die die entsprechenden Modeartikel und ihre Preise zeigen. Klickt man daraufhin die einzelnen Abbildungen an, erhält man eine Nahansicht und alle weiteren, für einen Kauf notwendigen Optionen wie Größe, Anzahl der Bestellungen und Zahlungsmodalitäten.

Record Stores: www.techno.de/cgi-bin/tool/recordstore_data

Hier findet man auf gut sechs Seiten und in alphabetischer Reihenfolge jede Menge Namen und Adressen von Plattenläden: von ‚Abseits-Record Store‘ in Limburg und sämtlichen ‚Delirium‘-Läden Deutschlands, über ‚Hardwax‘, Berlin bis zu ‚Zyklop Records‘ in Gelsenkirchen und ‚Zyrix Records‘ in Magdeburg. Interessant ist aber auch ‚Humpty's Virtual Record Store‘, den man unter www.humpty.de direkt ansteuern kann. Um an die Platte seiner Sehnsucht zu gelangen, bietet diese Seite nicht nur Suchkriterien nach Labels und DJs, sondern auch nach einem bestimmten Titel an. Das ist vor allem dann nützlich, wenn einem nur noch der Titel eines bestimmten Tracks in Erinnerung geblieben ist. Und wer hat schon die ganzen Labels im Kopf? Die Aktualisierungen (Updates) erfolgen wöchentlich, so daß man hier immer auf dem neuesten Stand ist, was Neuveröffentlichungen anbelangt. Eine gute Möglichkeit, nach weiteren Online-Shops zu suchen, hat man unter www.shop.de, Deutschlands größtem Shopverzeichnis, das einem über eine umfangreiche Stichwortsuche den direkten Weg zu seinem Wunschladen weist.

Clubs: www.techno.de/party

Frage: Wann, wo und in welchem Club findet eigentlich in nächster Zeit eine Party statt, die man auf gar keinen Fall verpassen sollte? Und: Was für Clubs gibt es überhaupt bei einem in der Nähe bzw. in der Stadt, die man demnächst vielleicht einmal besuchen möchte? Die Antworten auf all diese Fragen findet man hier. Und zwar in einem Umfang, der nichts zu wünschen übrig läßt. Von Arnheim, Basel, Berlin über Ibiza, Kassel, Leipzig bis zu Wiesbaden, Würzburg und Zürich findet man hier Monat für Monat gut 700 Partyeinträge. Nach Datumsangaben sortiert gibt jeder einzelne Eintrag Auskunft über den Ort, das Motto und den Beginn der Party sowie über die DJs, die dort an diesem Abend auflegen. Sogar der Eintrittspreis ist manchmal erwähnt. Doch das ist noch lange nicht alles. Klickt man zum Beispiel das Feld ‚Party of the month' an, erfährt man nicht nur, welche Party im jeweiligen Monat am angesagtesten ist, sondern man erhält zusätzlich auch noch Hintergrundinformationen zur Geschichte des entsprechenden *Events*. Sehr praktisch ist auch die Option ‚Party-Search', mittels der man gezielt Informationen über Partytermine eines ganz bestimmten Clubs abrufen kann. Gibt man beispielsweise den Namen des Münchener Clubs ‚Ultraschall' in das Suchfeld ein, erhält man kurz darauf eine detaillierte Übersicht aller Parties, die dort im jeweilgen Monat stattfinden. Und schließlich rundet die erdumspannende ‚Club-Search'-Funktion dieses erstaunliche Suchprogramm ab, das alle bereits genannten Informationen nicht nur für Deutschland, Österreich, Belgien, die Schweiz und die Niederlande, sondern ebenso für Frankreich, England, Spanien, Griechenland, die USA und sogar für Japan und Thailand bereithält.

Log in & Download

Die materiellen Grundlagen der unterschiedlichsten Soundkonzeptionen von Techno waren schon immer technolgischer Natur (siehe II.1). Waren es am Anfang vor allem noch der Synthesizer, der Sampler und die *drum machine*, die das Hauptequipment darstellten, so wird der heutige Sound zunehmend nur noch aus Computern gewonnen, die mittlerweile eigentlich alles in einem können: Töne, Geräusche, Stimmen, Rhythmen, ganze *Tracks* oder Musiksequenzen digital aufnehmen, verändern, mischen, speichern und zudem auch noch graphisch visualisieren (*music on screen*).

Der vorerst neuste Hit ist, daß man sich seine (Lieblings-)Musik nicht nur in bislang unübertroffen kurzer Zeit, sondern (bis auf die Telephongebühren) sogar noch umsonst gleich komplett über das Internet nach Hause in seinen PC holen kann. Eine Erfindung des Fraunhofer-Instituts in Erlangen machte es möglich: Dort gelang es den Wissenschaftlern nämlich, die für die Übertragung von Informationen notwendigen Daten so stark und verlustarm zu komprimieren, daß „für ein Musikalbum im Internet nur noch ein Zehntel der Bytes einer handelsüblichen CD erforderlich"[87] sind. Seitdem dauert das Herunterladen (Downloaden) eines ganzen Musikstücks nicht mehr Stunden, sondern nur noch wenige Minuten. ,MP 3', so nennt sich dieses Komprimierungsverfahren, macht's möglich. „Weltweit holen sich inzwischen Millionen ihre ganz persönliche Hitparade aus dem PC, die Songs werden meist gratis von hunderten von Anbietern ins Netz gestellt. Nach Schätzungen der Musikbranche schwirren – illegal – 200 000 Musikstücke durchs Netz. (...) Dank ,MP3' überspielen vor allem junge Leute ihre Lieblingslieder am heimischen Computer entweder über einen CD-Brenner auf eine Compact Disc oder aber auf spezielle ,MP3'- Abspielgeräte."[88] Je nach Speicherkapazität kosten diese etwa zwischen 200 (28 KB) und 800 Mark (128 KB).

Um das gigantische musikalische Angebot, das das Internet bereithält, nutzen zu können, benötigt man – außer einer Soundkarte im Rechner – die entsprechende Software und natürlich Boxen; es sei denn, daß der Rechner bereits an die Stereoanlage angeschlossen ist. Die zur Zeit gängigste Software heißt ,Winamp' und ,Real Player' und kann umsonst aus dem Internet auf die Festplatte heruntergeladen werden. Dann erst kann man nämlich die von den verschiedenen Anbietern (legal oder illegal) ins Netz gestellte Musik auch hören bzw. weiterverarbeiten. Außerdem ermöglicht das ,MP3'-Format eine platzsparende Archivierung sämtlicher vorhandener Audiodateien; sei es auf LPs, Cassetten, CDs oder auch ,WAV'-Dateien. Für die Umwandlung der vorhandenen Audiodaten wird die entsprechende Software als sogenannte *Shareware* ebenfalls gratis bereitgestellt. Die Vollversionen dieser Programme sind allerdings kostenpflichtig. Websites, die auch über eine umfangreiche Auswahl an diversen Informationen und (Gratis-)Angeboten aus dem Techno- und Dancefloor-Bereich verfügen, sind unter anderem hier zu finden:

www.mp3.com

Wer hier einmal gelandet ist, kann sich vor der Vielfalt musikalischer Impressionen und „Schäppchen" („100 000 Songs nach Genres zum Runterladen") kaum mehr retten: Über die Kategorien ‚Songs by Regions' und ‚Artists by Regions' erhält man nicht nur einen guten Ein- und Überblick über Sounds sowie über die ‚Top 40s', die zum Beispiel aus Afrika, Asien, Nahost, Ozeanien oder den USA kommen, sondern man kann sie sich auch über eine sogenannte ‚Instant Play'-Funktion sofort anhören und sogar meistens noch umsonst runterladen. Einfacher kommt man an die unterschiedlichsten und mitunter auch bizarrsten *Samples* nicht ran. Unter der Kategorie ‚List of Genres' findet man alle existierenden Musikstile und damit auch alle Stilarten von Techno: von Detroit über Gabber und Minimal Techno bis zu Rave und viele mehr. Klickt man beispielsweise ‚Detroit' an, kann man in gut 100, bei Minimal Techno sogar in 400 Tracks reinhören. Und Informationen zu DJs und Labels kann man hier auch noch abrufen.

‚CD- and Digital Download Internet Shop': www.musicmaker.com

Bei dieser Online-Firma, die ‚EMI' im Juni 1999 gekauft hat, läßt sich unter den Kategorien Techno und Dance auch noch eine nach Ländern untergliederte ‚Top Techno-Artists'- sowie eine alphabetische DJ-Such-Funktion aufrufen. Eine ‚Play'-Option zum Anhören der unzähligen Tracks ist natürlich ebenfalls vorhanden, und an eine ‚Info'-Funktion, die nähere Auskünfte zu den jeweils ausgewählten Stücken erteilt, ist auch noch gedacht worden.

www.cdnow.com

Auch der zur ‚Warner Music Group' gehörende Internet-Musik-Shop wirbt mit „free music downloads" auf seiner *Website*, auf der sich neben den Musikkategorien ‚Electronic' und ‚Dance' auch jede Menge Suchfunktionen für DJs, Titel, Songtitel, Plattenlabels, aber auch für Filmtitel sowie für Schauspieler (‚Actor') und Schauspielerinnen (‚Actress') befinden. Und Näheres über einzelne DJs und ihre letzten Veröffentlichungen kann man hier über diverse Interviews und Plattenbesprechungen schließlich auch noch erfahren.

III. Techno-Talks – Stimmen und Stimmungen aus der Technoszene

„Wer nicht fragt,
bleibt dumm."

Motto der ‚Sesamstraße'

1. Techno-Talk I mit Jan – „Bloß nicht stillstehen!"

Jan ist seit gut sechs Jahren begeisterter „Technojünger". Geboren ist er 1972 in Weimar (Thüringen), aufgewachsen im kleinbürgerlichen Lübben (Spreewald) mit 14 000 Einwohnern, wo er aufs Gymnasium ging und nach eigenen Worten „ein vorbildlicher Schüler mit guten bis sehr guten Noten" war. Nach dem Abitur zog er nach Berlin, um Jura, aber auch das Nachtleben zu studieren. Ein faszinierender Erfahrungsbericht:

mmc = Martin M. Coers

mmc Jan, wie alt bist du, und was machst du?

Jan Ich bin 25 Jahre, studiere Jura, bin unverheiratet, habe aber eine Freundin.

mmc Was für einen Beruf steuerst du an?

Jan Zunächst erstmal Staatsexamen. Bin allerdings zur Zeit exmatrikuliert aufgrund diverser persönlicher Vorkommnisse.
(lächelt in sich hinein und führt aus:) Hatte irgendwie keinen Bock mehr. Na ja – so alles in allem könnte man mich als typischen Vertreter der ‚Generation X' bezeichnen.

mmc Was wäre denn so dein Wunschberuf?

Jan Wunschberuf – hm. Der muß verschiedene Voraussetzungen erfüllen. Ich denke, er müßte in erster Linie kreativ sein, er muß mir 'ne freie Zeiteinteilung ermöglichen, und er muß mir das Gefühl geben, daß ich nicht nur quasi zur Erstattung meiner Lebensunterhaltungskosten arbeiten gehe, sondern daß sich die Arbeit auch wirklich auszahlt und ich mich nicht einfach nur verkaufen muß, nur um des Geldes wegen.

mmc Wie ist dein Verhältnis zu deiner Familie?

Jan Familie? Nun, das ist ziemlich zwiespältig, da meine Eltern ein ziemlich problematisches Verhältnis zueinander haben. Schon seit frühester Kindheit hab' ich da schon einiges mitbekommen, was mich an Partnerschaft zweifeln ließ und an der Institution Ehe sowieso.

mmc Und haben sie dich eher locker erzogen? Wie sah das aus?

Jan Also bei mir ist das so: Ich bin das, was man als Muttersöhnchen bezeichnen könnte. Zu meinem Vater habe ich nie den innigen Kontakt aufbauen können oder das, was man so Vertrauen nennt. Der einzige Ansprechpartner war für mich meine Mutter. Sie hat mich auch in meinem Verhältnis zu Frauen geprägt. Und zwar insofern, daß ich mir immer gut vorstellen kann, was Frauen denken und fühlen, und daß ich gelernt habe, Partnerschaften und Beziehungen immer aus zwei Blickwinkeln zu betrachten, daß also immer zwei dazu gehören. Sie hat mich zur Toleranz erzogen, Toleranz gegenüber allen Leuten.

Hart umkämpft: die Tacheles-Ruine als kreative Underground-Kultur-Werkstatt in Berlins (auch Schröders?) neuer Mitte

mmc   Hat sie dich deiner Meinung nach eher erzogen oder ging der Haupteinfluß mehr von deinen Freunden aus?

Jan   Tja – also ich muß sagen, bis zu meinem 18. Lebensjahr bin ich in der Hinsicht nicht erzogen worden, weil ich auch keine Probleme gemacht habe. Also ich habe bis zu meinem 18. Lebensjahr funktioniert. Ich hab' mein Examen mit Auszeichnung gemacht, Abitur mit Durchschnitt 1,1 und hatte auch nie – sag' ich mal – Probleme mit mir und meiner Umwelt. Es war eben einfach ausgeglichen, ich hab' nicht geraucht, keinen Alkohol getrunken, Leistungssport gemacht, mir die Zeit sozusagen sinnvoll vertrieben.

mmc   Und wie kam es zum Ausbruch?

Jan   Der Ausbruch aus den geregelten Verhältnissen hat damit eingesetzt, daß ich 1991, also mit 18 und noch grün und naß hinter den Ohren, nach Berlin gekommen bin.

mmc   Also zwei Jahre nach Mauerfall.

Jan   Zwei Jahre nach Mauerfall. Ich habe genau 1991 mein Abi gemacht und bin im selben Jahr nach Berlin gekommen. Dort habe ich drei Jahre im Westteil gewohnt, hab' also die Mentalität der Westberliner genauso kennengelernt wie die der Ostberliner und ...

mmc   Irgendwelche Unterschiede?

Jan   Unterschiede ... (grübelt). Die Ostberliner waren zumindest zu diesem Zeitpunkt noch naiver, vertrauensvoller und offener. Einfach auch mehr bereit, sag' ich mal, miteinander zu reden, gerade unter den jungen Leuten – jetzt mal von den „Wendeverlierern" abgesehen, die sowieso nur verbittert sind. Das ist im Westteil viel oberflächlicher. Es ist einfacher, Leute kennenzulernen, aber es ist schwieriger, einen engeren Kontakt aufzubauen oder wirklich mal hinter die Maske zu schauen, die einem die Leute anbieten. Also es ist alles sehr geschliffen und es ist unmöglich, die Leute im Westteil einfach zu besuchen, ohne vorher anzurufen. Im Ostteil hingegen gehört es zur Gewohnheit, daß man einfach sagt: „Hey, jetzt geh' ich mal meinen Kumpel besuchen, schau' einfach mal vorbei, ob er da ist", und dann geh' ich da vorbei, ohne vorher anzurufen.

mmc   Und wie sah dein Freundeskreis in Berlin aus?

Jan   Freundeskreis? Hälfte, Hälfte. Also zum einen Leute, die mit mir nach Berlin gekommen sind aus Lübben, die aber eine andere Berufsausbildung eingeschlagen haben: Krankenpfleger, Theologiestudenten, Kunststudenten, zum Teil Lehrlinge. Und zum anderen Teil Leute, die aus den alten Bundesländern nach Berlin gekommen sind, um sich vor dem Wehrdienst zu drücken oder um hier (lacht wissend) 'ne zweite Chance zu bekommen.

mmc   Und wie bist du auf Techno gekommen?

Jan   Auf Techno? Hm. Schwer zu sagen. Ich hab' einige Parties hier erlebt, unter anderem im ‚Bunker‘, und im ‚Tacheles‘ im ‚Massengrab‘ und...

mmc   *Wie* war das bitteschön?

Jan   So hieß der Club unterhalb des ‚Tacheles‘. Der ist dann irgendwann mal ausgebrannt. Na ja – und dann natürlich so Clubs wie das ‚E-Werk‘, die haben mich einfach magisch fasziniert.

mmc   Was war denn die Faszination daran? Was hat dich so begeistert?

Jan   Das Gefühl, etwas Einzigartiges mit den anderen Leuten zu teilen und diese gewisse Aufbruchstimmung, die Euphorie, etwas Neues und Unbekanntes zu teilen und zu erleben, das eben außerhalb der Gesellschaft nicht in dem Sinne verstanden wird. Is' ja auch egal. Es ging nicht darum, daß andere Leute das verstehen. Es ging meiner Meinung nach einfach darum, abzufahren, nicht auf den nächsten Tag zu gucken, also spontan für den Augenblick zu leben. Und hinzu kam auch, daß im Osten keinerlei Vergleichspunkte möglich waren, was jetzt Partykultur oder Drogengebrauch oder andere Sachen betrifft, weil so was zu DDR-Zeiten einfach nicht möglich war. Es gab zwar eine alternative Kultur, aber die war streng überwacht und auch gemaßregelt – will ich mal vorsichtig formulieren. Und die Wende hat es verschiedenen Leuten erst ermöglicht, überhaupt aus sich herauszugehen, sich selbst zu entdecken und einfach Spaß zu haben. Das ist genau das, was zu Ostzeiten meiner Meinung nach einfach nicht möglich war: einfach Spaß zu haben und irgendwo abzufahren.

mmc   Und was geht in dir vor, wenn du Techno hörst? Also – war das gleich klar: Das ist dein Ding?

Jan   Die ersten Techno-Parties habe ich eher mit etwas Abstand betrachtet, zumal ich ja noch relativ jung war und das alles für mich sehr neu war. Was mich aber fasziniert hat, war die Toleranz, die unter den

Leuten geherrscht hat, egal ob sie langhaarig waren oder kurzgeschoren oder wie auch immer. Es war einfach ein friedliches und freudvolles Miteinander. Die Leute hatten einfach Spaß zusammen und waren auch bereit, auf den anderen zuzugehen.

mmc   Wie sah das Aufeinander-Zugehen aus?

Jan   Also das Aufeinander-Zugehen beschränkte sich nicht nur auf „Larifari-Gespräche" am Rande, sondern man konnte sich mit Leuten, die man vorher noch nie getroffen hat, an einem Abend einfach sehr nett unterhalten und sich amüsiert über unterschiedliche Erfahrungen austauschen. Sich eben nicht nur mit Drogen vollpumpen und sechs, sieben Stunden lang *ausfreaken*. Das gehört sicherlich dazu, also gerade in der Anfangszeit, wenn man „infiziert" wird. Das macht es auch zum Teil aus: die Symbiose von Chemodrogen und Techno. Und wer das leugnet, der ist einfach nicht ehrlich – also das ist meine ganz persönliche Meinung. Und die Erfahrung zeigt eigentlich, daß das nicht zu trennen ist, so gerne manche Leute das auch sehen würden.

mmc   Apropos *ausfreaken:* Wie bist du denn zum Technofreak geworden, also würdest du dich als solchen bezeichnen?

Jan   Technofreak in der Hinsicht, daß mir Techno als Musikform die Augen vor allem dahingehend geöffnet hat, daß alle Musikrichtungen quasi die selbe Berechtigung nebeneinander haben. Mir ist es mittlerweile egal, welcher Art die Klangerzeugung ist: ob analog oder digital oder ob Instrumente verwendet werden oder Synthesizer. Letztendlich kommt es nur darauf an, das alles miteinander zu kombinieren und was Neues zu schaffen, lebendig und kreativ zu sein und auch Einflüsse und Leute auf sich wirken zu lassen. Eben nicht stillzustehen. Das hat mich Techno gelehrt: lebendige Musik. Das Vorurteil ist ja: Techno ist immer gleich, aber das ist nicht wahr. Jedes Stück ist anders.

mmc   Was ist denn anders?

Jan   Im Vergleich zum herkömmlichen Konzert – zum Beispiel einem Konzert mit einer Hardcoreband – nimmt einen der DJ mit auf die Reise. Er erzählt eine Geschichte mit seinen *tracks*. Und die Art und Weise, wie er sie aneinanderreiht, die spricht für sich und macht die Geschichte aus. Also man kann nicht wie nach einem Konzert sagen: Am Anfang wurde das Stück gespielt und dann das, sondern jedes Stück für sich an seinem Platz erfüllt einen ganz bestimmten Zweck, aber auch nur im Verbund mit den anderen Stücken. Und das macht eben die Party aus: Daß man am Ende das Gefühl hat, was erlebt zu haben, auf eine Reise mitgenommen worden zu sein, und dabei eben auch den Alltag zu vergessen und für den Augenblick gelebt zu haben.

mmc   Ist das das zentrale Motiv, den Alltag zu vergessen?

Jan   (sinniert) . . . Frei sein durch Tanzen, ja. Meiner Meinung nach erreicht man durch Tanzen in gewisser Weise ein kleines Stückchen vom Nirwana. Weil man sich selbst aufgibt und nur noch die Musik da ist.

Deine Persönlichkeit an sich spielt in dem Moment keine Rolle mehr, sondern das, was zählt, ist einfach der Baß, die Taktfrequenz. Und insofern ist es eben ein absolut losgelöster und entspannter Zustand. Also ich würde das wirklich schon als kleines Nirwana bezeichnen.

mmc Wie hat sich Techno denn so auf deinen Alltag ausgewirkt?

Jan Also es vergeht eigentlich kaum ein Tag, an dem ich keine elektronische Musik höre. Es ist mir einfach über die Zeit zum Bedürfnis geworden. Auch Platten zu kaufen, in Plattenläden zu gehen, mich mit Leuten zu unterhalten und verschiedene Musikstile miteinander zu verbinden.

mmc Moment. Das heißt, du mixt auch selber?

Jan Ja. Ich mixe auch selber. Dabei liegt bei mir der Schwerpunkt auf Drum & Bass und Techno.

mmc Welche Richtung bei Techno?

Jan Techno an der Schwelle zum House. Das heißt: Techno mit House-Beats, aber mit möglichst wenig *Vocals,* und wenn *Vocals*, dann bevorzuge ich meist ausgefeilte Sprach*samples*. Herauskommen soll also ein minimalistischer Techno-House-*Style* mit schönen tragenden Flächen, wo man sich zum Teil ausruhen kann, wo aber zugleich immer genug treibender Rhythmus vorhanden ist, um einen eben auf die Reise mitzunehmen.

mmc Gibt es für dich Lieblings-DJs oder gar Vorbilder, die dich beeinflußt haben?

Jan Eigentlich kaum. Der DJ, der mich damals mit Techno infiziert hat und mit dem ich meine erste krasse Party erlebt habe, war der Engländer Steve Mason.

mmc Was für einen Stil legt er auf?

Jan Er bevorzugt beim Auflegen Hard House, also ziemlich schnell, ich schätze so 130 BpM.

mmc Du kümmerst dich um Techno offensichtlich auch sehr stark außerhalb der Clubs?

Jan Techno außerhalb der Clubs ist für mich mindestens genauso wichtig wie Techno innerhalb der Clubs. Man kann schließlich nicht selbst mixen und auflegen, wenn man die Musik nicht lebt und sich nicht außerhalb der Clubs mit der Musik beschäftigt. Inzwischen geh' ich auch nicht mehr so oft in Clubs wie früher. Vielleicht so ein-, zweimal im Monat zu ausgewählten Veranstaltungen, wo ich genau weiß, was mich erwartet.

mmc Worin liegt für dich der Reiz eines passionierten Hobby-DJ-Daseins, wenn ich das mal so sagen darf?

Jan Der Reiz des DJ-Daseins liegt für mich vor allem darin, daß man als DJ im Vergleich zu allen anderen Leuten, die auf ihre kleine beschissene Home-HiFi-Anlage angewiesen sind und die, was die Lautstärke betrifft, immer Rücksicht auf die Nachbarn nehmen müssen, diese Beschränkungen nicht hat und so laut auflegen kann, wie man will. Und es geht vor allem um den Spaß, der beim Mixen von Musik entsteht.

mmc	Ist Techno also für dich so etwas wie ein Lifestyle?

mmc Ist Techno also für dich so etwas wie ein Lifestyle?

Jan Techno als Lifestyle? – Schwer zu sagen. Also Techno ist auf jeden Fall nicht mehr wegzudenken. Für mich ist elektronische Musik eben einfach *die* zeitgenössische Musik. Die Lifestylefrage ist immer irgendwie so ein Problem.

mmc Warum?

Jan Weil ich mich eigentlich nicht als den typischen Techno-Konsumenten oder Techno-Freak sehe. Und viele, die sich als solche bezeichnen, haben meiner Meinung nach gar nicht das Recht dazu. Denn für die ist das nichts weiter als ein moderner Zeitvertreib. Anstelle von Tanzen in der Disco wie früher spielt sich das jetzt eben in den Clubs ab und nennt sich dann ‚Party-Kultur'. Schon allein ‚Party' ist für mich so ein nichtssagendes Wort. Da gehen die Leute zu den Parties, aber keiner ist irgendwie bereit, was zu geben.

mmc Was sollen sie denn geben?

Jan Na ja – die sollen eben Energie rauslassen, sollen tanzen und einfach offen für neue Erfahrungen und neue Leute sein und nicht bloß in der Ecke stehen, ihr Bier festhalten und einfach nur „cool" sein in ihren designten Technoklamotten.

mmc Wie wichtig sind denn für dich Marken?

Jan Also 'ne Zeitlang bin ich vorwiegend in Second Hand-Klamotten rumgelaufen, hatte lange, ungewaschene Haare, bin sechs Jahre lang nicht beim Friseur gewesen und war eher das, was man so als den lustigen Hippie bezeichnet. Aber ich denke, wie man es auch dreht, ob man auf Marken verzichtet oder nicht: Letztendlich sagen Klamotten immer etwas über einen aus. Auf jeden Fall würde ich niemals mit großen bedruckten *Mainstream*-Marken rumlaufen, weil ich keine Lust hätte, für die ein lebender Werbeträger zu sein. Da müßten *die* mir schon Geld dafür geben.

mmc Aber für einen lebenden *Underground*-Werbeträger bist du dann schon eher zu haben, oder?

Jan Underground... (lacht erfreut) Underground ist genau das richtige Stichwort.

mmc Warum?

Jan Weil das, was ich mit ein paar Leuten lebe, letztendlich Underground ist. Wir spielen in keinen großen Clubs, wir haben keine Kontakte zu Labeln, so daß wir jetzt sagen könnten: ‚Ey, preßt mal 'ne Platte für uns!' – Die Leute, mit denen ich zu tun habe, sitzen still zu Hause in ihrem Wohnzimmer und schrauben an Sounds. Dabei steht nicht im Vordergrund, ob damit Geld verdient werden kann oder nicht. Es ist eine Beschäftigung mit Musik, die von sich aus, aus eigenem Antrieb heraus erfolgt, weil es einfach eine Befriedigung darstellt und weil es keine andere Beschäftigung gibt, die das ersetzen könnte.

mmc Neben Party-Kultur, die du ja stark selber betrieben hast, indem du einfach viel ausgegangen bist und sogar auch schon ab und zu mal im kleineren Rahmen selbst aufgelegt hast – bist du neben dieser Club-Party-Kultur auch schon mal auf einen größeren *Rave* gegangen?

Jan	Ich war Anfang Mai diesen Jahres, also 1998, das erste Mal auf der ‚Mayday' in der Dortmunder Westfalenhalle. „Save the Robots" war, glaube ich, das Motto dieser Party (lächelt herablassend). Ich war mit einem Freund zusammen da, der eine VIP-Karte von MC White hatte. Das ist so ein Berliner MC, der hier mit verschiedenen Sound-projekten in Berlin unterwegs ist.
mmc	Was bitte heißt MC?
Jan	MC heißt „Microphone Checker" (lacht)
mmc	Und was checkt der?
Jan	Na ja – Wörter. Also – ein MC ist ein Rapper. Auf jeden Fall kamen wir an der Westfalenhalle an, wo eben das typische Dortmunder Dis-copublikum im Techno- und Mayday-Outfit herumstand.
mmc	Wie sieht denn ein Mayday-Outfit aus?
Jan	Die trugen halt die klassischen Mayday T-Shirts, manche vom Vor-jahr, manche vom jetzigen Jahr, viele Leute mit extra gefärbten und gestylten Haaren, viele in Latexklamotten und eben sehr viele „Sti-nos" (= Abk. für Stinknormale, mmc), also so normales Disco-Volk-Publikum. Letztendlich war diese Mayday vergleichbar mit der Love Parade, nur vom Stand der Kommerzialisierung eben noch etwas ausgereifter. Am großen Rundgang entlang der Haupthalle gab es jede Menge Technikstände von den unterschiedlichsten Versänden, sogar mit extra DJs. Kurz: *Die* Kommerzabzocke schlechthin.
mmc	Die Party war also ziemlich beschissen?
Jan	Allerdings. Fühlte mich wie so ein kleines UFO, das da auf einer Ver-anstaltung gestrandet war, die nicht für mich geplant war. Ich hatte meine Erwartungen ja schon sehr niedrig geschraubt, aber daß es letztendlich so schlecht war und nun wirklich nichts mehr mit der Mayday-Euphorie vor vier, fünf Jahren zu tun hatte, das hat mich schon echt abgetörnt. Davon war nichts mehr zu spüren. Das war wirklich nur noch die totale Verarschung.
mmc	Was wäre denn deinen Wünschen entsprechend gewesen?
Jan	Meinen Wünschen entsprechend wäre eine Party bis zu maximal 500 Leuten gewesen, weil ab 'ner gewissen Größenordnung einfach keine Kommunikation mehr unter den Leuten möglich ist. Da feiert sonst nur noch ein großer Mob ohne inneren Zusammenhang ab, und alles bleibt total anonym. Hinzu kommt, daß das Klima insge-samt auch entsprechend viel aggressiver war. Ich meine – am Sound lag es sicherlich nicht. Das war schon alles echt bombastisch, wenn man von den oberen Rängen auf all diese tanzenden Menschen blickte.
mmc	Wieviel Leute waren denn da?
Jan	Ich glaube schon so um die 80 000.
mmc	Und der Eintritt? Wieviel mußte man bezahlen, um auf der Mayday dabeisein zu dürfen?
Jan	Satte 75 DM kostete die Karte, und dabei gab es die Bedingung, daß nur die Leute mit einer VIP-Karte die Halle zwischendurch auch mal verlassen durften. Alle anderen waren gezwungen, während der

gesamten Länge der Veranstaltung die Halle nicht zu verlassen, weil ansonsten ihre Eintrittsberechtigung verfallen wäre. Das war also auch noch so ein Manko. (empört) So kann das einfach nicht ablaufen! Da müssen die sich eben was einfallen lassen, mit Stempeln oder sonst was.

mmc   Wie lange dauerte denn diese Mayday-Veranstaltung?

Jan   Ich glaub', die fing an einem Samstag um 18 Uhr an und ging bis zum nächsten Morgen so um 6 Uhr. Danach konnte man noch zu verschiedenen Chill-Parties in Dortmund gehen, wozu wir natürlich keine Lust mehr hatten.

mmc   Und wie, glaubst du, stehen die Leute so eine Marathon-Party durch? Reine Fitneß?

Jan   Zum Teil sicher auch durch Fitneß. Ich meine, sicherlich kann jeder mal eine Nacht durchmachen, ohne sich mit Amphetaminen zu versorgen. Da feiert man eben auf Kaffee und Alkohol.

mmc   Das scheint aber nicht die Regel zu sein – oder?

Jan   Ich denke, die Regel ist eher anders. Ich glaube, daß ein großer Teil, wenn nicht der größte Teil derer, die auf 'ne Party fahren, sich mit dem Gedanken tragen, daß sie dort Sachen, welcher Art auch immer, konsumieren. Das ist doch einfach überhaupt keine Frage. Das gehört einfach mit zum Illegalen Lifestyle, und der Reiz des Illegalen erhöht das sicherlich auch noch. Und es gibt eben bis jetzt wenig Negativbeispiele, die Jugendlichen zeigen können, wohin krasser Mißbrauch führt und was für Folgen zu verzeichnen sind, wenn man jahrelang jedes Wochenende Party feiert. Daß man dann irgendwann eben psychisch einfach bankrott ist, ist doch kein Wunder.

mmc   Aber du meinst, daß das den Kids auch bewußt ist?

Jan   Ich denke, daß das den meisten Kids erst dann bewußt wird, wenn sie über einen gewissen Erfahrungsschatz verfügen und selbst in der Lage sind zu urteilen. Ich denke, daß es nicht möglich ist, den jungen Leuten zu sagen, „Hey, hört zu, seid vorsichtig, seid bewußt im Umgang mit Drogen", weil sie sich dann in jeder Hinsicht reglementiert vorkommen. So funktioniert das einfach nicht. Man muß sie ihre eigenen Erfahrungen machen lassen.

mmc   Du sprichst aus Selbsterfahrung?

Jan   Klar. Auch ich habe meine Erfahrungen über einen längeren Zeitraum gesammelt. Angefangen habe ich mit 18 mit Zigaretten, und es hat zwei Jahre gedauert, bis ich mal härtere Sachen probiert habe.

mmc   Was waren das für härtere Sachen?

Jan   Ich glaub', mit 20 hab' ich meinen ersten LSD-Trip genommen, fand das auch ziemlich geil, der totale Braincrash. Wenig später folgte meine erste Ecstasy

mmc   Was hast du da gespürt?

Jan   Also meine erste ‚E' sah folgendermaßen aus: Ich war in einem Soundstudio bei Freunden. Wir waren so acht Leute unten im Keller, um ein bißchen Musik zu fahren, und ein Freund sagte zu mir: „Hier probier mal, das ist gut, ist kommunikativ und macht einfach Spaß".

Und so habe ich meine erste halbe ‚E' geschmissen, eine halbe Stunde später dann die andere Hälfte, und ich kam mir vor wie tausend Meilen von den anderen entfernt. Ich hab' da auf meinem Sofa im Keller gesessen und dachte, keiner will mit mir reden. Es war einfach kein Kontakt möglich. Ich habe also nicht den klassischen Euphoriefilm bekommen, sondern eher das genaue Gegenteil. Es hat dann wieder so zwei Jahre gedauert, bis ich mal wieder Lust auf MDMA, also Ecstasy bekam.

mmc   Das heißt, du hast die erste ‚E' genommen, warst alles andere als angetan von diesem Experiment, und dann war's das erst einmal für lange Zeit?

Jan   Richtig. Meine bevorzugte Partydroge war Kokain, und wenn kein Koks da war, dann nahm ich eben die Assi-Droge Speed, das Billigkoks für die armen Leute.

mmc   Wie wirkt Speed auf dich?

Jan   Speed löst die Barrieren bei mir auf, die da sind, wenn ich tanzen will. Früher habe ich Speed benutzt, um tanzen zu können. Da hab' ich mir dann 'nen Kaffee bestellt und dazu ein halbes Gramm Speed verkonsumiert und gewartet, bis mein Magen so anfing zu zittern und zu grummeln. Und wenn dann die Euphorie langsam eingesetzt hat und ich gemerkt habe, daß ich sozusagen auf den Zug aufgesprungen bin, dann konnte ich lostanzen. Dann zählte nur noch der Baß.

mmc   Aber ohne bist du damals nicht auf den Zug gekommen?

Jan   Nee, ohne das bin ich nicht auf den Zug gekommen.

mmc   Warum?

Jan   Weil ich mir einfach gehemmt vorkam und weil ich nach meinen ersten Koks- und Speed-Erfahrungen und den ersten Tanzfilmen, die sich sechs bis acht Stunden hingezogen haben, auch gemerkt habe, daß einfach die Symbiose zwischen der Musik und diesen Drogen letztendlich das ist, was die Ekstase ermöglicht.

mmc   Ist das wirklich so?

Jan   Es gibt sicherlich Leute, die das leugnen und sagen, man kann auch ohne all das 'ne Nacht lang tanzen, aber das ist dann einfach nicht vergleichbar. Das gewisse Feeling fehlt eben.

mmc   Was macht das gewisse Feeling denn aus?

Jan   Also ich habe das Gefühl, daß man Musik besser versteht. Es ist für mich ein Unterschied, ob ich Musik nüchtern, also sauber höre, oder ob ich bei einer langen Partynacht, wo mir sowieso schon Schwingungen übertragen werden, (unterbricht sich) – das hört sich jetzt vielleicht 'n bißchen scheiße an –, am Auschillen bin und später noch bekifft irgendwo auf der Wiese liege und der Musik lausche, die an mein Ohr dringt. Dann bin ich richtig beschwingt von Musik. Und dann kommt es mir subjektiv so vor, als ob meine Aufnahmefähigkeit und auch mein Hörempfinden viel sensibilisierter sind, als wenn ich jetzt nüchtern und völlig klar im Kopf wäre. Hinzu kommt bei mir die Erfahrung, daß ich auch beim Auflegen unter Drogen einen anderen

	Style fahre und oftmals viel flüssiger auflege, als wenn ich nüchtern bin und alles ganz bewußt miteinander verschraube.
mmc	Aber völlig abgewrackt bist du ja wohl nicht dadurch oder warst du es mal und mußtest dann irgendwie die Kurve kriegen?
Jan	Also ich bin schon so zwei Jahre lang jedes Wochenende auf Parties gefahren oder habe selbst Parties gemacht und dann auch jedes Wochenende Drogen konsumiert, meistens im Mischkonsum.
mmc	Aber nur am Wochenende?
Jan	Nur am Wochenende. Unter der Woche Studium und Arbeit...
mmc	...und am Wochenende dann der Ausstieg aus all dem?
Jan	Ja genau. Das klassische Parallelleben eben, das so viele Techno-Jünger führen. Unter der Woche wohlgeordnete Verhältnisse mit Beruf und Ausbildung oder was auch immer und am Wochenende dann so richtig ausrasten zum Ausgleich zu dem, was der frustrierende Alltag so bietet. Aber die Grenze ist schwer zu ziehen, und ich denke, irgendwann wird der Spagat eben einfach zu groß. Irgendwann sind die Leute einfach nicht mehr in der Lage, Wochenende und Alltag zu trennen. Denn das Partywochenende ist ja, wenn man wirklich feiert, nicht am Sonntag vorbei, sondern man braucht immer noch ein, zwei Tage, um sich zu regenerieren, und das letzte Gift aus dem Körper zu entfernen. Das schlaucht irgendwann psychisch und physisch ganz schön.
mmc	Hat denn diese Erkenntnis bei dir dazu geführt, daß du deinen Konsum eher eingeschränkt hast?
Jan	Auf jeden Fall. Ich hab' auch erkannt, daß das letztendlich 'ne Sackgasse ist und daß man auch ohne Drogen feiern und Musik hören kann.
mmc	Auch Musik machen?
Jan	Ja, auch Musik machen. Das einzige, worauf ich persönlich in nächster Zeit nicht verzichten würde, ist das Rauchen von wirklich erstklassigem, reinem Haschisch. Also erste Pressung Roter Libanese oder Schwarzer Afghane. Nur kein Standard!
mmc	Nur kein Standard – ein gutes Stichwort, um wieder zu Techno zurückzukehren, denn Techno hat ja in der Tat so einige Standards gesprengt. Unter anderem ist da ja immer sehr viel von Liebe die Rede. Wie sieht's denn bei dir mit der vielbeschworenen Liebe aus?
Jan	Also das vielbeschworene Gemeinschaftsgefühl war bei mir 1991 spürbar, vielleicht auch noch 92, 93, maximal bis 1994, als der große *Run* begann und jeder quasi anfing, elektronische Musik zu hören und auch selbst zu machen. Ich weiß nicht – dieser Liebesfilm ist für mich die Verarschung schlechthin.
mmc	Geworden?
Jan	War's eigentlich schon immer.
mmc	Wieso das?
Jan	Weil man keine Liebe empfinden, geschweige denn geben kann, wenn man total verstrahlt durch die Gegend schießt und nicht Herr seiner Sinne ist. Man ist nicht man selbst, wenn man Drogen konsu-

	miert, und man bringt sich in dem Moment auch nicht selbst rüber, auch wenn man das so sieht. Deshalb ist dieser ganze Ekstase- und Liebesfilm mit Ecstasy für mich auch nicht authentisch und kann es auch nicht sein.
mmc	Okay. Du gehst also nicht aus, um anzubaggern oder eine Frau abzuschleppen?
Jan	Nee.
mmc	Also das ist nie der Grund zum Ausgehen?
Jan	Überhaupt nicht. Ich will mich einfach nur amüsieren. Außerdem ist ein Club selten dazu geeignet, jemanden abzuschleppen.
mmc	Woran liegt das?
Jan	Weil die Partykultur an sich recht oberflächlich ausgeprägt ist und es primär um das Erleben des einzelnen geht. Jeder will für sich da hingehen und auf *seinen* Trip kommen, und so ist das für mich eben alles egomäßig sehr stark vorbelastet, so daß so etwas wie wirkliche Kommunikation oder wirkliche Liebe oder ein wirkliches Miteinander überhaupt nicht möglich ist. Wie soll das auch gehen, wenn alle Leute auf Droge sind!?
mmc	Ist Techno für dich also eher ein Erotik-Killer oder eher ein erotisches Gesamtkunstwerk? Wohlgemerkt: erotisch – nicht sexuell.
Jan	Also erotisch ist für mich dabei allein schon das Bewegen der Körper auf der Tanzfläche. Es reicht völlig aus, in dieser erotisch und musikalisch aufgeladenen Atmosphäre aufzugehen.
mmc	Sexuelle Belästigung ist in den Clubs also kein Thema?
Jan	Kaum. Also das habe ich in den Clubs bisher noch nie erlebt. Da geht's wirklich total tolerant, friedlich und nett zu. Das ist ja gerade das Tolle.
mmc	Toleranz ist ein gutes Stichwort, da sich Techno ja auch in bezug auf Liebe als grundsätzlich offen versteht. Wie ist denn dein Verhältnis zu Lesben und Schwulen, die ja in der Technoszene eine wichtige Rolle spielen?
Jan	Also ich sehe das so, daß Techno, so wie wir es heute kennen, erst durch die vielen Ostberliner Schwulen ermöglicht wurde, die kurz nach dem Mauerfall in stillgelegten Kellern anfingen...
mmc	Nur Ostberliner?
Jan	Nein, auch Westberliner sicherlich nicht zu vergessen (lacht). Also ich denke, daß die Technobewegung ihre Ursprünge ganz klar der schwulen Housebewegung zu verdanken hat, die mit den ganzen Parties damals anfing. Von diesen Leuten ging einfach die Motivation aus. Man könnte sich kein ‚E-Werk‘ vorstellen ohne schwule Table-Tänzer, ohne Lesben in Lack und Leder, weil das einfach dazugehört und einen Teil der Partykultur ausmacht. Daß eben gerade auch die Vielzahl und Unterschiedlichkeit der Leute das Feiern miteinander nicht behindert. Das war's ja auch, was mich von Anfang an so fasziniert hat.
mmc	Du erwähntest den Mauerfall. Glaubst du, daß der was mit Techno zu tun hat?

Jan	Ich denke, daß der Mauerfall diese Entwicklung hier überhaupt erst ermöglicht hat und daß Techno das breite Band ist, auf das sich alle einigen können. Also, daß quasi die Love Parade der kleinste gemeinsame Nenner ist, der alle unteren Instinkte anspricht, die man bei Leuten finden kann (lacht) und auf die sich alle einigen können, ohne sich in die Haare zu geraten. Inzwischen ist das leider so ein Larifari-Konsumprodukt geworden wie alles andere auch. Techno hat heute nichts mehr mit „Revolution" und Underground zu tun. Es wurde ebenso kommerzialisiert wie alle anderen Musikrichtungen vorher, zum Beispiel wie *Punk*.
mmc	Wie sieht denn der *Spirit* von Techno für dich ganz persönlich aus? Wie würdest Du diesen für Dich definieren?
Jan	Techno ist für mich das Verbinden von Stilen, das Lebendige und sich ständig Verändernde von Sounds und das Verbinden von Menschen.
mmc	Also Ausländerfeindlichkeit ist kein Thema bei Techno?
Jan	Ausländerfeindlichkeit ist in dem Sinne kein Thema, da die Toleranz, egal ob in Clubs in Berlin oder Brandenburg,eigentlich so weit geht, daß es keinen Unterschied macht, ob man lange oder kurze Haare hat. Der einzige Unterschied ist eher der, daß Landjugend mehr militant ausgeprägt ist und oftmals leider auch – wie soll ich sagen?- rechtsradikale Tendenzen aufweist.
mmc	Inwiefern?
Jan	Insofern, daß man da am Wochenende zu Schlägereien fährt, um sich aufzuputschen.
mmc	Aus Langeweile oder warum?
Jan	Ja. Wegen der Langeweile und Frustration auf dem Lande. Die sucht sich da ein Ventil.
mmc	Und hören diese Leute auch Techno? Offensichtlich ja wohl doch.
Jan	Also nach dem Mauerfall rollte Techno von Ostberlin nach Brandenburg, und von Brandenburg fuhren viele Leute ins ‚E-Werk‘ nach Berlin, um auf Party zu gehen. Und viele Leute sind im Rahmen dieser Partybewegung einfach toleranter geworden, weil das Clubleben in Berlin einfach keinen Platz bietet für Intoleranz und Fremdenfeindlichkeit oder eben einfach schlechte Laune und Schlägereien. Also die Leute, die ich von denen kenne, sind friedlicher geworden.
mmc	Durch die Musik etwa!?
Jan	Ob durch die Musik, sei dahingestellt. Ich denke, in erster Linie durch den Marihuanakonsum (lacht).
mmc	Vielleicht auch, weil ihnen dort etwas anderes vorgelebt wurde? Oder wie erklärst du dir das?
Jan	Na ja, weil man beim Party-Hopping nach dem Mauerfall selbst einfach nur Gast in verschiedenen Clubs und anderen Städten und insofern halt selber „der Fremde" war. Und wenn man auf Toleranz im fremden Club hofft, dann kann man sich nicht als fremdenfeindlich und rechtsradikal aufspielen. Das sind einfach zwei verschiedene Welten, die sich absolut nicht miteinander vertragen. Und

deshalb denke ich, daß Techno – wenn überhaupt – auch zur Verständigung von Jugendlichen beitragen kann, weil es eben relativ inhaltslos und vorurteilsfrei ausgestattet ist. Es geht in erster Linie eben darum, miteinander Spaß zu haben, und nicht darum, gegeneinander Aggressionen aufzubauen. Für ausländerfeindliche oder ähnliche Tendenzen ist da einfach kein Platz.

mmc Gut – und wenn du jetzt mal so Revue passieren läßt, was du inzwischen so alles gesagt hast, was, würdest du sagen, hat Techno bei dir ganz persönlich so alles verändert?

Jan Hm – das ist schwer zu beantworten. Also ich möchte nicht sagen, daß Techno mein Leben verändert hat, aber es hat einen doch langen Zeitraum meiner Jugend geprägt.

mmc Was hat dich denn da primär geprägt?

Jan Also mein ganzer Lebensrhythmus war darauf eingestellt: Montag bis Freitag arbeiten und studieren – also mein Job im Steuerbüro und das Jurastudium – und Freitag bis Sonntag der Ausstieg aus der sogenannten bürgerlichen Welt. Sprich: Party-Hopping von Dresden, Leipzig, Berlin, Eisenhüttenstadt, Frankfurt/Oder, im gesamten Brandenburg, Mayday – eben überall, wo man so hingekommen ist. Na ja, und ich hab' ja auch verschiedene eigene Parties gemacht. Ich denke, daß die Partykultur schon mein Freizeitverhalten sehr stark beeinflußt hat. In der Form, daß es einfach kaum noch andere interessante Beschäftigungen für mich gab. Meine sportlichen Ambitionen habe ich innerhalb der letzten sieben Jahre total vernachlässigt. Tja, ich hab' auch angefangen zu rauchen . . .

mmc Und ja schließlich auch begonnen, entsprechend Musik zu machen!

Jan Ja – ich habe wieder angefangen Musik zu machen, aber eben meine eigene. Zusammen mit Leuten, die ich zum Teil auch in der Szene kennengelernt habe, sind wir eines Tages kurz nach der Wende losgezogen und haben uns Plattenspieler gekauft und uns einen kleinen Keller eingerichtet. Da hat sich dann täglich eine feste Crew von acht bis fünfzehn Leuten getroffen, die ihre Platten gedreht haben und begonnen haben, ihre eigene Plattenkultur zu pflegen und auch selbst auf kleineren Parties als DJ aufzulegen, indem wir zum Beispiel mitten im tiefsten Brandenburg Gaststätten angemietet haben und dort auf Party geladen haben mit der angesoffenen Dorfjugend.

mmc Na, das sind doch nun wirklich jede Menge Veränderungen! Wieviel Geld gibst du denn so monatlich für deine Techno-Liebe aus?

Jan Also ich muß erwähnen, daß ich in jedem Fall *Vinyl-Junkie*, also plattensüchtig, bin. Wenn ich die Kohle habe, sind so zwei- bis dreihundert Mark eher das Minimum, allein was ich so für Platten im Monat ausgebe.

mmc Wo kaufst du deine ganzen Platten denn ein?

Jan Zum Teil Second Hand und ansonsten in speziellen Läden wie ,DNS Records', ,Melting Point' in Berlin Mitte oder dem Laden ,Club Sound Records' von DJ Jordan aus der Berliner Discothek ,Linientreu'. Na ja – und sicher auch ,Hardwax'. Ich stöber' sehr viel rum.

mmc	Irgendwelche bevorzugten Magazine?
Jan	Ein Berliner Lifestyle-Magazin ist zum Beispiel das ‚Lodown-Mag.' Das erscheint monatlich und finanziert sich durch Klamotten- und Schuhwerbung. Die Berichterstattung ist relativ offen und erstreckt sich über die Bereiche Musik, Skating, Snowboarding, Interviews mit Produzenten – eben alles mögliche.
mmc	Und ‚MTV' und ‚VIVA' – sind das für dich Bezugsquellen, die für dich wichtig sind?
Jan	Ich verfüge über keinen ‚VIVA'- oder ‚MTV'-Anschluß, weil ich der Meinung bin, daß diese Sender die größte Massenverdummung sind, die es gibt und dem Musikgeschmack eher nicht förderlich sind (lacht).
mmc	Das ist ein gutes Stichwort: Was würdest du denn denjenigen entgegnen, die behaupten, daß Techno, wenn überhaupt, nur eine *Message* hat, nämlich Verdummung.
Jan	Das kommt sicherlich auf die Leute an. Wenn man Techno lediglich konsumiert und sich am Wochenende seine Drogen reinfährt und erwartet, daß auf 'ner Party alles von selbst ins Rollen kommt, dann hat das sicherlich einen nicht zu leugnenden verdummenden Effekt. Den sieht man spätestens dann, wenn man so drei Tage lang durchgefeiert hat und denen, die überlebt haben, am Sonntag in die Augen guckt.
mmc	Sind diese Leute denn dann gleich dumm?
Jan	Was heißt schon dumm? Also es geht darum, was die Leute daraus machen. Wenn sie sich selbst nicht einbringen, dann können sie auch nicht erwarten, daß das einen fördernden Effekt haben kann.
mmc	Aber gerade der wird doch von denen, die Techno als Verdummung abtun, geleugnet. Was würdest du denen also empfehlen?
Jan	(lacht) Ich würde ihnen empfehlen, eine Pille zu werfen und ins ‚E-Werk' zu gehen, wenn's wieder offen hat. Nein – also ernsthaft: Ich denke, die sollten mal ehrlich versuchen, vorurteilsfrei in einen guten Club zu gehen und sich einfach überraschen zu lassen.
mmc	Das heißt, wenn auch mal ältere Leute in einem Club auftauchen, würdest du das nicht als störend empfinden?
Jan	Ältere würde ich nicht als störend empfinden. Im Gegenteil. Wenn die Technobewegung mit Toleranz wirbt, dann muß und wird sie es auch sicher verkraften, wenn über 30-jährige Leute sehen wollen, was sich abspielt. Also das ist wohl nicht die Frage!
mmc	Also haben wir es hier mit einer wirklich offenen Jugendkultur zu tun?
Jan	Hoffe ich, hoffe ich.
mmc	Wie glaubst du, sieht denn die Zukunft von Techno aus? Erstmal: Hat es für dich überhaupt noch eine Zukunft und wenn ja, wie sollte die für dich ganz persönlich aussehen?
Jan	Wenn man die Zukunftsfrage auf den DJ-Bereich bezieht, so sieht's da mit der Entwicklung in Berlin zur Zeit sehr inflationär aus. Andererseits wird aber auch die inflationäre technische Entwicklung zur weiteren Verbreitung und zu einer neuen Vielfalt der elektronischen

Musikkultur führen. Gerade im Internet wird da sicher noch 'ne Menge passieren und auch neue Austauschmöglichkeiten bieten. Ich denke, dahin wird die Richtung gehen, und deswegen wird die Kommerzialisierung den wirklichen Underground letztendlich nicht wirklich verdrängen können.

mmc   Das wollen wir hoffen.

2. Techno-Talk II mit DJ Frank Müller – „Von Robotern zur ravenden Gesellschaft"

Frank Müller, seit 16. 12. 1968 auf unserem Planeten, lebt seit 1992 in Berlin, hat eine Antenne für guten Techno, zwei geschickte (menschliche) Hände für seine (nicht-menschlichen) Tonarme, und es ist wohl sein Schicksal, nicht erst seit sieben Jahren ständig und überall hin unterwegs sein zu müssen. Seit 1995 ist er es allerdings „endlich" aus freien Stücken. Und wen er auf seinen Touren nicht schon so alles an Verrückten kennengelernt hat! Denn: Frank Müller ist DJ. „Underground-DJ"? Auf diese Frage weiß er auf Anhieb selbst keine eindeutigen Antworten zu geben, wohl aber auf manch andere um so deutlichere. Ein Reiseprotokoll eines Insiders, der auszog, um – ja was eigentlich?

mmc =   Martin M. Coers
FM =   Frank Müller

mmc   Guten Tag, Herr Müller. Wie geht's? Oder sollte ich fragen „Alles Müller oder was?" – Du wirkst etwas müde.
FM   Bin ich auch. Macht aber nichts.
mmc   Waren die letzten Nächte zu lang?
FM   Sind sie das nicht immer?
mmc   Was soll ich darauf antworten? Vielleicht diesmal so: Nicht immer, aber immer öfter?
FM   Oh je! – Volltreffer!
mmc   Volltreffer, wieso?
FM   Ich komme aus Warstein.
mmc   Also da, wo das schöne ‚Warsteiner' herkommt.
FM   Genau da, wo das Bier herkommt. Das war bestimmt prägender als vieles andere (lacht).
mmc   Inwiefern?
FM   Na, wenn du aus 'ner Bierstadt kommst, ist das sicher was anderes, als wenn du aus einem Kneippkurort kommst. Wer weiß, wie sich das so alles auswirkt ... (grinst).

mmc   Na ja, das werden wir ja jetzt sehen, wie sich das alles ausgewirkt hat. Offensichtlich hat sich da ja doch so manch Prickelndes in deinem Leben herauskristallisiert, um ein letztes Mal zur Biermetaphorik zu greifen. Also Schluß damit. Beginnen wir trocken: Was für ein Ausbildungsweg liegt hinter Dir?

FM   (bestellt ein Bier) Maschinenbau und Umwelttechnik.

mmc   Ich habe gehört, daß du schon mit 20 Jahren Roboter entwickelt und konstruiert hast. Wofür genau waren diese Maschinen bestimmt?

FM   Das waren automatische Müllentsorgungsanlagen für die Haus- und Müllindustrie, die regelrecht zum Exportschlager wurden, da wir in Deutschland die erste Firma mit diesem ausgeklügelten System waren.

mmc   Das ist ja in mehrfacher Hinsicht bemerkenswert, vor allem deshalb, da in Robotern ja Elektronik bereits irgendwie enthalten ist. Wie also wird man vom Müllmaschinen-Designer zum Musik-Designer?

FM   Tja – wie kommt das? Musik war schon als Kind immer ein großes Thema bei mir. Angefangen, selbst meine eigene Musik zu machen, habe ich im Alter von vierzehn, fünfzehn, als ich mir die ersten Synthesizer auf dem Flohmarkt angeschafft habe. Aber richtig Musik zu machen, sprich, der Zeitpunkt, von dem ab alles wirklich ans Eingemachte ging und ich begann, mich ausschließlich nur noch mit Musik zu befassen, der war 1995 in Berlin.

mmc   Wann bist Du nach Berlin gekommen und warum?

FM   1992 ist unser Büro für Umwelttechnik nach Berlin umgezogen, wegen des ganzen Ost-Marktes und dessen Erschließung, inklusive der ehemaligen Sowjetunion und dem ganzen Scheiß. Das war dann aber so nervig, daß ich echt keine Lust mehr hatte. Es ging nur noch um Kommunaltechnik, und außerdem mußte ich mich permanent nur noch überall mit irgendwelchen Beamten auseinandersetzen, und so war ich dann entsprechend auch jeden Tag wirklich nur noch unterwegs. Das war mir einfach zu viel, und ich hatte keine Lust mehr, mein Leben in so einer langweiligen Branche zu verbringen.

mmc   Wie vollzog sich der berufliche Wechsel?

FM   Der Wechsel war einfach so, daß ich 1995 in der Firma alle Verträge endgültig gekündigt habe und anfing, mein eigenes Label zu machen.

mmc   Was für ein Label war das?

FM   Das erste Label hieß ‚Acid Orange‘.

mmc   Und das hast du einfach mal so selbst gegründet?

FM   Was heißt gegründet? Ich habe eben einfach angefangen, Platten rauszuhauen. Erst gepreßt, Vertrieb gesucht und dann die Platten rausgebracht.

mmc   Welcher Vertrieb war das?

FM   Der Vertrieb war damals ‚Neuton‘. Das war ein kleiner, experimenteller Vertrieb. Das war der Start ins Label-Geschäft, und damit haben die Lehrjahre quasi noch mal angefangen.

mmc   Wie groß war die Auflage deiner ersten Platte?

FM	Die Platte habe ich ca. 500 mal verkauft. Aber das war mir eigentlich völlig wurscht. Es ging mir nur darum, irgendwie was Neues anzufangen.
mmc	Wie hieß „das erste Kind"?
FM	Oh, das weiß ich gar nicht mehr. Ich glaube, die Platte hieß ‚Acid Orange Nr. 1'. Eine furchtbare Platte (lacht).
mmc	Wieso?
FM	Mir gefällt die heute gar nicht mehr. Die war zwar auch schräg und krank und so, aber damit kann ich im Moment eigentlich gar nichts mehr anfangen.
mmc	Wie würdest du dein erstes „Meisterwerk" musikalisch definieren wollen?
FM	(lacht) Hardcore, Gabber, Trance, Ambient, Techno – alles durcheinander. Nein, im Ernst, ich erinnere das kaum noch.
mmc	Aber die Tracks waren schon Dancefloor-orientiert?
FM	Dancefloor sowieso, denn für mich war Musik immer schon zum Tanzen da. Ich mag zwar auch andere Musik, da ich aus dem Jazzbereich komme, aber Dancefloor-Musik lag mir schon immer sehr nah, da ich immer schon gerne abhotten ging.
mmc	Gutes Stichwort. In welcher Discothek hast Du in Berlin das erste Mal aufgelegt?
FM	(überlegt) Der erste Laden, in dem ich in Berlin gespielt habe... ich weiß es gar nicht mehr. Ich weiß es wirklich nicht mehr.
mmc	Wie bist du denn das erste Mal überhaupt in so einen Club gekommen? Einfach nach dem Motto „Hallo, hier bin ich" oder über eine Booking-Agentur?
FM	Na ja, ich hatte vorher auch schon ein paar Mal in Westdeutschland aufgelegt, vor allem aber gab es da zwei Vorteile: Erstens wirst du durch herausgebrachte Platten innerhalb der Szene auch bekannter, und zweitens hat man selber viele Freunde, die Parties organisieren. Man ist dann eben irgendwann auch in der Szene drin.
mmc	Das ist also alles intern abgelaufen?
FM	Ja, am Anfang schon. Irgendwann bist du dann in einer Booking-Agentur, und von da an geht's eben damit weiter.
mmc	Bei welcher bist du im Moment?
FM	Zur Zeit werde ich bei ‚Jackfruit)))' von Vladimir Bojic für Parties gebucht.
Mmc	Wie bereitest du dich auf eine Party-Nacht vor?
FM	Eigentlich gar nicht. Ich weiß vorher eh' nicht, was ich spiele, da ich ja auch nicht weiß, was da für Leute sind. Ich nehme immer die Platten mit, die mir in erster Linie gefallen und von denen ich annehme, daß sie vielleicht auch gut ankommen könnten. Ich spiele einfach meinen Sound und fertig. Es gibt da kein Rezept. Es kommt einfach alles aus dem Bauch raus, und ich finde, daß es das auch muß. Wenn ein DJ nur mit dem Kopf auflegt, dann hört man das auch gleich. Also, außer meine Kiste packen und die Zahnbürste einstecken, gibt's da nicht so viel.

mmc	Versuch doch mal, zu beschreiben: Wie läuft für dich so eine Nacht ab? Also genau in dem Sinne, wie du gerade sagtest: „Packe meinen Plattenkoffer, komme im Club an, und dann...?"
FM	Wenn es ein guter Laden ist, wirst du abgeholt, ins Hotel gebracht und kommst hinterher in den Club rein, spielst, fährst wieder ins Hotel und fliegst nach Hause. Das wäre dann der Idealfall. Der andere Fall ist: Du kommst an, kein Arsch kümmert sich um dich, du mußt selber irgendwie alles finden und machen und fährst angenervt Sonntag morgens im Bummelzug zwischen nach Rauch stinkenden Touristen nach Hause. Das ist dann die andere Variante.
mmc	Du hast gerade vor ein paar Tagen zum Beispiel in München im ,Ultraschall' aufgelegt. Wie ist das, wenn du in einem solchen Club ankommst? Wie erschnupperst du die Atmosphäre am Anfang? Gibt es da so Intuitionen, wo du gleich spürst: „Oh je, das kann ja was werden" oder „Das läuft bestimmt gut"?
FM	Klar. Beides gibt es. Andererseits kennt man die meisten Läden mit ihren Sounds irgendwann auch recht gut. Man weiß, was da für Leute sind und was sie wollen, so daß es eigentlich nicht allzuviele Schlappen gibt.
mmc	Wo und in welchen Clubs hast du sonst noch überall aufgelegt?
FM	In Holland, Belgien und in Spanien bin ich eigentlich öfter. Also eigentlich bin ich in ganz Europa herumgekommen. Dann gab es in Brasilien zwei Touren, in Rio, Campiñas und São Paulo, dann war ich ein paar Mal in Japan, und hier bei uns lege ich insbesondere in Ostdeutschland auf, da dort eigentlich mit die besten Parties sind.
mmc	Wo in Ostdeutschland?
FM	(stöhnt) Oh je, ich bin schon froh, wenn ich die ganzen Ortsnamen behalten kann, so wie Greifswald oder Leipzig (lacht). Genau, in Leipzig gibt's immer ganz gute Parties und in Dresden vor allen Dingen, zum Beispiel im Club ,Die Straße E'. In Spanien ist es das ,Florida', in Japan, sprich Tokio, ist es das ,Yellow' oder der ,Liquid Room'. Ich bin eben hier und da unterwegs.
mmc	Hast du auch mal auf der Love Parade aufgelegt?
FM	Auf einigen Parties zur Love Parade, aber mittlerweile ist das sehr fernab von der Musik, die ich eigentlich machen will.
mmc	Wie findest du mittlerweile die Love Parade persönlich?
FM	Beschissen.
mmc	Warum?
FM	Die Love Parade hat nichts mehr mit Musik zu tun und ist einfach eine Werbeveranstaltung für die Sponsoren und für alles mögliche geworden. Das ist keine nicht-kommerzielle Veranstaltung mehr, was ja auch ganz okay ist. Also, wenn die das so machen wollen, dann ist es gut, aber ich würde da nicht mehr mit rumlaufen. Das sind mir zuviel Leute. Bei soviel Publikumsverkehr krieg' ich echt Platzangst.
mmc	Welche Rolle spielt für dich das Publikum im Club?
FM	Das Publikum spielt an sich die größte Rolle. Denn wenn es beschis-

	sen ist, also keinen Bock hat und nicht offen ist, dann ist das Ding eigentlich schon gelaufen.
mmc	Woran merkt man, daß das Publikum offen ist?
FM	Vor allem daran, ob die Tanzfläche voll ist und auch daran, wann und wie die Leute tanzen. Na ja, und dann spielt natürlich eine Rolle, wie voll der Club überhaupt ist. Wenn der Club generell schon irgendwie leer ist oder dazu neigt, daß da eher nicht mehr so viel los ist, dann kannst du da machen, was du willst, aber wenn der Laden voll ist und die Leute abgehen, macht's echt Spaß.
mmc	Würdest du sagen, daß vielleicht auch dein Name Leute in den Club reinzieht, da sie dich und die Art, wie du auflegst, kennen und schätzen gelernt haben?
FM	Das weiß ich nicht, ob das so ist. Also wünschenswert wäre das vielleicht mal, aber ich glaube, so bekannt bin ich ja nun auch nicht, um über meinen Namen Leute zum Ausgehen zu motivieren. Also, mit einem Namen heutzutage einen Laden voll zu kriegen, ist schon sehr schwer. Entweder haben die Leute Bock auf den Laden, und dabei ist es eigentlich fast egal, wer da auflegt, oder eben eher nicht. In Berlin im ,SO36', zum Beispiel, da wissen die Leute, daß dort jeden Montag guter Techno läuft, und sie wissen auch, daß für diesen Tag eben auch nur Leute gebucht werden, die dieses Zeug auflegen, so daß sie genau wissen, was für ein Sound sie erwartet – nämlich der, den auch sie erwarten und dessentwegen sie dann da sowieso hingehen.
mmc	Was ist deiner Meinung nach der Unterschied zum Konzert?
FM	Konzert...? Konzert heißt, Sachen zu spielen, die sowieso schon jeder kennt. Also so eine Art Mitsingen, das so etwas hat wie die Oktoberfestvariante der Rockmusik, nur daß man vielleicht nicht gerade unter den Tisch pinkelt, sondern aufs Klo geht (lacht).
mmc	Sehr schön, das gefällt mir und erinnert mich daran, was Westbam ganz am Anfang einmal gesagt hat und womit er u. a. ja auch damals schon bekannt, um nicht zu sagen, legendär bzw. berühmt-berüchtigt wurde – der schöne, unvergeßliche Satz: „No more fucking Rock'n' Roll!"
FM	(ernst) Ja, das ist auch so. Das gilt übrigens auch für viele Veranstalter, gerade in Westdeutschland, die irgendwelche Scheißclubs haben, und mitten im Büro hängen noch die ,Rolling Stones'-Fanplakate, und die wollen dann Techno-Parties machen. Also, was die erst mal brauchen, ist ein *Brainwash*!
mmc	Wirst du denn gar nicht angehimmelt, wenn du da so an deinem DJ-Pult stehst?
FM	(spontan und etwas entgeistert) Nö.
mmc	Noch nie Avancen gekriegt?
FM	Nee, ich glaube nicht.
mmc	Von niemandem?
FM	(lacht) Nee, nee!
mmc	Was, das ist noch nie vorgekommen?

126

FM   Nee, hier und da gibt's zwar ganz nette Leute, aber ‚angehimmelt'
          werde ich nun wirklich nicht, soweit ich weiß.

mmc   Na ja, ich dachte, da der DJ als Popstar mittlerweile vielleicht doch
          schon Realität geworden ist, hättest ja auch du eventuell schon...

FM   (fällt ein und wird energisch) Das ist echt ein Gerücht! Allein schon
          die Plattenverkäufe belegen einfach, daß wir keine Popstars sind.
          Wenn Massive Attack oder Lauryn Hill angehimmelt werden, dann
          kann ich das verstehen. Bei uns jedoch, wo sich die Plattenverkäufe
          in den Tausender- bis Drei-, Viertausender-Bereichen abspielen, da
          ist keiner Popstar. Da ist man schon froh, wenn die Leute dann die
          Platten kennen.

mmc   Das heißt, drei-, viertausend Platten verkaufst du schon?

FM   Das liegt wirklich am Release. Mit Namen verkauft man nicht unbe-
          dingt immer was. Es geht echt darum, was auf der Platte drauf ist.
          Wenn die Platte scheiße ist, kauft sie schlicht und einfach keiner.

mmc   Wie bewirbst du deine eigenen Platten?

FM   Mit Bewerben ist nicht viel. Hier und da mal ein paar Anzeigen, und
          das war's dann auch. Das lohnt sich in diesen Stückzahlen einfach
          auch nicht.

mmc   Und wo werden die Anzeigen geschaltet?

FM   Wenn, dann in kleinen Magazinen, wie zum Beispiel dem Fanzine
          ‚De. Bug'. Das ist eine der besten Zeitungen in Berlin, die man mitt-
          lerweile auch europaweit kriegt. Es geht darin eigentlich mehr um
          „elektronische Lebensaspekte", wie sie selber sagen. Also um alles
          Mögliche, bloß nicht darum, nun unbedingt dem Kommerz verpflich-
          tet zu sein. Die machen das echt schon ganz schön cool. Übrigens:
          Es ist ja nachgewiesen, daß Anzeigen dem Plattenverkauf über-
          haupt nichts bringen. Also wirklich gar nichts. Du verkaufst nicht
          eine Platte mehr. Das funktioniert wirklich nur bei den richtig großen
          Nummern, wo dann richtig Werbekampagnen von zigtausenden von
          Mark aufgefahren werden, die jedes Budget eines kleinen Labels
          natürlich sprengen.

mmc   Wo kann man denn deine Platten überhaupt kaufen? Auch bei
          ‚Saturn'?

FM   Da wahrscheinlich weniger. Aber da gibt's eben diese kleinen Spezi-
          alläden, wo es Vinyl gibt, und die gibt es genauso in Tokio, wie es sie
          in Berlin gibt.

mmc   Das heißt, zum Beispiel bei ‚Hardwax', unter welchem Label würde
          ich dich da finden?

FM   Bei ‚Müller Records' wahrscheinlich. Aber Läden wie ‚Saturn' oder
          ‚WOM' oder die ‚Karstadts' dieser Welt, die werden das wahrschein-
          lich nicht haben. Obwohl es wünschenswert wäre, denn zum Beispiel
          die Kids, die auf dem Land wohnen, kriegen diese Sachen einfach
          nicht, da die speziellen Record-Stores teilweise ein, zwei Fahrtstun-
          den weit weg sind. Und das kann man denen eben kaum zumuten.

mmc   Wie bemüht ihr euch als Label, euren Vertrieb auszubauen, um even-
          tuell doch auch in die großen Ketten reinzukommen?

FM	Das ist unheimlich mühselig. Man kann bereits froh sein, wenn man an sich schon einen guten Independent-Vertrieb hat. Sehr wichtig ist die ganze Promotion-Sache. Das ist ja auch eigentlich der Sinn des Auflegens, daß du eben im Gespräch bleibst. Das eine ergibt ja das andere. Ohne Platten wirst du kaum großartig bekannter werden. Es sei denn, du bist als DJ wirklich konstant jede Nacht und jeden Tag überall unterwegs und wirst dann vielleicht so bekannt, aber wenn du das fast nur über Platten versuchst, dann ist das schon 'ne Menge Arbeit und alles andere als ein leichtes Kunststück.
mmc	Ein gutes Stichwort: Würdest du dich als Künstler bezeichnen?
FM	Ja – als Überlebenskünstler (lacht schallend).
mmc	Und doch noch ein bißchen mehr vielleicht?
FM	Ja, also schon als Künstler, ja. Also sonst hätte ich ja auch weiterhin meinen anderen Job erfolgreich weitermachen können. Wenn's nur ums Geld ginge, dann hätte ich ja gut und gerne meine Roboter weiterbauen können und hätte jetzt wahrscheinlich meine Million im Sack. Da es mir aber nicht darum geht, sondern für mich andere Werte wichtiger sind, bin ich eben umgestiegen.
mmc	Wie würdest du diese Werte beschreiben?
FM	Ganz zentral ist für mich Unabhängigkeit. Jeff Mills hat mal gesagt bzw. sich überlegt: Entweder ich verbringe mein Leben jetzt im Architekturbüro oder ich reise um die Welt und lerne alle Länder kennen. Und die zweite Möglichkeit klingt da ja wohl doch schon interessanter, oder?
mmc	Dem kann ich schlicht nicht widersprechen. Weiter!
FM	Man kriegt die Reisen bezahlt, man kommt viel herum, man kommt nicht als dummer Tourist, sondern man ist immer gleich auch bei den richtigen Leuten, die die Stadt kennen, man braucht nicht groß herumfragen, man kennt und trifft sofort die richtigen Leute, die man sonst niemals kennen würde und, und, und. Ich bin ja vorher schon viel gereist, aber durch diese Art von Herumreisen und mit anderen Leuten Projekte machen, auch im Ausland, um vielleicht auch dort wieder was aus dem Boden zu stampfen, das erscheint mir doch schon echt als erstrebenswert.
mmc	Würdest du dich als Underground-DJ bezeichnen?
FM	Sowohl als auch, aber auch wieder nicht (lacht).
mmc	Also, so sehr ich Paradoxien mag, dennoch: Was heißt das nun, bitte?
FM	Ja, was ist ein Underground-DJ? Einer, der irgendwie No-Name für wenig Geld auflegt, oder ist das jemand, der bekannt ist, hohe Gagen einstreicht und trotzdem coole Musik spielt?
mmc	Das frage ich *dich* ja gerade.
FM	(leicht erregt) Das möchte *ich* mal beantwortet haben. Ich weiß nicht, was einen Underground-DJ auszeichnet. Ich kann dir zwar sagen, was ein Kommerz-DJ ist, aber der spielt eben Musik, die mir einfach zu affig ist und auf die ich weder tanzen kann noch will.

mmc	Okay, versuchen wir es so herum: Was zeichnet also dann für dich einen guten DJ aus?
FM	Ein guter DJ ist jemand, der Spaß bei seiner Sache hat, der sich nicht verkauft, der selbst auf schlechten Großraves immer noch seinen Stil spielt, also einfach sein Ding macht. Denn ich glaube, nur wenn man seiner Sache treu bleibt und sein Ding durchzieht, dann ist man auch gut. Ansonsten hat man eh' schon verkackt. Das geht dann vielleicht ein paar Jahre gut, man macht viel Geld, und dann ist es aber auch vorbei.
mmc	Das klingt mir noch etwas zu pauschal. Gerade weil du das gerade so sagst: Wie würdest du da denn zum Beispiel Westbam einschätzen, der ja nun einer von denen ist, die ganz oben sind?
FM	Den schätze ich schon hoch ein, weil er jemand ist, der seine *roots*, also seine Wurzeln, kennt, sein Ding einfach durchgezogen hat und seiner Linie treu geblieben ist. Er hat sich auch nicht großartig verkauft. Das ist 'ne völlig andere Schiene.
mmc	Welche *roots* sind das deiner Ansicht nach?
FM	Seine *roots*. Die kennt nur er, also die kann ich nicht kennen. Aber ich kenne ihn, und ich weiß, daß er schon immer das durchgezogen hat, was er für richtig hielt. Selbst in seiner Position hat er so einigen Majors immer noch den Stinkefinger gezeigt. Ich habe mittlerweile überhaupt den Eindruck gewonnen, daß das Musikbusiness nahezu aller Majors genauso wie der Waffenhandel läuft. Das ist fast dasselbe, nur vielleicht sogar noch ein bißchen korrupter. Und da wir gerade dabei sind, noch etwas zu Westbams Label ,Low Spirit': Also egal, was man über dieses Label denkt oder weiß oder darüber glaubt oder meint zu wissen: Im Vergleich zu vielen anderen Labels ist es immer noch echt ein „Punk"-Label, weil es nach wie vor seinen eigenen Kopf durchsetzt; eben ganz nach dem *punkigen* Motto: ,Fuck them all'. Das ist das, was ich ihm hoch anrechne, denn er hätte schon längst viel, viel kommerzieller abdriften können, als er es getan hat.
mmc	Habt ihr mal zusammen aufgelegt?
FM	Ja sicher. Auf Maydays oder irgendwelchen anderen Parties.
mmc	Mit wem hast du sonst noch so alles am DJ-Pult gestanden? Nenn vor allem die, die dir persönlich am wichtigsten sind.
FM	DJ Rok, der eine hervorragende CD auf ,Tresor Records' gemacht hat, dann DJ Disko, DJ Hell, dessen Name wie sein Sound einfach ,Hölle' oder eine ,Fahrt zur Hölle' ist (lacht), Marusha, obwohl eigentlich eher weniger, da sie meistens auf anderen Parties spielt als ich. Ach da gibt's so viele Leute, vor denen ich echt den Hut ziehe. So auch vor der ganzen ,SO36'-Crew, dann die Japaner in Tokio, wie DJ Tasaka oder Takkyu Ishino und viele mehr.
mmc	Wie sieht's mit den USA aus?
FM	In den Staaten war ich zwar schon öfter, allerdings nicht als DJ, denn im Bereich Techno und dem Sound, den wir hier machen, ist da echt ziemlich wenig los, auch in Detroit. Die Amis legen ja auch alle mehr

in Europa als in den Staaten auf, weil sie auch ganz gerne einmal Geld verdienen wollen und weil sie auch die meisten Platten hier verkaufen. So ist es eben.

mmc   Da man ja nicht über Geld spricht: Wie haben sich deine Gagen mit der Zeit entwickelt?

FM   Das ist so unterschiedlich. Es gibt Parties, da legt man für'n Appel und 'n Ei auf und...

mmc   Was genau ist ‚ein Appel und ein Ei'?

FM   Fahrtkosten und ein paar hundert Mark. Das hängt auch von den Leuten und der Größe des Clubs ab. Wenn es ein größerer Club ist oder auch bei Großraves, dann zahlen die schon teilweise bis zu ein paar tausend Mark. Das liegt wirklich komplett daran, wo das ist und wer das ist. Das überlasse ich auch voll der Booking-Agentur. Das ist mir eigentlich völlig egal.

mmc   Also ‚Jackfruit)))' handelt das für dich dann jeweils alles aus?

FM   Ja. Nur draufzahlen möchte ich natürlich nicht.

mmc   Klar. Heißt das, daß du deine Preisvorstellungen vorgibst, indem du sagst: ‚Darunter mache ich es nicht'?

FM   Nein. Das entwickelt sich in der Regel von alleine. Also der Markt entwickelt sich sowieso immer mit. Wenn man bekannter wird, gut, dann wird man eben auch irgendwann etwas teurer und sagt, ich will jetzt auch mehr haben. Also dem Geld sind wir ja alle nicht böse. Und wenn ich sehe, was manche Veranstalter an den Parties verdienen, dann ist das auch nur gerechtfertigt. Also wenn da 6000 zahlende Leute in der Halle sind, dann sind höhere Gagen auch legitim.

mmc   Was sind denn ‚höhere Gagen'?

FM   Na ja, die DJs verdienen alle nicht so viel, wenn du das mit Konzerten und den Gagen von Rockbands vergleichst.

mmc   Gilt das auch noch bei der Mayday mit ihren Millionenumsätzen?

FM   Ja sicher. Die kostet, glaube ich, ja auch über eine Million, diese Party.

mmc   Woran verdienst du mehr – an deinen selbstproduzierten oder aufgelegten Platten?

FM   Das DJ-Ding empfinde ich sowieso erstrangig als Produktion. Wenn man Musik macht oder Leute sich entscheiden, Musik zu machen, dann ist das Produzieren einfach wichtiger. Also ich sehe meine Zukunft jetzt auch nicht nur im Techno-Bereich, sondern eher auch in anderen Musikstilen. Produktion ist echt das wichtigste. Am liebsten würde ich eigentlich nur noch jeden Tag im Studio hängen, Musik machen und am Wochenende mit meiner Freundin aufs Land fahren.

mmc   Bastelst du hier in Berlin alleine an deinen Sounds herum oder auch mit Leuten zusammen?

FM   Das ist ganz unterschiedlich. Wie es sich ergibt, und wie ich Bock habe. Auf jeden Fall kenne ich hier genug interessante Leute, die versuchen, ähnliche Vorstellungen umzusetzen wie ich.

mmc   Eigentlich gilt London ja noch als Musikmetropole schlechthin...

FM	(unterbricht) Für uns nicht.
mmc	Wieso?
FM	In London tut sich technomäßig, und so auch für uns, eigentlich gar nichts. London ist zwar eine teure Stadt, aber extrem langweilig, finde ich. Aus eigener Erfahrung kann ich sagen, daß Schottland in bezug auf Techno zum Beispiel viel interessanter ist. Was die elektronische Musik insgesamt angeht, so glaube ich, daß sie bei uns in Deutschland doch generell höher angesiedelt ist als anderswo.
mmc	Mit anderen Worten: Berlin ist für dich so etwas wie „musikalische Hauptstadt" in bezug auf Techno?
FM	Also Köln gilt mehr so als Hauptstadt für elektronische Musik, Berlin steht mehr für Techno und London mehr für Pop-, Rock- und sicher auch Housemusik.
mmc	Mit Beginn der Clubinvasion zu Beginn der 90er gab es in Berlin fast ausschließlich reine Techno- und House-Clubs mit ihren jeweiligen DJs, von manchen etwas abfällig als „Sparten-DJs" tituliert. Würdest du dich als ein solcher „Sparten-DJ" bezeichnen?
FM	(grinst) Als Spaten oder Forke?
mmc	Nein, Sparten – mit rrr.
FM	(kann gar nicht mehr aufhören, zu lachen) Um zu graben?
mmc	Ja genau, um umzugraben. Du möchtest ja ganz offensichtlich doch auch so einiges umgraben, sprich: in der Technoszene etwas verändern.
FM	(wird wieder ernster) Sparten-DJs – was heißt Sparten-DJs? Also ich glaube, alle Techno-DJs sind irgendwie . . . (hält inne und fragt sich) Na ja, sind das wirklich Sparten-DJs? In anderen Bereichen gibt's doch gar keine DJs. Das andere ist doch alles Mumpitz! Also all die, die irgendein Trallala auflegen, das sind doch keine DJs!
mmc	Klingt zwar gut, aber was genau heißt ‚trallala'?
FM	Trallala ist, wenn einer nur eine CD nach der anderen auflegt oder Platte nach Platte spielt ohne inneren Zusammenhang.
mmc	Du meinst, daß es einem DJ darum gehen sollte, auch unterschiedliche Stile miteinander zu verbinden?
FM	(denkt nach) Was heißt Stile? Und überhaupt – dieses ganze DJ-Ding – das ist gar nicht so wichtig. Es geht eigentlich immer noch mehr um die Musik. Denn genau genommen gibt es eigentlich überhaupt keine Stile, sondern nur *neue* Stile. Die Musik gab es eben vor zwanzig Jahren nicht. Und die Sachen, die jetzt rauskommen, gab es vorher auch kaum. Klar sind die schon alle in dem und dem Rhythmus drin. So gesehen – also jetzt nur bezüglich der Taktfrequenz, die aber eben nicht alles ist – ist das immer noch Tanzmusik. Die Leute werden wohl auch immer in dieser Geschwindigkeit tanzen, also so zwischen 135 und 200 BpM. Die kriegen ja im Laufe der Jahre nicht noch ein drittes Bein, mit dem sie dann noch schneller tanzen können (lacht).
mmc	Apropos „Beine": Ein DJ – so hört man immer wieder – hat es heute immer schwerer, ein Standbein oder was auch immer für ein Bein auf

	den Boden zu kriegen. Wo liegen deiner Meinung nach die Schwierigkeiten?
FM	Welche Schwierigkeiten?
mmc	Na, zum Beispiel Clubsterben, Preis-Dumping und solche Dinge.
FM	Also damit habe ich weniger Probleme. Da haben, glaube ich, eher die Veranstalter an sich mit zu kämpfen. Gerade dann, wenn sie nicht mehr ‚up to date' sind oder eben zu alt werden. Genauso wie Leute, wie zum Beispiel Jürgen Laarmann, der dauernd immer schreit: „Techno ist tot". Techno ist nicht tot. Da ist er meiner Meinung nach dann offenbar nicht mehr so ganz auf dem Laufenden, wie übrigens so viele andere Leute auch, die man diesbezüglich hier anführen könnte. Das Problem liegt eher darin, die Leute heute noch zum Rausgehen zu motivieren. Insbesondere in Städten wie in Berlin, wo gerade meine Generation immer ausgehfauler wird. Andererseits gehen die jungen Kids ja immer noch gerne raus. Die gehen aber vielleicht heute nur in andere Clubs und hören mittlerweile andere Musik.
mmc	Aber sind es nicht auch die mittlerweile etablierten und zum Teil festgefahrenen Strukturen der Clubs mit ihren ‚Resident-DJs', also den hauseigenen DJs, die es dem jungen DJ-Nachwuchs erschweren, da einen Fuß in die Tür bzw. hinter das DJ-Pult zu kriegen?
FM	Mag sein. Es gibt eben inzwischen sehr viele Leute, die was machen wollen. Der Weg sieht mittlerweile auch allein deshalb schon so aus, daß du heute ohne Plattenproduzieren eigentlich kaum mehr ein Bein auf den Boden bekommst.
mmc	Wegen der Konkurrenz?
FM	Ich seh' das nicht als Konkurrenz. Wenn man wirklich musikalisch was machen will, dann muß man es eben einfach machen. Trotz allem. Ich meine, wie soll man denn in der Masse auffallen, wenn nicht mit guter Musik!? Es geht eben einfach immer wieder nur um Musik.
mmc	Das klingt nicht nur gut, sondern in bezug auf die Zukunft letztlich auch optimistisch. Wie wird die DJ-Kultur im 21. Jahrhundert aussehen?
FM	Genauso wie vor zehn Jahren niemand sagen konnte, wie sich die DJ-Kultur damals entwickeln würde, kann man auch heute nicht wirklich absehen, wie sie in den nächsten zehn Jahren aussehen wird. Entweder wird sich das ganze DJ-Ding sowieso von selbst erledigen oder eben nicht. Auf jeden Fall werden die neuen Techniken, wie allen voran die Glasfaser- und Internet-Technik, eine wichtige Rolle spielen. Wer weiß, was sich da noch alles entwickelt. Das ist ja alles noch in den Kinderschuhen. Selbst Techno ist noch in den Kinderschuhen, auch wenn immer wieder behauptet wird, daß Techno am Ende ist. Es ist immer noch am Anfang.
mmc	Das finde ich interessant. Erkläre mal, wie du das meinst.
FM	Techno ist einfach noch nicht so populär und belegt vielleicht gerade mal höchstens 4 bis 5 Prozent des gesamten Plattenmarktes, wobei

noch 40 Prozent der Volksmusik gehören und die anderen 50 Prozent dem anderen großen Schrott. Deswegen ist Techno immer noch am Anfang und kann sich so eigentlich nur noch immer mehr ausbreiten.

mmc   Das war offenbar bereits schon einer deiner ersten Zukunftswünsche. Welche anderen gibt es sonst noch, und wie sehen deine Zukunftspläne und Befürchtungen aus?

FM   Zukunftswünsche – oh je – da gibt's so viele! Wenn ich die alle aufzählen würde, dann könntest du vermutlich ein ganzes Buch drüber schreiben.

mmc   Gewinne ganz so den Eindruck – wer weiß, vielleicht beim nächsten Mal. Im Moment liegen mir jedoch vor allem jene Zukunftsvisionen am Herzen, die dir besonders am Herzen liegen.

FM   Nun, das ist ganz klar meine Musik. Ich will am liebsten nur noch im Studio sitzen, meine eigene Musik weiterentwickeln und noch viel mehr reisen. Zum Beispiel habe ich einen Onkel in Brasilien, der da Missionar ist und dem ich gerne mal irgendwann beim Ausbau seiner ‚SOS'-Kinderdörfer unter die Arme greifen würde. Es gibt noch so viele andere interessante Sachen auf diesem *planet*, außer immer nur 24 Stunden rund um die Uhr Musik zu spielen. Dennoch wird bei mir Musik sowieso immer mit 'ne Rolle spielen, aber vielleicht nicht auf Dauer die Hauptrolle. So langsam aber sicher werde ich mein Domizil in Berlin wohl wechseln, die Zelte abbrechen und wieder mal woanders hinziehen.

mmc   Weißt du schon wohin?

FM   Das weiß ich noch nicht so genau. Irgendwohin. Aber auf jeden Fall dahin, wo 'ne Küste in der Nähe ist, wo andere, wärmere Temperaturen herrschen und wo der Dialekt etwas freundlicher ist.

mmc   Seit deinem Karriereabbruch im Müllentsorgungsbereich vor sechs Jahren hat dich die „DJ-Reise" nicht nur rund um die Welt geführt, sondern sie führte auch dazu, daß du mittlerweile eigentlich mit fast allen sogenannten ‚VIPs' der Technoszene vertraut bist und mit ihnen z.T. ja auch feste Bekanntschaften und Freundschaften pflegst. Gleichzeitig wittere ich, gerade *wegen* deiner zahlreichen Erfahrungen, auch eine gewisse Verbitterung. Wie sieht dein Resumée aus?

FM   Nun ja – damals dachte ich: ‚Okay, da du keine Lust mehr hast, mit so vielen langweiligen Beamtenidioten zusammenzuarbeiten, gehe ich jetzt in die Musikszene.' Und auf diesem Weg bin ich wohl nicht nur vom Regen in die Traufe, sondern echt ins Güllefaß gefallen (lacht herzhaft), denn nirgendwo gibt es so viele Idioten, Trittbrettfahrer und lebensunerfahrene Penner wie in der Musikszene. (Holt aus) Das ist schon ein Wunder, daß die sich überhaupt am Flughafen einchecken können und dabei nicht verunglücken. Dennoch: Ich bereue nichts.

mmc   Warum auch? Denn, um dein Bild aufzugreifen, ist das Leben, insbesondere für diejenigen, die versuchen, etwas anderes zu machen als der Durchschnitt, nicht immer so: Start, Landung, manchmal eben auch auf dem unsanften Boden der Tatsachen und dann wieder: Neustart?

FM   Ja, so ist es wohl.

3. Techno-Talk III mit Regina Baer, Geschäftsführerin des ‚Tresor', Berlin – „Eigentlich sind wir ja mehr eine Chaostruppe"

Regina Baer, 32, die, wie sie es bezeichnet, aus „Deutschlands Provinzhauptstadt Hannover" stammt, konnte es folglich an diesem Ort der Welt schon mit 20 nicht mehr (aus)halten. Seitdem lebt sie in einer anderen Hauptstadt, in Berlin, wo sie sich anfangs mit Jobs über Wasser hielt und sich mit dem Studium von Amerikanistik, Germanistik und Publizistik aufhielt, bis sie auch davon nichts mehr hielt. „Einfach zu langweilig." Und dann? Dann gab es auf einmal kein Halten mehr. Denn plötzlich hält sie nicht nur den Schlüssel zum Tresor in ihren Händen, sondern führt diesen auch mit viel Geschick, vor allem aber mit viel Herz und – Chaostruppe hin oder her – Verstand:

mmc = Martin M. Coers
RB = Regina Baer

mmc   Laß uns doch gleich mit der Tresortür ins Haus fallen: Wie wird man Geschäftsführerin von *dem* Technoschuppen schlechthin?

RB   (schmunzelt) Ich bin *entdeckt* worden. 1990/91 – von Dimitri. Und Dimitri hat mir dann den damals noch nicht existierenden Tresor gezeigt und mir in blühenden und glühenden Farben geschildert, wo was ist, besser: wo was sein könnte und sein müßte. Fakt war damals, daß es sich um einen Keller handelte, wo eigentlich nur Schutt rumlag, der einem ungefähr bis zu den Kniekehlen ging. Es war kalt, es gab kein Licht, du konntest eigentlich gar nichts sehen. Aber Dimitri konnte sich dort gleich alles vorstellen. Und auch ich dachte: ‚Is' ja genial, is' ja absolut genial – diese Schließfächer überall!' Denn ich habe auch Geschichte der Technik studiert, und mich interessierten diese rostigen alten Stahldinger. Das fand' ich ganz faszinierend, und daraus einen Club zu machen, noch viel faszinierender. Da meinte Dimitri plötzlich zu mir, ich sollte die Bauleitung übernehmen, was (stöhnt leicht) natürlich für eine Studentin erst mal ‚ne ziemliche Aufgabe ist. Tja, und dann habe ich mit ein paar Leuten angefangen, den Schutt wegzufahren (lacht in sich hinein) und all

	das zu tun, was eben mindestens nötig ist, um daraus einigermaßen einen Club zu machen, in den man auch die Öffentlichkeit reinholen konnte. Das mindeste war also ein bißchen Licht, ein bißchen Strom, eben für die Plattenspieler, und natürlich auch Musik – das war dann auch schon der Feinschliff (fängt furchtbar an zu lachen).
mmc	Und vielleicht noch ein kleiner Mietvertrag?
RB	Es gab einen Mietvertrag, ja. Also wir waren sozusagen im Vergleich zu all den damaligen illegalen Veranstaltungen geradezu unglaublich legal.
mmc	Mit wem wurde der Mietvertrag abgeschlossen?
RB	(leicht süffisant) Nun ja, ... mit dem Bund. Also, das war alles nicht so ganz klar, da der Bund ja auch im Osten eine Verwaltung hatte, und die wußte zu Beginn der Wende selbst nicht so recht, was sie mit uns nun anfangen sollten. Das war schon alles sehr *strange*.
mmc	Wer bildete damals das Kernteam?
RB	Dimitri Hegemann, Achim Kohlberger und Johnny Stieler, der jedoch ziemlich früh ausgestiegen ist. Achim Kohlberger hat dann damals irgendwann das ‚Fischlabor‘, das ja auch Kult war, bekommen und wir den Tresor. Es gab dann eben eine Ausgleichszahlung, und seitdem läuft der Tresor nur mit Dimitri und ohne Kohlberger.
mmc	Und auch mit vielen Frauen.
RB	Stimmt. Wir sind ein von Frauen dominiertes Unternehmen. Und das hat auch gute Gründe: Denn was uns Frauen auszeichnet, ist bekanntlich Nervenstärke und eine unglaubliche Zähheit (lacht), und beides das brauchen wir bei dem Chaos, das hier bei uns manchmal ausbricht, nun wahrlich. Man denkt ja eigentlich immer noch, Techno sei eine Männerdomäne – stimmt nicht! Unsere GmbH wird von zwei Frauen, Carola Stoiber und mir geleitet, und Dimitri ist und bleibt der Kopf von Tresor. Aber er hat eben die ganzen Sachen, die das tägliche Geschäft angehen, abgegeben. Das ist auch gut so, denn ein kreativer Kopf sollte sich immer frei halten. Sonst wird bald alles *too much* und es kann vieles schnell schiefgehen.
mmc	So wie bei vielen anderen Clubs. Wie konnte sich der Tresor im Gegensatz zu all den anderen Berliner Clubs der ersten Stunde so lange erfolgreich halten? Gibt es da ein spezielles Geheimkonzept, das irgendwo im Verborgenen in einem der Schließfächer liegt?
RB	(lacht) Auf jeden Fall. Also das Geheimnis habe ich natürlich einbetoniert, is' doch klar. – Nein, ich denke schon, daß wir ein Konzept haben. Das wurde mal in einer Zeitung ganz gut ausgedrückt, die von uns behauptete, daß wir die Sturheit auf unsere Fahnen geschrieben hätten und daß die eben unser Erfolgsrezept ist. Stimmt in gewisser Weise auch: Wir sind nämlich *straight* Techno. Allein deshalb sind wir schon anders als viele andere Veranstalter. Denn Veranstalter richten sich oder glauben immer, sich nach irgendwelchen Strömungen richten zu müssen, und das ist bei uns eben nicht so. Außerdem bilden wir uns auch was auf unseren *Background*, den sogenannten, ein. Wir haben nun einmal von Anfang

viel Kontakt zu den Künstlern gehabt und halten das auch nach wie vor für zentral und für sehr inspirierend. Wir sind auch keine Booking-Agentur, auf die bzw. in die sich die meisten Veranstalter ja auch noch häufig gestürzt haben. Insofern sind wir ganz *basic*.

mmc Da du gerade von Inspiration sprichst: Welche Clubs haben euch damals inspiriert, welche heute?

RB Clubs, die uns inspiriert haben, gab es so eigentlich nicht. Es gab Vorgänger. Zum Beispiel das ‚UFO' in der Köpenicker Straße. Und das war einfach mal ein super Kellerloch, das war eine niedrige Lehmbude, du mußtest den Kopf einziehen, und es tropfte von der Decke. Und wenn man das als Vorbild nimmt, dann war das bestimmt auch eins. Aber es ging eigentlich um Underground-Kultur und darum, für deren Musik den richtigen Raum zu finden, denn schließlich gab es zu dieser Zeit einfach nichts.

mmc Und heute? Gibt es da für euch Vorbilder?

RB Nee, ich glaube wir sind Vorbild für andere. Ich glaube, dieses Underground-Ding, das auch nur in Berlin möglich war, das ist in keinen anderen Städten oder Metropolen mehr so möglich. Deshalb ist der Tresor ja auch das letzte Überbleibsel. Auch heute wäre das *so* nicht mehr möglich.

mmc Welche Zielgruppe habt ihr damals angesprochen und welche heute? Irgendwelche Unterschiede?

RB Es sind eigentlich immer all die Leute, die diese Musik auch interessiert. Und die haben wir auch immer angesprochen. Früher haben die sich vielleicht etwas anders gekleidet und anders verstanden als die Jugend heute, aber eigentlich, also insgesamt, geht es um Jugendkultur. Und das ist die Szene, die wir ansprechen möchten.

mmc Gibt es noch so etwas wie das „alte Stammpublikum" von damals, oder sind die inzwischen alle ausgehfaul geworden?

RB (grinst mich an) Das weißt du ja von dir selbst auch. Ich meine, wir verändern uns eben. Die, die wir früher die Macher und die Ausgeher gleichzeitig waren und uns sieben Tage lang – es war ja wirklich so – Tag und Nacht um die Ohren gehauen haben (der Tag fing ja auch erst ab 14 Uhr an), kriegen das heute einfach mal nicht mehr auf die Reihe. Das gilt auch für das alte Stammpublikum. Die sind jetzt logischerweise weiter in ihrer Entwicklung und (zögert) in ihrem Lebensstand – in Anführungszeichen. Sie sind nun einmal alle über dreißig.

mmc Wie kümmert ihr euch um euer jetziges Publikum? Oder hat das einer der weltweit bekanntesten Clubs nicht mehr nötig, da er quasi „von selbst" läuft?

RB Nee. Diese Einstellung hatten wir auch mal 'ne Zeit, aber das stimmt ja so nicht. Also wir geben uns schon ziemlich viel Mühe. Das heißt, wir haben natürlich eine Internetseite, wir machen auch regelmäßig unsere schönen und unverwechselbaren Flyer, die daher immer sehr schön zu erkennen sind, und wir waren, glaube ich, auch die ersten, die eigentlich so etwas wie eine kleine Kommunikation mit unserem Publikum gemacht haben. Wir schreiben zum Beispiel immer was zu

Viel Raum für kistenweise neue Platten und Ideen: das Tresor-Office in
Berlin-Kreuzberg

den Künstlern, weil man einfach nicht davon ausgehen kann, daß
alle so viel über diese Leute wissen wie wir. Deshalb gibt es auch
immer zum Teil sehr ausführliche Textbeiträge zu einzelnen Künstlern und DJs: wer das ist, woher sie kommen, was die machen und
so weiter. Wir verstehen uns eben auch als ein Organ, ein Sprachrohr für Techno.

mmc   Wie würdest du als Geschäftsführerin also die Unternehmensphilo-
sophie des Tresors zusammenfassend definieren?

RB   Wir sind sehr klar und deutlich, sowohl in unserem Erscheinungsbild
als auch mit allem anderen, was wir tun. Und ich denke, daß wir uns
auch eine große Portion Idealismus bewahrt haben, der bei vielen ja
doch ganz schön abhanden gekommen ist. So würde ich uns
eigentlich sehen, und so sehen wir alle uns auch untereinander.

mmc   Wer ist „alle"?

RB   Wir sind nicht viele, denn wir sind ein super kleines Unternehmen.

mmc   Was heißt „klein"? Wieviele Tresorkinder gibt es denn?

RB   Nun – wir haben zwar ein Büro, das total schön ist, aber selbst wenn
alle da sind, sind wir hier nicht mehr als 8 bis 10 Leute. Und die sind
ja auch nicht immer alle gleichzeitig hier.

mmc   Das paßt ja auch ganz gut zu eurem Underground-Image. Wie und
mit welcher Berechtigung kann man bzw. könnt ihr das eigentlich
noch aufrechterhalten?

RB   Das stimmt so nicht ganz. Unsere *Wurzeln* liegen im Underground,
und die behalten wir auch. Darauf legen wir schweren Wert und ver-

137

halten uns auch entsprechend. Aber es ist nicht so, daß wir unbekannt sind. Also wie damals, als niemand, der nicht in der Szene war, wußte, wie man uns findet. Wir kommunizieren uns ja auch. Und wir haben eine gewisse Form von Arroganz, die früher einfach zum guten Ton gehörte, abgelegt.

mmc   Klingt ja geradezu vorbildlich. Glaubst du denn auch, daß ihr vielleicht auch so etwas wie eine Vorbildfunktion habt?

RB   Du hast immer, wenn du dich als Jugendkultur-Macher verstehst, eine Vorbildfunktion. Am wichtigsten dabei ist, glaubwürdig zu bleiben. Meine oder unsere allgemeinen Vorstellungen und Moralvorstellungen genauso wie unsere Ideale, die vertreten wir auch nach wie vor. Ich denke, daß das auch das einzige ist, was du machen kannst: diese Ideale glaubwürdig nach außen hin vertreten. Also vor allem Klarheit und Aufrichtigkeit. Nur so kann man sich positiv von anderen wie auch anderen Clubs unterscheiden.

mmc   Mit welchen Clubs auf der Welt würdet ihr euch denn vergleichen? Oder seid ihr einfach unvergleichbar?

RB   Ich weiß nicht, ob wir unvergleichbar sind, aber ich möchte mich eigentlich mit keinem Club vergleichen. Wir sind jedoch aus einer unvergleichlichen Situation heraus entstanden. Insofern suchen wir auch niemanden, der uns ähnlich ist oder dem wir nacheifern können. Ich glaube, das wäre auch zu viel verlangt. Selbst wenn wir uns in nächster Zeit selbst neu kreieren müßten, würde es den Tresor, oder wie auch immer er dann heißen würde, nicht mehr so geben. Der Tresor ist nun einmal ganz klar gebunden, nämlich an den Tresorraum. Das Ganze ist aus einer gewissen und gewiß einmaligen Zeit geboren, es hat auch noch mit der Zeit zu tun, und die Zeit ist auch noch nicht rum.

mmc   Für das geräumige ‚E-Werk' ist die Zeit hingegen schon seit geraumer Zeit rum. Wie seht ihr euch denn im Vergleich zu diesem ehemaligen Techno-Flagschiff?

RB   Wir sind überhaupt nicht vergleichbar mit dem ‚E-Werk'. Wir waren und wollten nie eine Rave-Halle sein. Wir sind und wir bleiben ein Club. Ich habe mich immer dagegen gewehrt, eine Halle aufzuziehen. Das fand ich noch nie schön, selbst als Clubbesucher, weil du da immer irgendwie ausgeliefert bist. Bei uns hingegen hattest und hast du immer die Gelegenheit zu gehen, um in einen anderen Clubbereich zu verschwinden und auch andere Musik zu hören. Wir haben ja nicht nur einen, sondern immer mindestens zwei bis drei DJs. Und dann haben wir ja auch noch den Garten, der mit der Zeit ja auch immer größer und beliebter geworden ist.

mmc   Diese private Atmosphäre spielte und spielt also offenbar immer noch eine große Rolle?

RB   Ja, und zwar nicht nur für Clubmitglieder, sondern für alle. Ich meine, im ‚E-Werk' konntest du das auch haben, aber dann mußtest du eben zur ganz engen Crew zählen...

mmc   ... du meinst, um dort in die VIP-Lounge zu gelangen?

RB	Ja. Bei uns ist es so, daß *jeder* irgendwo untertauchen und sich mit seinen Leuten treffen und zurückziehen kann.
Mmc	Also keine große VIP-Schaukel, die irgendwo in eurem Stahlbeton-keller an einem der Stahlbetonträger befestigt ist?
RB	Auf keinen Fall. Es gibt natürlich 'nen *Backstage*, aber das ist eben nur ein *Backstage*, in dem sich die Leute kurz ausruhen, um wieder nach vorne zu gehen. Diese ‚VIP'- und ‚Wir-sind-ja-so special'-Ten-denz fand ich schon immer wenig originell und noch nie unterstüt-zenswert. Auch da halten wir an unserem Konzept fest.
mmc	Seid ihr schon einmal kopiert worden?
RB	Der Name, das Logo u. s. w. Alles. Klar – logisch (lacht). Jedesmal wenn wir kopiert werden, dann halten wir das streng geheim (lacht) und untersagen das den Leuten, ist doch ganz klar. Doch ernsthaft: Wir versuchen da schon sehr stark, ein Auge drauf zu halten. Denn eine Marke will nun einmal geschützt sein.
mmc	Gab es deswegen auch schon mal ein paar Gerichtsverfahren?
RB	Doch, die gab es schon. Auf jeden Fall die Androhung eines solchen. Oft lohnt sich das ja auch nicht unbedingt, da der finanzielle Auf-wand häufig höher ist als das, was am Ende dabei herauskommt.
mmc	Wieviel muß man denn bei euch an Eintritt zahlen, um in die heiligen Hallen, pardon – Clubgemächer, zu gelangen?
RB	Auch da sind wir irgendwie sehr altmodisch. Wir haben immer noch die Preise von damals. Also sowohl was die Getränke- als auch die Eintrittspreise betrifft: Ein Bier kostet, was zumindest heute wirklich nicht überteuert ist, 5 Mark. Die Eintrittspreise gehen von 10 Mark am Freitag bis 15 oder 20 Mark, wenn ein *Act* da ist, am Samstag. Und am Mittwoch, dem Nachwuchstag, an dem aber immer auch bekannte DJs auflegen, kostet es nur 5 Mark. Und ich denke schon, daß jeder, der selbst noch kein Geld verdient, diese Summe auch verkraften kann. Ich finde es auch ganz, ganz wichtig, daß es diesen 5 Mark-Tag gibt, an dem die Leute für wenig Geld ausgehen können. Denn wenn du kein Geld hast, ist die Clubszene wirklich schwer zu erobern.
mmc	Ohne Geld kann man aber auch keinen Club betreiben. Wie kommt ihr sonst noch an euer Geld?
RB	Och – wir arbeiten und verdienen eben.
mmc	Nein, das wird ja immer vorbildlicher. Etwa keine Sponsoren?
RB	Wir haben keine Sponsoren, wenn man mal davon absieht, daß wir in unserem Club seit Ewigkeiten mit einer Zigarettenfirma zusammenarbeiten ...
mmc	Danke für die hiermit bewiesene Aufrichtigkeit. Ich wäre ja sonst auch wirklich ganz „paff" gewesen. Und wer ist das, wenn ich fragen darf?
RB	Das ist ‚Philip Morris', und das hat auch was mit unserer Firmenphi-losophie zu tun. Denn das waren die, die Dimitri ganz am Anfang *nur für eine Idee* Geld gegeben haben. Sonst hätten wir gar nicht starten können. Wir brauchten damals – heute 'ne lächerliche Summe – so

	um die 20 000 Mark, und die haben einfach mal an uns geglaubt. Und später, schon zwei Wochen, nachdem der Tresor stand, da haben sie uns alle die Bude eingerannt und wollten unbedingt, ja...
mmc	Du meinst andere Sponsoren?
RB	Ja genau, aber auch andere Zigarettenfirmen...
mmc	..., die ihr dann aber auch alle abgelehnt habt?
RB	Na klar. Also so einfach läuft es dann ja doch nicht: Einfach nur für eine Idee Geld zu geben oder hinterher dann einfach einsteigen zu wollen, das ist ein *riesengroßer* Unterschied. Und da bleibe ich doch lieber bei den Leuten, die uns auf die Beine geholfen haben und die einfach so an uns glauben.
mmc	Ein weiteres Standbein ist ja auch noch euer Label ‚Tresor Records‘. Wann wurde dieses Label gegründet?
RB	‚Tresor Records‘ ist, wie der Name schon vermuten läßt, zusammen mit dem ‚Tresor Club‘ gegründet worden. ‚Tresor Records‘ ist aber eigentlich aus dem schon vor Tresor-Zeiten existierenden Label ‚Interfish Records‘ von Dimitri und Achim heraus entstanden. Daher stammt auch der Name unseres gesamten Unternehmens, das sich ‚Interfish/Tresor‘ nennt. ‚Interfish/Tresor‘ ist also der Oberbegriff, unter dem sich ‚Tresor Club‘ und ‚Tresor Records‘ befinden.
mmc	Aha. Ist ja gar nicht so schwierig.
RB	(lacht) Sicher nicht so schwierig wie die Labelarbeit.
mmc	Wieso?
RB	Na ja, weil man zum Beispiel viel vorfinanzieren muß. Wir haben viele, sehr, sehr gute Künstler, was eben auch daran liegt, daß wir sie gut behandeln. Das heißt, daß man seine Vorschüsse ordentlich zahlt und regelmäßig die Lizenzen bezahlt. Und wenn es da mal gewisse *Cash-Flow*-Probleme gibt, was immer wieder mal passiert, dann packt eben der ‚Tresor Club‘ auch mal was zum Label dazu. Das heißt aber nicht, daß es nicht auf eigenen Füßen stehen kann. Vor allem aber muß man seine Künstler pflegen. Das sind ganz sensible Pflänzchen.
mmc	Welche DJs habt ihr unter Vertrag?
RB	Das sind ja nicht nur DJs; in erster Linie sind das Musiker und *unter anderem* DJs. Christian Vogel ist einer unserer bekanntesten, dann haben wir natürlich die alten Jeff Mills-Sachen, der auch noch weiterhin mit uns arbeitet, obwohl er sein eigenes Label ‚Axis‘ hat, ferner Black Baxter und viele andere aus der ganzen Detroiter Reihe und viele, viele mehr.
mmc	Was ist deiner Ansicht nach der Unterschied zwischen ‚Tresor Records‘ und zum Beispiel ‚Low Spirit‘ oder anderen vergleichbar groß gewordenen Labels dieser Art?
RB	Ich denke die gesamte Herangehensweise. Also Achim und Dimitri, der früher ja auch die auf experimentelle, elektronische Musik ausgerichteten ‚Atonal-Festivals‘ gemacht hat, haben das aus ’ner Liebe heraus getan und nicht, um in erster Linie damit Geld zu verdienen. Viel wichtiger war es ihnen, gewisse Sachen eben auch ein-

fach mal gemacht zu haben. Wir machen unser Label nicht, um irgendwelche Künstler, die zufällig neben uns wohnen oder die *irgendwas* machen, zu vermarkten, sondern wir holen uns die Künstler, von denen wir glauben, daß sie auf unserem Label vermarktet werden sollten.

mmc In welcher Weise, du erwähntest es bereits, engagiert ihr euch für den Musik- und DJ-Nachwuchs in eurem Club?

RB Ich denke, daß wir der erste Club waren, der sich überhaupt um den Nachwuchs gekümmert hat. Wir haben unseren Mittwoch eingerichtet, an dem die Nachwuchs-Künstler, also die DJs, die sonst nie 'ne Chance hätten, irgendwo aufzulegen, weil immer nur die alten Helden mit den ziehenden Namen gebucht werden, ihre ersten Versuche machen können, sprich: das erste Mal auf 'ner Bühne stehen und vor Publikum spielen können.

mmc Das heißt, die klopfen dann alle bei dir an die Tür und sagen: „Ich will auch mal"?

RB Zum Teil. Es gibt aber auch jemanden, der sie betreut. Das geht ja auch gar nicht anders, da so eine Clubanlage ja was völlig anderes ist als die zwei Plattenspieler, an denen sie bei sich zu Hause unheimlich geübt haben. Bei allen, die auflegen wollen, heißt es natürlich erst einmal: „Tape her!", und wenn das Demo-Tape von jemandem gut ist, dann wird er auch eingesetzt. In der Regel legen sie dann erst mal so eine bis eineinhalb Stunden auf, und wenn sie besser werden, entsprechend etwas länger. Später kommen sie dann vielleicht ins Vorprogramm oder kriegen auch mal am Freitag 'ne Schicht, in der sie auflegen können.

mmc Wer sind eure *Resident*-DJs?

RB Oh – da gibt es auch jede Menge, ich kann sie gar nicht alle aufzählen. Wir haben ganz, ganz viele, gerade weil wir sehr viel Nachwuchsförderung machen. Daraus hat sich dann auch wieder ein Pflänzchen entwickelt, in dem Sinne, daß wir einige von ihnen eben auch weiterbuchen. Aber wir sind, wie gesagt, keine Booking-Agentur. Es geht einfach darum, daß man sich um diese jungen DJs auch kümmert. Und das macht vor allen Dash, der selbst aus dem Nachwuchs gekommen ist, mittlerweile aber eine Führungsposition für die jungen Leute übernommen hat, für die er 'ne ganze Menge in Bewegung setzt.

mmc Was ganz anderes: Mit dem Nachwuchs scheint ihr ja offenbar gut umzugehen, doch wie geht ihr mit der Drogenproblematik, konkret, mit den Dealern um, die sicher auch öfter mal im Club auftauchen?

RB Also diese Problematik ist schon lange keine *große* Problematik mehr. Das war eine Zeitlang so, und eine Zeitlang haben wir auch entsprechend ganz, ganz, ganz, ganz viel Geld dafür bzw. dagegen investiert, um dieses Problem ganz klein zu halten.

mmc Wie geht so etwas, wenn so etwas überhaupt geht?

RB Indem du ganz viele *Securities*, also Sicherheitsleute, im Club hast, damit sich die Leute unter Beobachtung fühlen und damit sich die

Dealer da nicht ihr Wohnzimmer einrichten können. Das ist ja manchmal so. Die Dreistigkeit kennt ja oft keine Grenzen. Also du mußt schon einen gewissen Rahmen schaffen, in dem sich gewisse Leute, also die Dealer, *nicht* wohlfühlen. Anders geht's nicht. Was die Leute sonst so machen (hält kurz inne) – du kannst ja nichts tun –, und Drogen gehören nun einmal auch zu jeder Jugendkultur dazu, aber das, was ich machen kann ist, dafür zu sorgen, daß sie sie *nicht* in unserem Club kaufen, auf keinen Fall. Und wenn so etwas passiert und wir das mitkriegen, dann heißt es sofort „raus!", und es gibt auf der Stelle Hausverbot.

mmc   Wie ist denn euer Verhältnis zu den anderen Clubs und deren Betreibern?

RB   (wieder etwas süffisant) Das gibt es.

mmc   Also nicht nur Love, Peace & Unity?

RB   (lacht) Nein, ach Quatsch, das gab's ja noch nie. Ich meine, man kennt sich, und man respektiert sich.

mmc   Wie oft seid ihr überhaupt bei der Love Parade mit einem Wagen mitgefahren?

RB   Nur einmal. Das war ganz am Anfang auf dem Ku-Damm, 1991 oder 1992. Da haben wir uns ein ganz kleines Autochen gemietet, so im Format eines kleinen Möbelumzugswagens, über den wir 'ne Tresorplane rübergeschmissen haben und in dem wir 'ne Nebelmaschine und eine mega-fette Anlage drinhatten. Das hat einfach einen Riesenspaß gemacht, die Love Parade selbst war aber noch sehr klein.

mmc   Und danach?

RB   Danach haben wir uns dann nur noch auf unsere eigenen Parties und die nach der Love Parade konzentriert. Und es ist ja klar, daß wir uns für diese spezielle Party, schließlich hat der Tresor einen weltweiten Ruf, noch einmal extra viel Mühe geben. Denn zu dieser speziellen Tresor-Party kommen die Leute wirklich aus der ganzen Welt. Dann sind wir einmal ganz kurz dieses winzige Unternehmen Tresor, das einmal ganz groß und *open air*, nämlich von unserem Grundstück am Potsdamer Platz aus bis fast zum Leipziger Platz, aufgebläht wird. Das bedeutet jedoch vorher ganz furchtbar viel Streß, besonders mit den Ämtern, die irgendwie nicht einsehen wollen, daß Love Parade Ausnahmezustand und gerade deshalb auch Zusammenarbeit bedeutet. Also dieses Verständnis ist noch nicht ganz da, wir arbeiten aber dran. An diesem Wochenende herrscht aber nun einmal Anarchie, und wenn man Anarchie nicht gemeinsam in Wege leitet, dann gleitet sie eben auch aus den Händen. Ich hoffe, daß die Ämter diese Lektion jetzt gefressen haben und uns in den nächsten Jahren etwas freiere Hand lassen. Denn wir wissen nun einmal, wie man mit Massen umgeht, und daher wissen wir auch, wie und unter welchen Voraussetzungen die Bewegung so *peaceful* bleibt, wie sie ist.

mmc   Da du gerade von der Zukunft sprichst: Wie lange, glaubst du, gibt es euch noch am angestammten Ort, also auf dem Grundstück am Potsdamer Platz, wo die Baukräne nur so kreisen?

Verschwommene Zukunftsaussichten: Modell des geplanten ‚Tresor-Tower'
am Potsdamer Platz

RB   Oh – schwierige Frage, ganz schwierige Frage. Wir profitieren von
einer Situation, die sich dort aufgrund einer Pleite ergeben hat: Das
Grundstück war ja schon verkauft worden, wurde dann aber wieder
rückübereignet, und jetzt gibt es (leichtes Schmunzeln) *wieder* mehrere Verwaltungsstellen, die nun *wieder* alle überlegen: „Machen wir
eins draus oder machen wir Parzellen?" Und Planung dauert in
unserem Staat ja immer ein bißchen länger. Selbst wenn da ein großes Interesse existieren würde, das schnell zu erledigen, einfach
auch, um sich der gesamten Baustelle dort endlich zu entledigen,
denke ich, wird das erfahrungsgemäß doch nicht ganz so schnell
erledigt sein.

mmc   Aber der neue Tresor, der sogenannte ‚Tresor Tower', wird auf jeden
Fall am angestammten Ort hochgezogen werden?

RB   Weiß ich nicht. Ich kann nicht in die Zukunft gucken. Wirklich nicht.
Das hängt alles von so vielen Faktoren ab. Unter anderem natürlich
auch davon, daß man Leute findet. Denn so viel Geld haben wir nun
wirklich nicht, daß wir uns dieses Projekt selber leisten könnten. Aus
der Portokasse ist so was nicht zu bezahlen. Das sind nun mal einfach Millionenbeträge. Außerdem muß man ja auch bedenken, daß
die Location genau zwischen sämtlichen Regierungsgebäuden liegt.

Die Love Parade, Berlin – Liebe ohne Grenzen

Wir lägen dann schon bald gegenüber vom Finanzministerium. Einen besseren Standort kann es doch für einen ‚Tresor' gar nicht geben, finde ich. Man weiß aber nicht, ob das nun so einfach akzeptiert wird. Und ob wir aufgrund dieser insgesamt doch wirklich nur sehr schwer kalkulierbaren Situation überhaupt Investoren finden werden, ist entsprechend schwer einschätzbar.

mmc Und wie schätzt du die Zukunft der Berliner Clublandschaft ein?
RB Alles immer in Bewegung. Und wenn es nicht so ist, dann ist es traurig. Es bleibt aber Gott sei Dank ganz viel in Bewegung, und das finde ich auch sehr, sehr schön. Sonst wär' Berlin nicht Berlin und ich wär', glaube ich, auch nicht mehr hier.

IV. Techno & die Love Parade – nur Friede, Freude, Eierkuchen?

„Die Straße ist der Laufsteg
auf dem man nicht ohne Stolz
die neuesten Spielarten
der Identifikationsfindung
und Abgrenzung
vorführt."

Sommer & Wind

1. Erst eins, dann zwei, dann drei, dann vier, dann steht die Zukunft vor der Tür

Als am 2. Juli 1989 in Berlin „die ersten versprengten Verrückten hinter einem Lieferwagen mit aufgedrehter Anlage den Ku-Damm runterhopsten, dachte mit Sicherheit keiner der Mitwirkenden daran, daß aus diesem *Gimmick* mal ein Wirtschaftsfaktor und eine Touristenattraktion von internationaler Bedeutung entstehen sollte. Aus Liebe zur Housemusik taten sie einfach, was sie tun mußten, und heraus kam eine jährliche (angemeldete und genehmigte!) Demonstration (...).“[89] Einer dieser „Verrückten“, der bereits erwähnte UFO-DJ Dr. Motte, alias Matthias Roeingh, erinnert sich: „Auf einer Stehparty hatte ich schreckliche Langeweile – da kam mir die Idee.“[90] Die „Love Parade“ war geboren. Ein bisher auf entlegenen, subkulturellen Dancefloors ausgelebtes jugendliches Lebensgefühl tauchte ungefragt auf, machte sich phonstark öffentlich, tanzte im *Herzen* West-Berlins, erläuterte auf irritierte Nachfrage knapp, daß es um „Friede, Freude, Eierkuchen“ ginge, und tauchte wieder unter. Initiationsritus abgeschlossen. Ende der ersten Demonstration. Und der Beginn einer völlig neuen Art von Kundgebung, in deren Zentrum ausschließlich die Demonstration von Lebensfreude und Lebenshunger steht. Nicht mehr, aber auch nicht weniger. Weitere Demonstrationen dieser sonderbaren Art folgen seitdem jährlich, Teilnehmerzahl steigend:

So ahnten bereits ein Jahr später, im Juli 1990, 2 000 Teilnehmer, daß die Zukunft entsprechend des Mottos „The future is ours“ ihnen gehören würde. Sie täuschten sich nicht: 1991 hüpften schon 6 000, 1992 trotz anhaltender Wolkenbrüche 15 000 und 1993 gut 30 000 Kids über Berlins „Vorzeige-Boulevard“, so daß es von nun an auch bei Presse, Funk und Fernsehen anfing zu „funken“, die die Love Parade 1994 unter dem Motto „Worldwide partypeople weekend“ erstmals zum Medienereignis machten. Dieses Motto war durchaus nicht übertrieben, denn diesmal fanden erstmals 100 000 „partypeople“ aus allen möglichen Ecken der Welt liebevoll zusammen und demonstrierten auf diese Weise ganz nebenbei, daß es sich bei dieser „Wahnsinns fetten Beute“ wohl kaum um einen, hoffentlich schnell vorübergehenden, nationalen Spuk handelte. Mit ca. 300 000 Teilnehmern, die 1995 für „Peace on earth“ auf dem Ku-Damm tanzten, wurde es jedoch auch den Love Parade-Veran-

Vorbereitungen zur Love Parade '99 – Technik für mehrere 100 000 Watt Techno- und Multimedia-Power

staltern gespenstisch zumute, und DJ Dr. Motte plädierte für eine neue, vor allem größere Route. Nach zähem Ringen mit den Berliner Behörden einigte man sich schließlich auf die Strecke vom Ernst-Reuter-Platz, von wo aus die Musikwagen nun über die Straße des 17. Juni entlang des Tiergartens bis zum Brandenburger Tor fahren sollten. Der erste Probe-Lauf bzw. die erste Tanzerprobung der neuen Strecke, einst militärisch als Aufmarschroute aggressiv-expansiver und fataler Großmachtphantasien erprobt, wurde am 13. Juli 1996 mit über 750 000 Ravern aus aller Welt zur größten und friedlichsten Demonstration in der Geschichte der Bundesrepublik. Daß hiermit unüberseh- wie unüberhörbar klar war, daß es sich bei der Love Parade um das größte und sicher auch „einzig- und artigste" Treffen (nicht nur) von Europas Jugend handelte, unterstrich auch deren Motto: „We are one family". Die Familien- und Stimmungsbilder dieser abgedrehten und immer noch anwachsenden Großfamilie mit ihren positiv vorgelebten Liebesbotschaften werden seitdem über die unterschiedlichsten Fernseh- und Radiostationen der Welt übertragen und damit nun auch endgültig in aller Welt verbreitet. Immer mehr Menschen finden so über die sprachlose und damit mühelos Sprache und Sprachgrenzen

Sound-Attacke anstatt Smog-Alarm – eins von 52 Love-Mobiles bei der ‚Music is the key'-Parade

überwindende Sprache der Musik zueinander. Der Party-Tourismus zur Love Parade kommt nun auch international immer stärker ins Rollen. So trugen 1997 unter dem Motto „Let the sun shine in your heart" erstmals 1 000 000 (in Worten: eine Million) angereiste Technokids die Sonne im Herzen. Doch so manche Botschafter und Botschafterinnen der Liebe trug sicher auch das Gefühl, daß ihr Herz aufgrund allgemeiner Überhitzung diesmal vielleicht doch einmal für ein paar Takte aussetzen könnte. Dem unübertroffenen Charme dieser Veranstaltung konnten solche Befürchtungen jedoch offenbar nichts anhaben. Im Gegenteil: Auch die Stadt Paris erlebte – dank des Verliebtseins ihres Ex-Kulturministers Jack Lang in das Berliner Vorbild – 1998 ihre erste „Technoparade" mit 180 000 Teilnehmern und großer Abschlußparty am Place de la Nation. Zürich hingegen holte sich die Love Parade bereits 1992 in die Stadt, nannte sie „Streetparade" und konnte 1998 immerhin auch schon 600 000 Teilnehmer anziehen. Und in Berlin folgten am 11. Juli 1998 wieder eine Million Freiwillige und Berufene ihrem Original und der Mission „One world one future". Ob der Besucherrekord des vorangegangenen Jahres dabei knapp eingestellt oder knapp verfehlt wurde, darüber streiten sich einige Zahlenfreaks noch heute. Unbestreitbar ist hingegen, daß Musik tatsächlich ein Schlüssel, wenn nicht *der* Schlüssel, nicht nur zu den Herzen der Technokids, sondern auch der Menschen insgesamt sein *kann*. Entsprechend lautete das Motto der letzten Love Parade dieses Jahrhunderts „Music is the key", zu der – absoluter Rekord – 1,5 Millionen entrückte „Schlüsselkinder" anrückten, um die Herzen der Menschen zu öffnen und um erneut zu demonstrieren, daß ein friedvolles Miteinander möglich ist.

2. Die Love Parade – eine (un)politische Demonstration?

Doch vor noch gar nicht allzu langer Zeit hielten viele genau dieses friedliche Zusammenkommen junger Menschen für geradezu unnötig. Insbesondere diverse Politiker und mit ihnen all jene, die sowieso schon immer davon überzeugt waren, daß diese Veranstaltung (obschon sie bereits auf dem Weg zum Exportschlager ist) ja alles mögliche sein kann, nur nicht politisch, erblickten und erblikken in ihr eigentlich nichts weiter als ein alljährlich wiederkehrendes Ärgernis, dem sie entsprechend wenig Humor entgegenbringen, geschweige denn irgend einen weiteren Sinn abgewinnen können. Das war 1989 so, 1995 ebenso und ist für viele (leider) auch heute noch immer ein Fakt. Aber was sind schon Fakten, geht es doch vermeintlich ausschließlich „nur" um Spaß. Doch stimmt das wirklich? Hier einige Antworten und Überlegungen am Fallbeispiel der Love Parade 1995:

Verstehen Sie Spaß? – die Love Parade 1995

Faktisch stand bei der siebten Love Parade für „Peace on earth" am 8. Juli 1995 noch nicht einmal die Besucherzahl fest. So wollte die Polizei „250 000 Besucher registriert haben. Die Veranstalter dagegen hielten laut der Agentur AP die doppelte Menge für zutreffend."[91] Die ‚tageszeitung' merkte damals, nicht ohne witzig-intelligenten Bezug, an, daß letztlich nur feststand, „daß wohl noch nie so viele Menschen zusammen auf einer Straße so ausgiebig getanzt, sich so hemmungslos ausgelassen hatten, wie auf dieser Love Parade 1995. Der Fall der Mauer war dagegen eine Abendandacht. Alles kam zusammen: Hitze (32°C), Lust und gute Laune."[92] Und fürwahr: Alles, was sich irgendwie als Tanzfläche eignete, wurde

Ein Hauch von Rio auf der Berliner Liebesparade

sich entsprechend angeeignet: Man tanzte, badete und liebte sich unter Springbrunnen. Dächer von Imbißbuden, Geschäften, Wohnhäusern, U-Bahnhöfen und öffentlichen Toiletten wurden erklommen, und selbst auf Verkehrsampeln und Laternen zuckten Wagemutige zu den Beats, die – einem donnernden Blitzgewitter gleich – von den unter ihnen zu Dutzenden vorbeirollenden Techno-Wagen ausgesendet wurden und die ihrerseits mit wild tanzenden, fast nackten und schwitzenden Körpern überfüllt waren. Der Lärm, die wummernden Beats, das friedliche Chaos der sich multikulturell und multisexuell Liebenden, die sich nebenbei gegenseitig mit riesigen, bunten Wasserpistolen bespritzen, die Ästhetik der bekleideten wie unbekleideten, erhitzten und wiegenden Körper, die animierten und somit auf Anhieb integrierten jungen wie alten Passanten und Anwohner, die, begeistert und mitgerissen, kübelweise Wasser von ihren Balkons schütteten und dafür geliebt wurden, und die Gerüche von Schweiß, Joints, Parfums, Currywürsten und Abgasen addierten sich zu einem lebendig pulsierenden, schrill-anarchistischen und geradezu dadaistisch anmutenden Gesamtkunstwerk von wahrhaft überwältigender Schönheit. In Berlin herrschte ein regelrechter „Ausnahmezustand", von dem man sich wünschte, er möge doch der „Normalzustand" sein, denn

Spontaner Live-Act abseits des Paradenrummels

„niemand schien etwas dagegen zu haben. Polizisten trugen schwarze Designersonnenbrillen und versuchten mitzutanzen (...). Die Westberliner Innenstadt bebte im Rhythmus einer Generation, die beschlossen hatte, die Neunziger zum Jahrzehnt des Techno zu machen (...) und das Ziel, mit ein bißchen Frieden, Freundlichkeit und Liebe die Welt (zu) erretten."[93] Auch daran hat sich, auch wenn das alles zunächst noch wie ein schlechter Scherz anmuten mag, bis heute nichts geändert.

Spaß *verstehen*

So einfach und verständlich die Ziele, so verständlich-unverständlich erscheint die Debatte, ob es sich dabei auch wirklich um politische Ziele handelt und ob die Love Parade demnach überhaupt den Rang einer „politischen Veranstaltung" für sich beanspruchen kann.

Auf der rein praktischen Ebene ist diese Frage zunächst einmal von organisatorischer und nicht zuletzt vor allem auch monetärer Bedeutung: Denn bei einer genehmigten Demonstration muß die Stadt, andernfalls aber der Organisationsstab der Love Parade für die immensen Kosten der Müllbeseitigung und Sicherheitsmaßnahmen aufkommen. Bisher konnten sich beide Seiten immer wieder einigen. So „versprach der Organisationsstab der Parade den Einsatz von 300 Trash-Terminators, die im Zusammenspiel mit der privaten Müllentsorgungsfirma Alba und der Berliner Stadtreinigung den Kehraus nach der Big Party machen sollten."[94]

Von weitaus grundlegenderer Bedeutung und größerer Tragweite ist die Frage nach dem politischen Charakter der Love Parade. An dieser Debatte scheiden sich nicht nur die Geister, sondern sie bildet bezüglich ihrer jeweiligen argumentativen Ausrichtung zugleich auch geradezu prototypisch Aspekte des diskursiven Streits zwischen dem politisch traditionellen versus gegenwartsbezogenen Lager ab, in dessen Schußlinie die Techno-Kultur so unvermittelt hineingezogen und dabei gewissermaßen immer wieder zu einer Stellungnahme „genötigt" wird.

So erklären die Organisatoren jedesmal aufs neue, daß die Mottos aller Liebesparaden „für Kommunikation mit der internationalen Sprache der Musik, sowie für die weltweit gerechte Verteilung der Nahrungsmittel"[95] stehen und damit ferner auch auf ein friedliches Zusammenleben der Weltgemeinschaft abzielen. Gerade deshalb können ihre Anliegen nicht nur positiv formuliert, sondern eben auch nur positiv vorgelebt, sprich: demonstriert werden.

In den Augen der meisten unbeteiligten Normalbürger als auch für viele Politiker steht hingegen fest, daß „dort bloß eine Meute Durchgeknallter eine gigantische Straßenparty (feiert), und das Ganze ein lärmendes Spektakel hedonistischer Exzesse ist. Die Polizei vertritt die Meinung, die Love Parade könne keine Demonstration sein, weil nicht nur Transparente und Slogans fehlen, sondern weil vielmehr kein konkreter Anlaß vorhanden ist – was verkürzt bedeutet, daß eine politische Haltung mehr ist, als nur eine Frage des *Stils*."[96]

Genau dieser Stil kennzeichnet nun aber gerade den wesentlichen Teil der (politischen?) Aussagen der Love Parade: Kommunikationstheoretisch formuliert, sind also diese neuen Demonstrations-Stile – wortkarg und fröhlich tanzend *für* etwas sein – für viele nicht mehr an die bisher *gängigen* „Latsch-Demos" mit ihren eindeutig interpretierbaren Zeichenrepertoires – mit lautstarker Rhetorik und Kampfesparolen auf Transparenten *gegen* etwas sein – anschließbar. Sie erscheinen vielen daher tatsächlich als *unfaßbar*, inadäquat und zunächst einmal primär deshalb als sinnlos, da ihnen

Vorher... Nachher

mittels herkömmlicher Begrifflichkeit eben kein „Sinn" mehr zuge-
schrieben werden kann.

Darüber hinaus wird deutlich, daß hier von einem sehr eng um-
grenzten Politikverständnis ausgegangen wird, das so tut, als gäbe

es noch immer so etwas wie eine „Politik in Reinkultur", wenn es so etwas überhaupt jemals gegeben haben sollte. Offensichtlich muß diesen Traditionalisten „immer wieder vor Augen gehalten werden, wie sehr sich Politik verändert hat und wie sehr sich die Politik über kulturelle Praktiken artikuliert. Welt- und Menschenbilder sind Medienkonstrukte geworden, ebenso wie die Vielzahl politischer Auseinandersetzungen. Die Popkultur ist Teil der Politkultur geworden, und damit hat auch der kulturelle Widerstand an Bedeutung gewonnen."[97] Und umgekehrt hat sich, „nicht ohne Tücken, in der Politik unter (die) ästhetizistischen Inszenierungsstrategien, die Symbolpolitik immer mehr in den Vordergrund (gedrängt)."[98] So wird durch „das Medium Fernsehen der Politiker zur psychologisch-dramatischen Figur, die nach den Regeln der Dramaturgie, nicht aber der rationalen Argumentation agiert. (... Dabei bringt) das Teleobjektiv der Kamera zwar nicht immer die ungeschminkte Wahrheit zur Erscheinung, es ist aber unerbitterlich in der Sichtbarmachung von Schminkfehlern."[99]

Genau diese „Schminkfehler" (er)kennen nicht nur die jugendlichen Technokids allzu genau. Politik ist für sie unglaubwürdig geworden. Dafür hat nicht zuletzt auch die Politik selbst gesorgt, von der die Jugendlichen in der Bundesrepublik mehr als enttäuscht sind.

Aber sind sie deshalb gleich alle in allgemeine Politikverdrossenheit verfallen? Wohl kaum. Denn die gibt es bei den Jugendlichen nicht. Diese Vorstellung spukt wohl eher in den Köpfen der etablierten Politiker herum. Die Kids stellen hingegen etwas ganz anderes fest: Sie erleben nämlich seit Jahren nichts anderes als eine Jugendverdrossenheit der Politik. Die Politik will mit *ihnen* und mit *ihren* Problemen nichts zu tun haben. Sie versucht kurzfristig Probleme zu lösen, indem sie sie langfristig auf die Zukunft der Jugend verschiebt. Und auch die Partei ,Bündnis '90/Die Grünen', einst die Jugend selbst im Parlament, verfügt in den Augen der meisten heutigen Jungwähler über keinerlei Kompetenzen, was ihre Hauptanliegen wie sichere Ausbildungs- und Arbeitsplätze als auch die Rentenfrage betrifft. Deshalb trifft die Bündnisgrünen die Problematik des Umgangs der Jugendlichen mit Parteien und mit Politik generell in ganz besonderem Maße. Der ,DVU'-Erfolg bei den letzten Landtagswahlen in Brandenburg, zu dem 11 Prozent der unter 30jährigen, „bei den Männern in dieser Altersgruppe sogar 16 Prozent"[100], beitrugen, sollte deshalb für alle Parteien, egal ob christlich, sozial oder liberal, eine überdeutliche Warnung, vor allem aber ein Ansporn sein, sich der Jugend und ihrem (nicht zufällig) angeschlagenen Wertverständnis und Selbstwertgefühl endlich wieder ernsthaft zuzuwenden und sich vom reinen Shareholder-Value-Denken abzuwenden. Ansonsten könnten die nächsten Untersuchungen zur allgemeinen Befindlichkeit der Jugendlichen in der Bundesrepublik vielleicht bald schon beunruhigender ausfallen als die letzten großen Spiegel-Umfragen, nach denen bislang „nur 1 Prozent von ihnen einer politischen Partei angehören (und) gerade mal 1,3 Prozent sich in einer Bürgerinitiative engagieren. Sie sind nicht unpolitisch, aber von Politikern und Parlamenten enttäuscht. Nur 5 Prozent halten Parteien für glaubwürdig, 64 Prozent dagegen Greenpeace. Geschlossene Ideologien haben keinerlei Anziehungskraft auf sie, auch weil die großen Weltentwürfe ihrer Väter und Mütter kläglich gescheitert sind."[101]

Welche Auswirkungen der letzte und bislang spektakulärste Parteispendenskandal nicht nur gesamtpolitisch, sondern auch auf die Politikwahrnehmung und die politische Einstellung von Jugendlichen haben wird, ist derzeit noch gar nicht abzuschätzen. Der Riege all jener, die im vormodernen und patriarchalen „System Kohl" mit ihren „Kapital"-Vergehen demokratische Prinzipien außer Kraft gesetzt haben, wird es sicher nicht gelingen, eben diese Werte wieder glaubhaft nach außen zu vertreten.

Alles in allem ist es also wohl auch alles andere als verwunderlich, daß die Kids, „wenn sie die Welt schon nicht ändern können, so sehen sie es, lieber Spaß haben (wollen), als Verantwortung zu übernehmen."[102]

Und noch etwas wird deutlich: Wenn dieser auf der Love Parade zelebrierte Anspruch auf *Fun* als nicht „political correct" gemaßregelt wird, wird ihr damit eben zugleich *auch* ihr politischer Charakter – der nicht notwendigerweise ihr Hauptcharakterzug ist, aber offensichtlich für viele sein muß – bescheinigt. Und nebenbei bemerkt: Ist es eigentlich noch „political correct", daß die Veranstalter nach wie vor „politische Ziele" zur Rechtfertigung ihrer Demonstrationen bei der Polizei angeben müssen, um überhaupt in den Genuß einer Genehmigung zu kommen und damit der Gefahr, die Straße des 17. Juni mieten zu müssen, zu entkommen?

Diese sich jährlich wiederholende Posse verdeutlicht auf konsequent absurde Weise letztlich nur, wie sehr der Geist so mancher Politiker der Zeit hinterherhinkt; fehlt ihnen doch bis heute ein

Lieber nackte Tatsachen schaffen als ausschließlich in Worte verhüllte Forderungen stellen – selbstbewußte Lesben auf der CSD-Demo in Berlin

zeitgemäßes Begriffsinstrumentarium, das es erlaubt, derartige Grundrechts-Fragen (!) ohne Peinlichkeiten für sich und – vermeidbare – Zumutungen für die Beteiligten über die demokratische Bühne zu ziehen.

Politisch ist die Love Parade ferner auch insofern, als sie auf selbstverständliche Weise demonstriert, daß Multikulturalität und Multisexualität nicht nur möglich sind, sondern daß sie das Leben generell sowie die Lebenserfahrungen jedes einzelnen bereichern können. Entsprechend profitierte auch die Love Parade-Idee nicht unerheblich von den bereits lange vor den Love Parade-Zeiten jährlich über den Ku-Damm ziehenden schwul-lesbischen „Christopher Street Day"-Demos, deren lärmenden Paradestil sie unter Aussparung von Transparenten und – bis 1996 – Schlußkundgebungen in weiten Teilen übernahm. Beide setzen bis heute auf ihre Weise Zeichen gegen Rassismus, Ausländerfeindlichkeit und sexuelle Diskriminierung von sogenannten „Minderheiten" und sind somit alles andere als nur hedonistisch und exhibitionistisch.

Politisch ist die Love Parade, wie einst der berühmt-berüchtigte Skulpturen-Boulevard zur 750 Jahr-Feier Berlins auf seine Weise, schließlich auch noch aus dem Blickwinkel von (Jugend-) Kultur im öffentlichen Raum. Denn letztendlich geht es bei den Auseinandersetzungen um die Love Parade auch um die öffentlichen Plätze in der Gesellschaft und damit auch um interessengebundene Fragen wie: Wer kontrolliert sie, und haben „Randgruppen", gerade jetzt, wo Berlin doch so um den Ruf einer glänzenden Regierungsmetropole bemüht ist, überhaupt noch wie bisher im gewohnten Umfang das Recht, sich dort zu versammeln? „Da (wird) klar, daß die Love Parade immer politisch sein wird. Politik dreht sich immer um die Kontrolle der Straßen: nach wem sie benannt sind, wie sie genutzt werden, ob sie von den Ansässigen verbarrikadiert oder der flüchtigen *rush-hour* blockiert werden. (...) Zur Zeit bleibt die Love Parade eine politische Demonstration nicht nur für ‚Friede, Freude, Eierkuchen', sondern auch für das Recht auf Verrücktheit und Spaß. Es ist aber auch eine Demonstration für Berlin – auf daß es eine Stadt bleibt, in der es möglich ist, ein anderes Leben zu führen."[103]

Eben ein Leben jenseits der alltäglichen Tristesse, das die „Kunst des selbstverständlichen Miteinanders" beherrscht und sich dabei weder von politisch engstirnigen und fragwürdig gewordenen Interventionen noch von einer wie auch immer gearteten protestantischen und lustfeindlichen Ethik eines Hungerpastorentums beeindrucken, reduzieren und knebeln läßt.

3. Techno & die Love Parade – das Mega-Business

Techno-Kultur ist jedoch längst nicht mehr nur Party-, Club- und DJ-Kultur, sondern mittlerweile auch ‚big business' und damit *Cash*-Kultur (nicht zu verwechseln mit der *Trash*-Kultur der Punks!). Als affirmativer Ausdruck postmoderner Jugendkultur spiegelt die Technoszene damit auch die sie umgebende neo-liberale, post-kapitalistische und post-kommunikative Medien- und Konsumgesellschaft wider. Denn die Technokids sind nicht nur junge Weltbürger, sondern auch zahlungskräftige und -willige Weltmarkt-Bürger. Aus dem Überangebot an frei flottierenden und immer schneller wechselnden materiellen wie immateriellen *Werten*, die der Weltmarkt für sie feilbietet, bedienen sie sich mal gezielt und mal ad hoc, um sich dann plötzlich wieder von ihnen zu verabschieden. In diesem Moment ist dann (mal wieder) irgendetwas „out", und irgendeinem Absatzmarkt droht so eventuell das „Aus".

Der Kommerz ist tot – es lebe der Kommerz

Wurde unter I.2 die Kulturindustrie in den 60er Jahren als eine angefeindete „Instanz, die Jugendliche bei ihren Autonomiebestrebungen unterstützte, gleichzeitig aber mithalf, sie in das Konsumsystem der kapitalistischen Gesellschaft zu integrieren"[104], beschrieben, so stößt sie heute bei einem Großteil der Technoszene auf weitgehende Akzeptanz. Das bedeutet jedoch nicht, daß sie es jetzt einfacher hat. Zwar bereitet es ihr heute weitaus weniger Schwierigkeiten, die Jugendlichen „in das Konsumsystem der kapitalistischen Gesellschaft zu integrieren", da sie dies mit ihrem Konsum- und Markenfetischismus bereits in einem Ausmaß ist, das sie sich vielleicht selbst nie hat träumen lassen; dafür aber hat sie heute weitaus mehr Schwierigkeiten, die Jugendlichen in ihr gewünschtes und speziell für sie ausgeklügeltes *Markensystem* zu integrieren und dabei dauerhaft zu halten. Das bereits angedeutete prekäre Verhältnis zwischen Kulturindustrie und Subkultur als „Schicksalsgemeinschaft" scheint sich heute, was das Schicksal betrifft, also ein wenig mehr ausgeglichen zu haben.

Denn unter den heute kaum noch mitzuvollziehenden Trendwechseln und Trendwidersprüchlichkeiten leidet nun auch immer stärker die Kulturindustrie, die ihrerseits kaum mehr hinterherzukommen scheint. Ähnlich wie die Technoszene differenziert auch sie sich deshalb zunehmend in mobile Spezialeinheiten zur Erforschung von Marktchancen im undurchschaubar gewordenen Techno-Dschungel aus. Ihre Agenten sind die sogenannten jugendlichen ‚Trendscouts‘, die sich für ihre Auftraggeber allnächtlich auf die Suche nach *verwertbaren* jugendkulturellen Spuren in die unterschiedlichsten subkulturellen Szenen begeben (vgl. hierzu auch II.9.). Denn *die* Technoszene gibt es schon lange nicht mehr. Sie ist vielmehr entsprechend ihrer musikalischen Hauptstile (siehe II.2.) in eine ‚House‘- und ‚Techno‘-Szene und dort wiederum in eine ‚Deep-House‘- und ‚Acid-House‘- bzw. in eine ‚Gabber‘- und ‚Techno-Trance‘-Fraktion, etc. aufgegliedert. Die Sozialwissenschaft hat für diese Aufspaltung der Szenen in Stämme und Unterstämme daher auch den schönen Namen „Tribalisierung" gefunden. Da sich all diese Szenen jedoch nicht nur durch ihre Musik, sondern auch noch durch ihre jeweiligen Kleidungs- und damit auch Marken-Codes unterscheiden, hat zum Beispiel die „Pfadfindertruppe" der Hamburger Werbeagentur ‚Lintas‘ seit 1993 ein

computergestütztes ‚Jugendtrend-Monitoring-System‘[105] entwikkelt und eingerichtet, dessen ständige Aktualisierung von Trenddaten die von ihr eingesetzten Trendscouts vornehmen.

Doch werden der Technoszene natürlich nicht nur Besuche „im Dienste der Forschung" abgestattet. Eine ganze Heerschar von netten Vertretern insbesondere der Genußmittel-, Freizeit-, Mode- und vor allem der Zigarettenindustrie tummelt sich um die Szene und in ihr herum und versucht sie über diverse Promotion-Kampagnen und über Event-Sponsoring als Kunden zu gewinnen. Eines der herausragendsten Projekte leistete sich ‚Camel‘: So konnte im August 1994 eine auserwählte Schar von Techno-Jüngern und Techno-Feen im Wortsinn abheben: zur sogenannten ‚Air-Rave-Mega-Party‘, bei der sie per Flieger von Party zu Party jetten konnten, und zwar von Frankfurt über Kreta nach Amsterdam und wieder zurück zur letzten „Mega-Party" nach Köln. Kostenpunkt: 499 DM.

Ferner kaufen sich ‚Camel‘, und andere große Zigarettenhersteller wie ‚Marlboro‘, ‚West‘ und ‚Philip Morris‘ in jede Love Parade-Veranstaltung in Form von Umzugswagen ein, von denen nicht nur Techno- und Housemusik-Tracks ausgesendet werden, sondern auch die jeweiligen Produktbotschaften. Dabei gibt es „frei" nach dem ‚Harley Davidson‘-Werbeslogan – „Harley produziert und verkauft einen Lebensstil. Das Motorrad gibt es gratis dazu" – die Produkte entsprechend umsonst.

Neben der Love Parade werden aber auch die diversen Parties und, wegen der quantitativen wie qualitativen Maximalpräsenz der Zielgruppe, insbesondere die zahllosen Riesen-Parties nach der Love Parade von der Industrie gesponsert. Dabei übernimmt sie mal die Buchung und Bezahlung von international gefragten DJs, organisiert und realisiert aufwendige Aufführungen und Modenschauen, richtet Verkaufs- und Technikstände ein oder realisiert gleich alles zusammen.

Dabei sollte sie aber aufpassen, sich nicht zu übernehmen, denn so manch Umworbenem der Underground-Szene geht deren Durchdringung durch den Overground so langsam auf die Nerven, wie Peter Huber zum Ausdruck bringt: „So far, so good. Seit Ende '93 nun boomt die Sache. (…) Es haben sich Umstände ergeben, von denen manchem (…) schon rabenschwarz vor Augen wird: Die Kommerzialisierung und ihre Tentakeln wühlen ausgerechnet da oberheftig, wo man dagegen immer immun zu sein, bzw. sie schon längst besiegt glaubte, nämlich im eigenen Lager, dem sogenannten ‚Underground'. (…) Einer der schlimmsten Aspekte ist es wohl auch, daß (dieser) mittlerweile nach haargenau denselben Regeln wie der ach so verhaßte Overground funktioniert. (…) Ärgerlich sind zum Beispiel schon mal die ganzen DJ-Kleinkriege. Was hintenrum alles an Politik mit Bookings u.s.w. abläuft. Dabei geht von den Jungs der ersten Liga kaum einer unter DM 20 000 pro Monat nach Hause. (…) Völlig unerträglich auch die Club-Party-Veranstaltungsmafia-Stammesfehden. (…) Geht es nur noch um die Kohle, stagniert bald alles und das Feeling geht hops."[106]

Ebenso gibt es aber auch selbstbewußt entgegengesetzte Stimmen in der Szene. So konstatiert Christiane Berger: „1994 ist alles anders. Unten ist oben, und oben ist unten. Underground ist Overground, und Overground ist Underground. Kommerziell ist unkommerziell, und unkommerziell ist kommerziell. Ein Umbruch hat begonnen. (…) Der Zeitpunkt ist gekommen, an dem wir uns fragen müssen: Haben wir das gewollt? Die Antwort lautet: Ja. Weil für uns die Anfänge im Untergrund auch immer der Aufbruch in eine revolutionierte Populärkultur waren, der Start in die ravende Gesellschaft, weil wir von Anfang an auch angetreten sind, um der überholten Popkultur ihren Platz streitig zu machen."[107]

Fusion von Pop-Art- und Techno-Ästhetik – das Szene-Booklet ‚Flyer'

Besonders deutlich drückt sich dieses Bemühen in den zahlreichen Techno- und House-Labels aus, von denen unter II.4 schon die Rede war, aber auch das Erscheinungsbild der Printmedien, einiger Radio- und sogar Fernsehsender hat sich unter dem kreativen Einfluß der Technoszene stark gewandelt:

Wen's interessiert – Special Interest-Magazine

Von nicht minderer Bedeutung für das Engagement, „der überholten Populärkultur ihren Platz streitig zu machen", ist der Printbereich der Technoszene mit seinen speziell für die Technokids gedachten und konzipierten Musikmagazinen (vgl. hierzu auch II.11.). Meistens direkt aus dem Szene-Untergrund hervorgegangen, garantieren sie daher auch am ehesten Authentizität und damit Glaubwürdigkeit. Hinzu kommt, daß sie, etwa im Vergleich zum Fernsehen, unabhängiger sind und deshalb schneller und flexibler auf die sich ständig verändernden Interessenschwerpunkte ihrer jungen, mobilen und konsumfreudigen Zielgruppe reagieren können.

Besonders starken Einfluß übte das 1989 von Arnold Johnert gegründete, vom ehemaligen Chefredakteur Jürgen Laarmann mit seinem jungen und technoverliebten Insider-Team herausgegebene und von Schriftendesigner Branczyk („CZYK") gestylte, mittlerweile jedoch eingegangene Techno-Magazin ‚Frontpage' aus (Motto: „Forcing the future"). Hier wurden völlig neue, eben zukunftsweisende, visuelle und inhaltliche Konzeptionen umgesetzt, die in eine Ästhetik mündeten, die mit der herkömmlicher (Musik-)Zeitschriften absolut nichts mehr gemein hatte und deren avantgardistische Bild- und Layouttechnik Vorrang vor jeder Art von angestrengter Übersichtlichkeit hatte. Diese Unübersichtlichkeit schien sich jedoch auch in den geschäftli chen Strukturen in Form von unterschiedlichsten und (wohl zu) ehrgeizigen Beteiligungen niederzuschlagen, in deren Dickicht sich ‚Frontpage' zunehmend verfing und 1997 endgültig unter- ging. Dennoch stellte dieses Magazin eins der wichtigsten Sprachrohre der Technoszene dar, so daß es damals mit Fug und Recht von sich behaupten konnte, „einer der wichtigsten inhaltlichen und ästhetischen Impulsgeber" (J. Laarmann) der Szene gewesen zu sein.

Raveline
Heute wird in Deutschlands größtem Magazin ‚Raveline' (monatliche Auflage 140 000), das 1992 in Gelsenkirchen noch als schwarz-weißes Mini-Fanzine unter dem Namen ‚Trendline' zusammengebastelt und von Claus Pieper, Jürgen Lipertowicz und Hans-Werner Balzuweit herausgegeben wurde, jede noch so kleine Trendveränderung in der Techno-, House- und Breakbeat-Szene registriert, diagnostiziert und auf 140 Seiten publiziert. Das geschieht in Form von Szene-News, DJ-Interviews und DJ-Charts, aktuellen Plattenkritiken, Technik-Features und Modestrecken. Und schließlich sorgt ein Veranstaltungskalender mit den wichtigsten Party- und Live-Act-Terminen dafür, daß die Leser für 6 DM auch diesbezüglich immer auf dem laufenden gehalten werden.

Groove

Auf ähnliche Weise, jedoch kostenlos, informiert ferner das aus Frankfurt stammende und schon seit 1989 (damals noch als „mickriges" 16-seitiges Szene-Heftchen unter dem Namen ‚Music & Nightlife') existierende Musikmagazin ‚Groove' seine Leser. Mit seiner festen Insider-Crew aus Thomas Koch (Gründer *und* DJ), Zille Poric und Holger Klein bietet es eine garantiert szenenahe und lockere Berichterstattung. Die Distribution erfolgt – wie allgemein üblich – über Abonnements und *Outlays* (Auslegen) in den diversen Record-Stores, Shops und Clubs der Szene.

Partysan

Nicht nur in München, sondern mittlerweile auch in dreizehn anderen Regionen außerhalb des Bier- und Freistaates Bayern stillt der 1994 aus einem Flyer hervorgegangene ‚Partysan' mit seinen vier eigenständig arbeitenden Redaktionen in vier Ländern Europas den Wissensdurst seiner Leser. Mit einer monatlichen Gesamtauflage von 345 000 Exemplaren erscheint er im Franchise-System nicht nur bundesweit, sondern auch in Österreich (Linz, Wien), der Schweiz (Zürich) und in den heißen Sommermonaten Juni, Juli, August auch auf der Party-Insel Ibiza. Neben der im Mittelpunkt stehenden Szene-Berichterstattung geben die Redakteure ihren Lesern aber auch sogenannte ‚Raverätsel' auf, die wirklich nur ein gut informiertes Techno-Köpfchen lösen kann, oder sie laden (zum Trost?) zu speziellen Events wie dem „Rave on snow" auf einer österreichischen Kuhalm oder, wem das zu „almöi-mäßig" ist, zu entlegenen Wochenend-Raves ein, die man per Schiff oder Flugzeug erreicht.

All diese Beispiele sollen aber nicht nur verdeutlichen, wie erfolgreich, und zwar im doppelten Wortsinn, sich die Technoszene inzwischen mit ihren Spezialmagazinen neben den schon immer existierenden Musikmagazinen der Popkultur, wie zum Beispiel der ‚Bravo', etablieren konnte. Viel entscheidender ist, daß sich durch ihr Auftreten auch das formale Erscheinungsbild der gesamten Medienlandschaft verändert hat, für das sie gewissermaßen den ‚Blueprint' geschaffen hat. Denn all die inzwischen gängigen bunten, futuristischen und chaotischen Schrift- und Layoutformate, von ‚Amica' über ‚Max' bis zur Magazinbeilage der ‚SZ', gehen auf den destruktiv-konstruktiven Gestaltungswillen der Technoszene und – gerechterweise – auch der Punk-Szene und schließlich, um wirklich gerecht zu sein, den der russischen Pioniere des Konstruktivismus zurück.

Und noch etwas wird deutlich: Aufgrund der geradezu bereitwilligen Konsumbereitschaft der Kids und ihrer Versessenheit auf immer neue, coole Markenartikel hat es die Werbebranche heute entsprechend leichter, auch in den Szene-Magazinen als Partner aufzutreten. Werbesendungen, wie die insbesondere unter Jugendlichen zum Kult gewordene ‚Cannes-Rolle' oder die Werbehitparade „Die dicksten Dinger" auf ‚RTL', über die man sich nicht nur köstlich amüsiert, sondern im Alltag auch ausführlich und so kontrovers diskutiert, als ginge es dabei tatsächlich um die wichtigsten Dinge(r) der Welt, belegen, wie sehr die schöne, bunte Werbewelt inzwischen bei den Kids zu (z. T. hoch-)geachteten wie beachteten, aber eben auch ständig beobachteten Meinungsführern avanciert ist. Kam eine Zusammenarbeit mit ihr früher eher einem Pakt mit dem Teufel gleich, so wäre man heute in weiten Teilen der Szene wohl eher des Teufels, wenn man eine kooperative und chancenreiche Zusammenarbeit mit einem potenten Sponsoren grundsätzlich ablehnen würde. Denn wie immer man auch dazu stehen mag: Der Pakt ist Fakt und – für beide Seiten – zum gewinnbringenden Geschäftsalltag geworden. So ist es auch nicht weiter verwunderlich, daß sich in den Szene-Magazinen die Grenzen zwischen redaktioneller Berichterstattung und Werbung zusehends verwischt haben. Blättert man sie durch, gewinnt man den Eindruck, als würde man sich quer durch sämtliche Kanäle des Privatfernsehens mit seinen permanenten Werbeunterbrechungen zappen, denn...

Ewig flimmernde Versprechen

... was für die Layout-Formate der Zeitschriften gilt, trifft ebenso auf diverse Programmformate, aber auch -inhalte des Mediums Fernsehen zu, das 1998 Tag für Tag rund 5000 Werbespots auf das deutsche TV-Publikum niederrieseln ließ. „Das entspricht 31 Stunden Werbung, eine Verdopplung gegenüber 1993."[108] Besonders auf- und augenfällig wird der Trend zur immer penetranter werdenden Durchkommerzialisierung der Jugend- und Techno-Kultur bei den Musiksendern ‚MTV' und ‚VIVA' mit ihren nonstop ausgestrahlten Video-Clips. Denn diese Sender sind erstens keine Fernsehsender im herkömmlichen Sinne mehr, sondern „eine Einstellung, eine Stimmung und ein Lebensstil, der durch Hedonismus, Rebellion und eine Prise Soziales"[109] gekennzeichnet ist, und sie sind zweitens zugleich eine einzige, immerwährende Dauerwerbesendung.

Für was? Nun, eigentlich für alles, was die konsumfreudigen Techno-Jünger, die nach Frank Thomsen „über eine Kaufkraft von schätzungsweise fünf Milliarden Mark verfügen"[110] (andere gehen sogar vom Drei- bis Vierfachen aus), interessiert und – detailliertesten Marktanalysen zufolge – interessieren könnte bzw. sollte. Dabei spielt die Werbung für die gezeigten Videoclips nur eine, wenn auch nicht unbedeutende, Rolle: Denn ob eine Platte Erfolg hat oder nicht, hängt zunehmend davon ab, inwieweit sie bei ‚MTV' und/oder ‚VIVA' präsent ist. Wem es über einen längeren Zeitraum gelingt, dort mehrmals täglich sein Musikvideo zu plazieren, der hat – Qualität hin und Mainstream her – auch beste Aussichten, (s)einen Hit zu landen. Darüber hinaus stellen ‚MTV' und ‚VIVA' aber auch eine wunderbare, da geradezu einmalig zielgruppengerechte, Plattform für all jene Unternehmen dar, die mit ihren Produkten gezielt bei den jungen Hedonisten landen wollen. Entsprechend ist die visuell-suggestive Machart der Video-Clips mit ihrem bunten Bild- und Zitatfeuerwerk der Filmgeschichte häufig auch gar nicht mehr von der der Werbespots zu unterscheiden, gleich, ob es sich dabei um Turnschuhe von ‚Nike', Klamotten von ‚C&A', Mundsprays von ‚Odol', Erfrischungsgetränke von ‚Fanta' und ‚Sprite' oder Aufputschgetränke, die sogenannten ‚Energy Drinks' mit ihren Mineral- und Koffein-Zusätzen, zum Beispiel von ‚Red-Bull' handelt, die laut Slogan „Flügel verleihen" und dem Mineral- und Flüssigkeitsverlust auf der Tanzfläche entgegenwirken sollen. Gerade das letzte Beispiel verdeutlicht, daß viele Produkte speziell für eine bestimmte Szene, hier die junge Techno-und Dancefloor-Szene, konzipiert und auf den Markt geworfen werden. Die Botschaft ist dabei, wenn auch jeweils visuell unterschiedlich untermauert, mehr oder weniger immer die gleiche: Cool, in und trendy ist man am besten immer dann, wenn man sich diese Produkte rein- bzw. anzieht und dafür deshalb auch bewußt und gerne bereit ist, sich sein Geld aus der Tasche ziehen zu lassen. Dieser Hinweis ist wichtig. Denn ebensowenig wie die Jugendlichen willenlose Sklaven und leicht verführbare Konsumenten der Werbe- und Medienwelt sind, so stellt ja auch diese kein von ihrer jungen Klientel abgekoppeltes System dar. Das Gegenteil ist der Fall, bezieht sie doch ihre Werte, Vorstellungen und formal-ästhetischen Gestaltungs- und Kommunikationsstile zunehmend von eben dieser Jugend und ist somit selbst Teil der Jugendkultur geworden.

Ein letztes und gerade auch für diesen Zusammenhang gutes Beispiel stellt schließlich noch das Medium Radio für das Millionen-Auditorium der Technoszene dar. Machte in den 50er Jahren das ‚Top 40-Radio' den Rock'n' Roll populär, so leistete und leistet dies für Techno und House heute Deutschlands erstes DJ-Radio ‚Kiss FM' in Berlin, das, ebenso wie die Musikmagazine, von Insidern für Insider gemacht wird. Wer also nicht lesen kann oder will, der kann auch auf der Welle 98,8 alles erfahren, was in der Szene gerade angesagt ist (die neuesten Musik-Trends, Party-Locations, Labels, die nächsten Party-Termine, etc.) *und* hören, was altbekannte wie neue DJs und solche, die es werden möchten, im Kiss FM-Studio so alles zusammenmixen.

Insgesamt läßt sich für jeden hier angesprochenen Bereich ein hoher Grad an Selbständigkeit, Eigenkreativität und vor allem auch Professionalität feststellen, dessen jeweilige materielle Basis nicht zuletzt auch die zunehmende Finanzierbarkeit und somit auch Verfügbarkeit multimedialen Equipments darstellt. So läßt sich in der Tat sagen, daß der Techno-Markt „überhaupt (…) auf eine Weise strukturiert (ist), die einer kleinen Expertengruppe das konkurrenzlose Definitionsmonopol gibt."[111]

Dieses Wissen um die eigene Definitionsmacht spiegelt sich schließlich auch in einem entsprechend hohen Maß an *Selbstwertgefühl* und demzufolge auch selbstbewußten Auftreten der Technoszene gegenüber dem Mainstream wider, das seinen Tribut (ein-) fordert, denn: Man weiß, was man wert ist, und weiß sich begehrt, man weiß um seine Verwertung, deren Mechanismen und Folgen. Letztere werden in Kauf genommen – jedoch erst *nach* Nennung des Preises. Besonders gilt dies für die Veranstalter der Love Parade.

4. Planetcom, die Love Parade GmbH und die Love Parade – droht der (Aus)Verkauf?

Von Plattentellern zu Millionären (?), und von Pleiten, Pech und Pannen
Jedes Jahr, wenn es um die Organisation des inzwischen weltweit größten jugendkulturellen Events geht, kann man sicher sein, daß es zwischen den Veranstaltern des Techno-Spekatakels, der ‚Planetcom', und den involvierten Berliner Behörden schon im Vorfeld mächtig gekracht hat. Auch wenn der Grundsatzstreit um den

politischen Charakter der Liebesparade merklich nachgelassen hat, so gibt es doch immer noch genügend anderen Zündstoff.

Wie jedes Jahr, so entbrannte auch im letzten, dem 10. Jahr der Love Parade, der übliche Streit um die auf ca. 200 Tonnen geschätzten Müllberge und Urinmengen (angeblich ableitbar aus der Anzahl der Teilnehmer mal 2,5 Liter mal 3,14 durch 2), um die niedergetrampelten Pfade und Grünflächen des Tiergartens und um die sich daraus ergebenden und zu verteilenden Kosten für die Schadensbeseitigung (Kosten für Tiergartensanierung 1999: 340 000 Mark, Gesamtkosten seit 1996: 1,003 Millionen Mark).[112] Und wie jedes Jahr wird bei dieser Debatte nur allzugern unter den Teppich gekehrt, daß der Stadt Berlin durch die Love Parade auch Einnahmen von mittlerweile mindestens 250 Millionen Mark gegenüberstehen. Ganz zu schweigen von dem Image-Gewinn für die Stadt, der ohnehin unbezahlbar ist und der auf der Welt seinesgleichen sucht. So gesehen: Im Westen nichts Neues. Und doch kam 1999 alles anders:

So lief kurz vor der Parade am 10. Juli, genau am 28. Juni um 15.35 Uhr, folgende Sensationsmeldung über die Ticker der Nachrichtenagenturen, die wie eine Bombe einschlug und sich wie ein Lauffeuer verbreiten sollte: „Organisatoren der Love Parade drohen mit Abwanderung aus Verärgerung über Berliner Streit um Verkaufsstände." (AP) „Der sich Dr. Motte nennende DJ teilte als Veranstalter des Techno-Massenspektakels mit, er sei es leid, wie Don Quixote gegen die Windmühlen der Berliner Verwaltung anzukämpfen. Der DJ nannte als mögliche Alternativorte Paris, Zürich, Wien und Tel Aviv." (AP, 2.7.99) Was war geschehen?

Wie schon im Jahr zuvor vergab Horst Porath, SPD-Baustadtrat von Berlin-Tiergarten, das Bewirtschaftungsrecht für Getränke und Souvenirartikel an die Catering-Firma ‚Nareyka'. Auch das war – so schien es – nichts außergewöhnlich Neues. Neu hingegen war jedoch der Plan der ‚Planetcom'-Crew mit Geschäftsführer und ‚E-Werk'-Betreiber Ralf Regitz, die Bewirtschaftungsrechte erstmals in eigener Regie zu vergeben, selbst 150 Verkaufsstände entlang der Partymeile einzurichten, die dabei aus dem Getränkeverkauf erzielten Gewinne der Umwelt zugute kommen, und das Ganze als sogenanntes ‚Love Parade-Forum' genehmigen zu lassen. Die Folge: Anders als im letzten Jahr legte ‚Planetcom' diesmal Einspruch gegen die Vergabe der lukrativen Lizenz-Rechte an ‚Nareyka' ein und strengte darüber hinaus auch noch ein Dienstaufsichtsverfahren wegen Amtsmißbrauch gegen Porath an. Denn, so lautete die Begründung ihres Pressesprechers DJ Disko (auch bekannt als Moderator der Sendung „Berlin House" bei ‚VIVA'), dieser Catering-Vertrag sei allein aufgrund von Vetternwirtschaft zustande gekommen. Das Verwaltungsgericht lehnte den Antrag auf Erlaß einer einstweiligen Verfügung jedoch ab und erklärte, daß die Genehmigung der Parade nicht das Privileg auf eine alleinige Versorgung der Teilnehmer einschließe. ‚Planetcom' versuche nur seine eigenen wirtschaftlichen Interessen durchzusetzen. Daraufhin legte ‚Planetcom' Einspruch beim Oberverwaltungsgericht ein und ließ in einer Presserklärung verlauten, daß dieses „Urteil in der Tradition der Berliner Behördenpraxis steht, die klar auf eine Verhinderung der Love Parade ausgerichtet ist. Die Niederlage für die Love Parade ist gleichbedeutend mit einer Absage an die autarke Selbstverwirklichung einer ganzen Generation." (AP, 2.7.99)

Daß dem so ist, darf indes bezweifelt werden. Denn schließlich hatte „die letzte Love Parade unter eben dieser jetzt so kritisierten Konstellation zuletzt gut funktioniert."[113] Vielmehr scheint es daher so, daß der ‚Planetcom' und *ihrem* Streben nach „autarker Selbstverwirklichung" mit dem Urteil eine klare „Absage" erteilt worden ist. Denn ihr Argument, daß „die Einnahmen des ‚Love Parade-Forums' nicht der ‚Planetcom', sondern der Umwelt zugute kommen sollten", erweist sich bei genauerem Hinsehen doch als eher fadenscheinig. So wurden einer Recherche des Berlin-Magazins ‚Tip' zufolge „konkret 180 000 Mark avisiert. Ein Witz, bedenkt man, was eine Million Raverkehlen so schlucken. Bei geschätzten drei Millionen Mark Einnahmen aus der Verköstigung wäre der vermeintliche Umweltbeitrag da bereits aus der Portokasse zu bestreiten. Nicht aus jener der ‚Planetcom' natürlich, die sich als Non-Profit-Unternehmen darzustellen weiß; hinter ‚Planetcom' aber (...) steckt die ‚Love Parade Berlin GmbH' Medien-, Produktions-, Verwertungs- und Veranstaltungsgesellschaft, deren Teilhaber sich weitgehend mit den ‚Planetcom'-Gesellschaftern decken."[114] Die Gesellschafter der Love Parade Berlin GmbH sind u. a. Matthias Roeingh (Dr. Motte), Ralf Regitz (‚E-Werk'), William Roettger (Mayday-Veranstalter), Jürgen Laarmann und seit 1996 auch der Kölner Anwalt Dr. Scheuermann. Und diese GmbH, so der ‚Tip' weiter, „verdient satt – allerdings weniger als kalkuliert, wenn es ihr nicht gelingt, dafür zu sorgen, daß nur die von ihr lizen-

sierten Produkte an die Raver gebracht werden."[115] Diese Produkt-
palette umfaßt laut einem dem Bericht beigefügten und überaus
aufschlußreichen Auszug aus dem Handelsregister eigentlich so gut
wie alles:

„09: Geräte zur Aufzeichnung, Übertragung und Wiedergabe von Ton und Bild,
Magnetaufzeichnungsträger, Schallplatten; 14: Juwelierwaren, Schmuck-
waren, Edelsteine, Uhren und Zeitmeßinstrumente; 15: Musikinstrumente;
25: Bekleidungsstücke, Schuhwaren, Kopfbedeckungen; 28: Spiele, Spiel-
zeug, Turn- und Sportartikel; 32: Biere, Mineralwasser und kohlensäurehaltige
Wässer und andere alkoholfreie Getränke, Fruchtgetränke, und Fruchtsäfte;
33: alkoholische Getränke; 34: Tabak, Raucherartikel, Streichhölzer; 35:
Werbung, Geschäftsführung; 38: Telekommunikation; 42: Restauration,
Verpflegung/Beherbergung von Gästen; Erstellen von Programmen für die
Datenverarbeitung; ..."[116]

Fazit des ‚Tip‘: „Diese exorbitante Einnahmemöglichkeit hat Bau-
stadtrat Poraths Verwaltungsakt zunichte gemacht; nicht etwa eine
Reinigung des Tiergartens."

Wie und wo genau es weitergehen wird, bleibt abzuwarten: Der
Einspruch der ‚Planetcom‘ gegen das Urteil des Verwaltungsge-
richts ist noch anhängig. So muß nun das Oberverwaltungsgericht
klären, ob der Veranstalter selbst oder der Bezirk Getränke auf der
Love Parade unter die Teilnehmer bringen darf. Daß die Love Parade 2000 auf jeden Fall nicht mehr im Tiergarten stattfinden darf,
erscheint Herrn Porath indes schon jetzt unausweichlich. Wohin
man dann jedoch auszuweichen gedenkt, weiß so recht noch niemand. Vielleicht doch nach Paris? Der Herzenswunsch des französischen Ex-Kulturminister Jack Lang, der schon im vorigen Jahr
nichts lieber wollte, als die zum Millionenspiel gewordene Parade
nach Paris zu *befördern*, wäre dann in Erfüllung gegangen, und
Berlin wäre – so viel ist sicher – blamiert. Um diese Blamage zu verhindern, schienen die Organisatoren bereits am Sonntag nach der
Parade mit dem Regierenden Bürgermeister von Berlin, Eberhard
Diepgen, darüber einig, „daß jetzt konstruktiv die Rahmenbedin-
gungen geschaffen werden müssen, damit die Love Parade im Jahr
2000 hier möglich ist." (AP) So hoffen jetzt viele, daß der zuvor
schon auf der Abschlußkundgebung angedeutete Sinneswandel bei
der ‚Planetcom‘-Crew und Dr. Motte anhalten wird, der dort vor
1,5 Millionen Ravern verkündete: „Wir wollen unsere Love Parade
nicht verkaufen, nirgendwohin und an niemanden!" Nun – auch
das bleibt abzuwarten. Wie sagte doch Peter Huber bereits 1995:

„Geht es nur noch um die Kohle, stagniert bald alles und das Feeling geht hops."[117]

Von Liebe und Haß

Mit dieser Einstellung stand er damals schon nicht alleine da. Und auch ein Jahr später, im Sommer 1996, dürfte sich sicher bei vielen weiteren jungen Kids ein gewisses Unbehagen eingestellt haben, als sie durch das Love Parade-Plakat der Veranstalter erfuhren, daß die Love Parade nun doch noch zu einer „*ordentlichen* Demo (geworden ist). Und dazu gehört nun einmal eine *ordentliche* Abschlußkundgebung."[118] So manche Politiker hingegen dürfte diese (freiwillige?) Einsicht sicher schon damals gefreut und mit den Veranstaltern der Liebesparade versöhnt haben.

Und schließlich – wen wundert es da noch – hat auch die Love Parade zwar keine Partei, aber doch immerhin den „Verein der Freunde und Förderer der Love Parade" gegründet, denn – so die Begründung der Organisatoren: „Die Love Parade soll weiterhin unabhängig von äußeren Einflüssen, Medien und Sponsoren bleiben (!) und ihren Charakter als Veranstaltung für die ganze Szene behalten. Der Förderverein soll die Idee der Love Parade transportieren: Völkerverständigung durch Musik, Liebe und Toleranz, Lebensfreude und einen besseren Umgang miteinander. Und soll dafür sorgen, daß die Love Parade unabhängig bleibt. Für einen Jahresbeitrag von DM 20 kann man dem Verein zur Förderung der Love Parade beitreten."[119] Nun – wer's glaubt, wird selig.

Denn seitdem die Love Parade zum Giga-Event geworden ist, geht ohne die großzügigen Sponsorengelder von internationalen Konzernen eigentlich gar nichts mehr. Besonders ärgerlich ist das besonders für all jene Veranstalter und Clubs, die über keine finanzielle Rückendeckung spendabler Großsponsoren verfügen (oder auch verfügen wollen). Sie haben folglich zunehmend schlechtere Chancen, bei der Parade mit ihrem eigenen Wagen dabeisein zu können. Ihre Einsatzmöglichkeiten sind von Natur aus recht begrenzt, so daß es für sie – ganz wie beim Roulette – nun immer öfter heißt: „Rien ne va plus".

Ein Beispiel: Wer seinen Wagen, das sogenannte ‚Love Mobile', auf den Paradeweg bringen will, der muß zunächst einmal bei der ‚Planetcom' seinen Antrag auf den Weg bringen. Die ersten 400 Mark Bearbeitungsgebühr ist man dann schon mal los: Eine Garan-

tie für eine schnelle Abwicklung ist damit jedoch mitnichten verbunden, denn nur allzuoft „ereilt" einen die Ab- bzw. Zusage erst
kurz vor Beginn der Parade. Diese Erfahrung mußte auch die Junge
Union Berlin machen, die ihre Zusage zur 99er Parade zwar schon
am 7. Mai erhielt, später dann aber auf der ersten offiziellen Teil-
nehmerliste nicht mehr zu finden war. „Deutschlands Raver-Basis,
so ein Insider, war entrüstet und drohte mit kollektivem Fernbleiben, sollten die Jungpolitiker – wie gemunkelt sogar als erster Wagen – anrollen. Der ‚Aufruhr der Basis' hatte nicht nur politische
Gründe, schließlich blieben normale Beteiligte bis zum 29. Juni über
eine Teilnahme ihrer Wagen im Unklaren und mußten sich vorab
einer umfangreichen Fragenprozedur nach Fahrzeugbeschaffen-
heit, Sponsoren und Konzept aussetzen."[120] Ob die ‚Planetcom' im
nächsten Jahrtausend vielleicht auch noch neben bunten Blättern
mit bunten Parade-TÜV-Plaketten aufwartet, bleibt vorerst sicher
reine Spekulationssache. Die Teilnahmegebühr hingegen steht immer fest und belief sich 1999 auf 4060 Mark. Addiert man dann
noch die Kosten für die Miete des Fahrzeugs, dessen Absicherung,
Dekoration und Bestückung mit Sound-, Licht- und vielleicht auch
noch Nebelanlagen plus DJs hinzu, so kann man sicher sein, daß
einen dieser Spaß wahrlich teuer zu stehen kommt: Unter 30 bis
50 000 Mark läuft bzw. fährt da mittlerweile nämlich gar nichts
mehr. Daß viele das alles nun gar nicht mehr zum Abfahren, sondern eher schlicht zum Kotzen finden, leuchtet ein. Für sie steht
fest, daß es sich bei den Organisatoren der Love Parade schon
längst primär nur noch um einen reinen Abzockerverein handelt,
der die Love Parade auf einen lizensierungsbedürftigen Markenartikel runtergewirtschaftet hat und der sich darüber hinaus auch
nicht zu schade war, sich selbst bei Politikern, allen voran der CDU,
lieb Kind zu machen. Ralf Regitz hingegen ficht all dies nicht an, er
sieht in all dem keinen Widerspruch zum ursprünglichen Geist der
Parade: „Wir wollen mit der Love Parade ein Stück weit vorleben,
daß Menschen aller Nationalitäten und Schichten friedlich zusam-
menarbeiten können und daß man die Grenzen von Parteien und
Ideologien überspringen kann, ohne (!) sich zu streiten. Denn es
war von Anfang an das Ziel der Love Parade, daß wir uns alle gegenseitig lieb haben."[121] Piep, piep, piep, wir haben uns alle lieb?

Wohl kaum. Denn gerade in Berlin ist die Techno- und Clubszene schon lange heftig zerstritten und durch einen nicht gerade sanften Verdrängungswettbewerb gekennzeichnet, in dessen Folge sich Veranstalter und Szene immer stärker voneinander abspalten. Die einstigen Grundwerte haben immer mehr reine Alibifunktion und werden von den Machern (siehe oben) nur noch gebetsmühlenhaft wiederholt, um von den zunehmend an Einfluß gewinnenden ökonomischen Werten abzulenken. Um diesem Trend und dem damit verbundenen Ausverkauf der Love Parade-Ideale entgegenzuwirken, rief der aus Frankfurt am Main stammende Veranstalter und Techno-Aktivist der ersten Stunde Trauma XP 1997 in Berlin eine Gegenbewegung ins Leben, die sogenannte ‚Hateparade'. Das hatte auch persönliche Gründe: Denn ursprünglich wollte er mit einigen anderen Leuten auf der Love Parade mit einem Gabber-Wagen teilnehmen. Das aber paßte den Veranstaltern nun gar nicht ins Konzept, so daß sie ihnen die Teilnahme verweigerten. „Music" ist wohl doch nicht immer der „key".

Anders als bei der Love Parade sind bei ihrer Gegenveranstaltung *klare* und *eindeutige* politische Inhalte gefragt: Zum Beispiel die Forderung nach mehr Freiräumen im öffentlichen Raum als notwendige Basis für eine stabile Subkultur. Folglich steht die zeitgleich zur Love Parade stattfindende „Hateparade", die – der Name war vielen wohl doch zu einfältig – 1998 in ‚Fuck (the Love) Parade' umbenannt wurde, für Underground, musikalische Vielfalt, nichtkommerzielle Veranstalter und für all diejenigen, die sich weder von den Medien noch von Sponsoren beeinflussen und verbiegen lassen wollen. Industrie-Werbung und von Mäzenen bezahlte Hänger gab und gibt es hier also nicht. Weder bei der ersten 97er Parade, die mit sechs Wagen und 1500 Teilnehmern erstmals im Osten Berlins durch die Straßen zog, noch bei der zweiten, noch bei der dritten Parade, bei der die Teilnehmerzahl schon im fünfstelligen Bereich lag. Der Zulauf läßt sich jedoch nicht nur quantitativ messen: Denn bei der „Fuckparade '99" schlossen sich erstmals auch große Berliner Clubs und Veranstalter an. Einer von ihnen ist Wolle Neugebauer, der seit dem Mauerfall mit zu den Begründern jener Technoszene zählt, die der Love Parade zu ihrem kometenhaften Aufstieg verhalf. Zurückblickend stellt er fest: „Damals war die Love Parade noch eine Demonstration für Individualität und Toleranz. (...) Heute wird Musik ausgegrenzt, wenn sie sich für die Love Parade nicht kommerziell verwerten läßt. (...) Leute aus der Szene werden kaum mehr involviert. Zwar gibt es noch einige Clubs, die sich zu Wagengemeinschaften zusammenschließen, aber selbst in diesen Fällen treten eigentlich nur die Sponsoren in Erscheinung. Die Love Parade ist zu einer Selbstdarstellung der Industrie geworden. Dafür allerdings gibt es sicher eine Zukunft."[122]

Aber vielleicht steht ja der „Fuckparade" noch eine große Zukunft bevor? Wer weiß? Sicher ist, daß immer mehr junge Raver die Konkurrenzparade interessanter und auch korrekter finden als das Original, so daß das Ziel, mit dem ihr Veranstalter antrat, vielleicht ja schon bald erreicht ist: Die Fuckparade zu dem zu machen, was die Love Parade einmal war.

Und wenn das auch nicht gelingt? Was dann? War dann etwa alles umsonst? Und hätten etwa am Ende all diejenigen, von denen ganz am Anfang die Rede war, letztlich doch recht behalten? Also jene, zu denen auch Eckart Britsch gehört, der aus seinen Betrachtungen der Technoszene einst folgende Lehre (?) zog: „Die Apokalyptiker und Depris sind *out*. Abgelöst wurden sie von einer Generation neuer Chefjugendlicher, die alles können. Heute managen sie ein Café, morgen entwerfen sie ihre eigene Modelinie, übermorgen spekulieren sie an der Börse von Hongkong. Der Rest hängt im (‚Tresor') und läßt sich rund um die Uhr von Synthesizer-Ekstasen beschießen (...). Ihr Aussehen beschränkt sich auf den Sex-Appeal von Suppendosen. (...) In der Rangliste der Geistlosigkeit von Jugend ist den Tekkno-Kids der Spitzenplatz des jugendlichen Schwachsinns sicher. (...) Diese Jugend ist nicht die dümmste. Sie ist die allerdümmste."[123]

V. Fazit und Ausblick auf die Zukunft von Techno

1. So weit, so gut?

„Um noch etwas über das *Belehren*, wie die Welt sein soll, ein Wort zu sagen, so kommt dazu ohnehin die Philosophie immer zu spät. Als Gedanke der Welt erscheint sie erst in der Zeit, nachdem die Wirklichkeit ihren *Bildungsprozeß* vollendet und sich *fertig* gemacht hat. Dies, was der Begriff lehrt, zeigt notwendig ebenso die Geschichte, daß erst in der Reife der Wirklichkeit das Ideale dem Realen gegenüber erscheint und jenes sich dieselbe Welt, in ihrer Substanz erfaßt, in Gestalt eines intellektuellen Reichs erbaut. Wenn die Philosophie ihr *Grau in Grau* malt, dann ist eine Gestalt des Lebens alt geworden, und Grau in Grau läßt sich nicht verjüngen, sondern nur erkennen (. . .)."

G. W. F. Hegel

Seit sich der hegelianische Weltgeist und mit ihm der Glaube an einen geschichtlichen Fortschrittsbegriff mit zwei Weltkriegen ebenso pompös wie monströs verabschiedet und sich ferner auch technologisch durch diverse Ökologiekatastrophen erübrigt hat, mag sich der in der Geschichte der Jugendbewegungen so oft beschworene, moderne und frische jugendliche Geist nicht mehr so recht einstellen. Vor den Augen der Technokids scheint sich die Welt, „nachdem die Wirklichkeit ihren Bildungsprozeß (im 20. Jahrhundert) vollendet" hat, vielmehr im Wortsinn „fertig gemacht" zu haben. Sie zeigt sich auf geradezu irreale Weise zertrümmert; ist dies jedoch real und dementsprechend auch sozial.

Moderne Einheitsdekrete samt ihrer geschlossenen Ideologien haben sich somit heute quasi selbst diskreditiert und spiegeln, wenn sie von den Älteren in Form von Drängen auf Fortschritt und Verbesserung der Welt an die heutige Jugend wieder herangetragen werden, eher ein Wunschdenken, eine an sie gerichtete „Heils-Erwartung" und somit auch einen gefährlichen Anachronismus wider, denn: „Wir haben die Sehnsucht nach dem Ganzen und Einen (. . .) teuer bezahlt. (. . .) Die Antwort darauf lautet: Krieg dem Ganzen, zeugen wir für das Nicht-Darstellbare, aktivieren wir die Differenzen, retten wir die Differenzen, retten wir die Ehre des Namens."[124]

Dieser postmoderne Appell eines „Vive la difference!" („Es lebe der Unterschied!") findet nun nicht mehr ausschließlich in den oft begrenzten Mitteln alternativer Politik seinen Ausdruck, sondern zunehmend auch im kulturellen, insbesondere subkulturellen Bereich, von dem aus sich die Technoszene angeschickt hat, Farbe in das „erkannte Grau in Grau" einer in Reflexionskultur erstarrten bürgerlichen Unterhaltungsroutine zu schütten.

Als unerschrocken technologiezugewandte Generation denkt diese dabei primär anwendungsbezogen und überprüft die sie heute zunehmend medial erreichenden materiellen wie immateriellen Wert-, Handlungs- und Lebensstilmuster gewissermaßen auf ihre Benutzerfreundlichkeit und auf ihre möglichen Output-Potentiale, also auf ihre Reiz-Qualitäten hin, die es auszureizen gilt (siehe II.7.).

Auf diese Weise wurde der Dancefloor- und Musik-Kultur, die nach dem Abklingen des Disco-Fiebers eingeschlafen war, und der als farb- und freudlos empfundenen Kunst-, Mode- sowie „Latsch-Demo"-Kultur neues Leben eingehaucht. Im Zuge dieser Neu- bzw. Wiederbelebung wurden all diese unterschiedlichen Bereiche miteinander vernetzt und dabei sowohl qualitativ als auch quantitativ auf ein neues, alte Grenzen überwindendes – und somit zeitgemäßes – Niveau angehoben.

So sehr sich dabei auch die Grenzen zwischen Underground- und Overground-Kultur verwischt haben (siehe IV.3.), so sehr gelingt es ersterer dennoch, der letzteren ihren prägenden Stempel aufzudrücken und damit deren jeweiliges Spektrum zu erweitern, denn: „Underground-Kultur ist vor allem Kultur und damit immer auch ein Doppelagent, weil sie einen Nebenschauplatz der politischen Auseinandersetzung besetzt und viel von der Kraft des Widerstandes auf nur abgeleitete Probleme wie Lebensstil, -alltag oder -haltung überträgt. Die Linie zwischen Widerstand gegen das System und seiner Affirmation ist (dabei) fließend. Sie ist nicht zuletzt eine Sache der Interpretation."[125]

Genau dazwischen aber hat es die Techno-Kultur bislang verstanden, sich Informationen und Erfahrungen „durch den Akt der (Aneignung) von Ideen, Material und Daten von der existierenden *data-base* aus (zu holen), um daraus etwas eigenes zu machen"[126] und sich – entgegen allen Schmähungen – zu behaupten. So dumm kann sie also wohl nicht sein.

2. Visionen – Aufbruch ohne Ende?

„Vorschlag: könnten wir uns nicht,
so wie die Dinge stehen,
dieses Jahrhundertende ersparen"?
Jean Baudrillard, in: Das Jahr 2000 findet nicht statt.

Als Jean Baudrillard (Jahrgang 1929) im Jahre 1990 den Vorschlag
machte, „daß die neunziger Jahre im voraus gestrichen werden und
wir direkt aus dem Jahr 1990 ins Jahr 2000 springen (sollten), da das
Ende dieses Jahrhunderts bereits da ist, mit all seinem nekro-kultu-
rellen Pathos, seinen Klagen, seinen Gedenkfeiern, seinen nicht
endenden musealen Inszenierungen (und sich fragte, ob) wir uns da
wirklich noch einmal 10 Jahre in dieser Mühle langweilen (wollen)"[127], wußte er noch nicht, daß sich just zu diesem Zeitpunkt eine
Jugendkultur entwickeln sollte, die vielleicht ebenso von dem sie
umgebenden, modernen Zeitgeist gelangweilt war wie er.

In Ermangelung einer Zeitmaschine, mit der man das Jahrhundertende hätte überspringen können, erfand die Technoszene quasi
ihren eigenen Beschleuniger: den Zukunft antizipierenden Techno-
Sound mit seinem entsprechend futuristischen „Objekt- und Bil-
der- (und) Medien- und Kommunikationszwang (…)"[128]. Dieser
wird jedoch nicht als „Zwang", sondern vielmehr als ein Transportmittel (vgl. II.6.) ins virtuelle Zeitalter angesehen, in dem es – so die
Hoffnung – vielleicht erstmals tatsächlich *no limits*, also keine
Grenzen, mehr geben wird. Denn genau diese lösen sich im Com-
puter- und Internetzeitalter (vgl. II.11.) immer stärker auf, was sie –
gemäß den Geboten der globalen Medienrevolution – ja auch müssen. Auf eben diesem Weg in das 21. Jahrhundert rufen, dem Medi-
enphilosophen Marshall McLuhan zufolge, daher in zunehmenden
Maße gerade die neuen „Medien in uns einzigartige Beziehungsver-
hältnisse zwischen den Sinneswahrnehmungen hervor. Die Erweiterung irgendeines Sinnes verändert (somit auch) die Art und Weise,
wie wir denken und handeln – die Art und Weise, wie wir die Welt
wahrnehmen. Wenn diese Verhältnisse sich ändern, dann ändern
sich die Menschen."[129]
Einen sehr anschaulichen und genußvollen Vorgeschmack auf diese
veränderte Weltwahrnehmung sowie auf die zu erwartenden Verän-

Peace.

derungen gibt hier seit 1989 die Technoszene. Ihre avantgardistischen und phantasievollen Gedanken- und Erfindungs- sowie sensiblen Empfindungspotentiale, die sie, wie der Soziologe Dieter
Baacke es nennt, in Form von „jugendkulturellen Signaturen" der
Zeit einschreibt, sind dabei *zum einen auf offen sichtbare* und vielfache Art und Weise wahrzunehmen: akustisch und visuell, ideell
und materiell, aber auch sexuell und virtuell. Voraussetzung dafür
war und ist ihr gemeinsamer Anspruch, nicht in der Gegenwart zu
verharren, um dort zu erstarren, sondern sich statt dessen individuell und mutig, vor allem aber kreativ und innovativ der Zukunft und
ihren technologischen Möglichkeiten zu stellen; sich dabei jedoch
auch ihren destruktiven Potentialen wie Krieg, Umweltzerstörung
und Diskriminierungen jeder Art entgegenzustellen. Ob dieser Anspruch auf der Love Parade heute noch glaubhaft praktiziert oder
doch eher kurzfristig zelebriert wird, mag jeder für sich entscheiden. Viel wesentlicher ist das diesem Anspruch zugrundeliegende
Prinzip, das – ungeschriebenes – Gesetz und Programm gleichermaßen ist: Im Kern beinhaltet es, daß jeder einzelne, ob jung oder
alt, alternative und maximal tolerante Umgangs- und Verhaltensweisen positiv vorlebt und damit für jeden sichtbar praktiziert. Dieses Programm ist nicht nur nach wie vor zukunftsfähig, es sollte

auch für uns zukunftsweisend sein, denn es ist notwendiger als je zuvor.

Zum anderen müssen jedoch insbesondere die Technomusiker und -künstler auch im Verborgenen bleiben, da in der Masse bekanntlich nichts Neues entsteht. Bevor sie zu neuen musikalischen Welten aufbrechen, müssen sie ihre Beziehung zur Außenwelt also immer mal wieder abbrechen. Sie müssen „sich unsichtbar machen, immunisieren, einkapseln und durch die Kapsel die Kommunikation filtrieren, um so den Lockrufen der Jagdgesellschaft zu widerstehen (...). (Sie müssen) nun mitten im Betrieb Distanz gewinnen, d. h., eine Kapsel bilden, die Aufklärungssatellit und nicht zu ortendes U-Boot zugleich ist."[130]

Dieses Abtauchen beziehungsweise Zurücktauchen in den Untergrund kann sich vielleicht gerade in diesem Moment abgespielt haben. Und irgendwo haben sich dann soeben einige junge Leute in einer Studio-Location eingerichtet, in der sie die alten House-, Techno-, Breakbeat- und neuerdings verstärkt auch wieder Hip-Hop-Sound-Strukturen immer wieder ab-, vor- und zurückspulen, um aus den neu gewonnenen Sound-Schnipseln nicht nur eine neue Musik, sondern – wer weiß? – vielleicht sogar ganz unbeabsichtigt den nächsten Lifestyle zusammenzusamplen. Sicher ist: Neue Verunsicherungen sind vorprogrammiert und ebenso sicher ist: The beat will go on and on and on...

Anmerkungen

Auftakt: Die Techno-Jugend – Mit Volldampf in die Verdummung?

[1] Bruder, Almuth und Klaus Jürgen: Jugend. Psychologie einer Kultur. München, Wien, Baltimore (Urban & Schwarzenberg) 1984, Klappentext.

[2] Tenbruck, F. H.: Jugend und Gesellschaft. Soziologische Perspektiven. Freiburg 1965.

[3] Schulze, Gerhard: Die Erlebnisgesellschaft. Kultursoziologie der Gegenwart. Frankfurt am Main (Campus) 1992, S. 464.

[4] Stern (2/1996): Jugend '96. Unsere Nächte sind farbiger als eure Tage, S. 68.

I. Die musikalischen und gesellschaftlichen Voraussetzungen der Techno-Kultur

[5] Russolo, Luigi: Die Kunst der Geräusche. 1913, zitiert nach: Keller, Manuela in: Anz, Philipp; Walder, Patrick: Techno. Zürich (Ricco Bilger) 1995, S. 10.

[6] Auf die Geschichte des Vietnamkrieges und seine Auswirkungen auf die (internationalen) Studentenunruhen kann und soll hier nicht eingegangen werden. Einen sehr authentischen Ein- sowie guten Überblick bieten u. a. die Bücher von Horlemann, Jürgen; Gäng, Peter: Vietnam. Genesis eines Konfliktes; Mager, Spinnrake: Was wollen die Studenten?; und Dutschke, Rudi: Geschichte ist machbar. Kritische Selbstreflexionen bieten Bücher wie: Baier, Gottschalch, etc.: Die Früchte der Revolte; und Grasskamp, Walter: Der lange Marsch durch die Illusionen, um nur einen Bruchteil der vorhandenen Literatur zum Thema zu nennen (genaue Angaben: s. Literaturverzeichnis).

[7] Grasskamp, Walter: Der lange Marsch durch die Illusionen. Über Kunst und Politik. München (Beck) 1995, S. 17.

[8] Ebd., S. 27.

[9] Ebd., S. 37.

[10] Poschardt, Ulf: DJ-Culture. Hamburg (Rogner & Bernhard) 1995, S. 223 u. S. 225.

[11] Sommer & Wind: Menschen, Stile, Kreationen. Frankfurt am Main (Ullstein Verlag) 1986, S. 51.

[12] Bruder, Almuth und Klaus Jürgen: Jugend. Psychologie einer Kultur. München, Wien, Baltimore (Urban & Schwarzenberg) 1984, S. 65.

[13] Ebd., S. 69f.

[14] Ebd., S. 72.

[15] Sommer & Wind: Menschen, Stile, Kreationen. Frankfurt am Main (Ullstein) 1986, S. 85

[16] Ebd., S. 95.

[17] Grasskamp, Walter: Der lange Marsch durch die Illusionen. Über Kunst und Politik. München (Beck) 1995, S. 34.

[18] Ebd., S. 96.

[19] Poschardt, Ulf: DJ-Culture. Hamburg (Rogner & Bernhard) 1995, S. 116f.

[20] Ebd., S. 136.

[21] Henkel, Oliva, Wolf, Karsten: Berlin Underground. Berlin (FAB Verlag) 1996, S. 59.

[22] Ebd., S. 59, S. 63.

II. Die Techno-, Club- und DJ-Szene

[23] Poschardt, Ulf: DJ-Culture. Hamburg (Rogner & Bernhard) 1995, S. 243.

[24] Ebd., S. 316.

[25] Westbam. Mix, Cuts & Scratches. Berlin (Merve) 1997, S. 45.

[26] Ebd., S. 42.

[27] Ebd., S. 24 f.

[28] Ebd., S. 140.

[29] Anz, Philipp; Walder, Patrick: Techno. Zürich (Ricco Bilger) 1995, S. 76.

[30] Ebd., S. 67.

[31] Ebd., S. 125.

[32] Poschardt, Ulf: DJ-Culture. Hamburg (Rogner & Bernhard) 1995, S. 311 ff.

[33] Nieswandt, Hans in: Localizer 1.0. Berlin (Verlag Die Gestalten) 1995, S. LOC/1.0/FEA/1. 12./HOU. Das technoide und „revolutionäre" Layout des ‚Localizer' kennt keine Seitenzahlen, sondern ist nach (auch farblich abgegrenzten) Themensparten sortiert: LOC ist die Abkürzung für ‚Localizer', FEA steht für *Feature* und HOU für House.

[34] Henkel, Oliva, Wolff, Karsten: Berlin Underground. Berlin (FAB Verlag) 1996, S. 40.

[35] Der Spiegel (Nr. 31/99), S. 76.

[36] Hegemann, Dimitri in: Localizer 1.0. Berlin (Verlag Die Gestalten) 1995, S. LOC/ 1.0/ CLU/ 2.12/ TRE.

[37] Planet Glamour Crew in: Localizer 1.0. Berlin (Verlag Die Gestalten) 1995, S. LOC/ 1.0/ CLU/ 2.3/ E-W.

[38] Ebd., S. LOC/ 1.0/ CLU/ 2.3/ E-W.

[39] Ebd., S. LOC/ 1.0/ CLU/ 2.3/ E-W.

[40] FZ (6/96), S. 10.

[41] Planet Glamour Crew in: Localizer 1.0. Berlin (Verlag Die Gestalten) 1995, S. LOC/ 1.0/ CLU/ 2.3/ E-W.

[42] Poschardt, Ulf: DJ-Culture. Hamburg (Rogner & Bernhard) 1995, S. 16.

[43] McLuhan, Marshall in: Sontag, Susan: Kunst und Anti-Kunst. Frankfurt am Main (Fischer) 1982, S. 350.

[44] Kittler, Friedrich A., Der Gott der Ohren in: Poschardt, Ulf: DJ-Culture. Hamburg (Rogner & Bernhard) 1995, S. 313.

[45] Localizer 1.0. Berlin (Verlag Die Gestalten) 1995, S. LOC/ 1.0/ CLU/ 2.2/ CHR.

[46] Hofmann, Werner: Die Grundlagen der modernen Kunst. Stuttgart (Alfred Kröner) 1987, S. 501.

[47] Sartre, J.-P.: Die Gemälde Giacomettis, in: ders., Porträts und Perspektiven. Hamburg (Rowohlt) 1986, S. 281.

[48] Grasskamp, Walter: Der lange Marsch durch die Illusionen. Über Kunst und Politik. München (Beck) 1995, S. 45.

[49] Ebd., S. 44.

[50] Ziehe, Thomas: Zeitvergleiche. Jugend in kulturellen Modernisierungen. Weinheim, München (Juventa) 1991, S. 131.

[51] Ebd., S. 131.

[52] Ebd., S. 125.

[53] Ebd., S. 129.

[54] Nietzsche, Friedrich in: Virilio, Paul: Die Eroberung des Körpers. Vom Übermenschen zum überreizten Menschen. München, Wien (Hanser) 1994, S. 108.

[55] Deleuze, Gilles und Guattari, Félix: Tausend Plateaus. Kapitalismus und Schizophrenie. Berlin 1992, S. 11.

[56] Steffen, Christine: Das Rave-Phänomen, in: Anz, Philipp; Walder, Patrick: Techno. Zürich (Ricco Bilger) 1995, S. 176.

[57] Ziehe, Thomas: Zeitvergleiche. Jugend in kulturellen Modernisierungen. Weinheim, München (Juventa) 1991, S. 148.

[58] Vgl. hierzu auch folg. Titelgeschichten: Stern (Nr. 29/94): Body-Drogen. Doping für die Schönheit, S. 26–42. Und: Der Spiegel (Nr. 17/96): Tod eines Supermannes, S. 126–152.

[59] Domes, Rainer: Lebenswelt von Ecstasykonsumenten in der Berliner Technoszene. Berlin (Diplomarbeit) 1994, S. 6.

[60] Rufer, Marc: Glückspillen. Ecstasy, Prozac und das Comeback der Psychopharmaka. München (Droemer Knaur) 1995, S. 218.

[61] Ebd., S. 219.

[62] Der Spiegel (Nr. 11/ 96), S. 229.

[63] Walder, Patrick: Body & Sex, in: ders. u. Anz, Philipp: Techno. Zürich (Ricco Bilger) 1995, S. 192.

[64] Rufer, Marc: Glückspillen. Ecstasy, Prozac und das Comeback der Psychopharmaka. München (Droemer Knaur) 1995, S. 40.

[65] Walder, Patrick: Body & Sex, in: ders. u. Anz, Philipp: Techno. Zürich (Ricco Bilger) 1995, S. 194.

[66] Rufer, Marc: Glückspillen. Ecstasy, Prozac und das Comeback der Psychopharmaka. München (Droemer Knaur) 1995, S. 97.

[67] Walder, Patrick: Body & Sex, in: ders. u. Anz, Philipp: Techno. Zürich (Ricco Bilger) 1995, S. 195.

[68] Ebd., S. 194 (Hinzufügung von mir).

[69] Domes, Rainer: Lebenswelt von Ecstasykonsumenten in der Berliner Technoszene. Berlin (Diplomarbeit) 1994, S. 99.

[70] Ebd., S. 99.

[71] Ebd., S. 99.

[72] Ebd., S. 2.

[73] Bourdieu, Pierre: Die feinen Unterschiede. Kritik der gesellschaftlichen Urteilskraft. Frankfurt am Main (Suhrkamp) 1982, S. 104.

[74] Hoffmann, J. H. und Daberkow K.: Das individuelle Erleben „alltäglichen" Bekleidens. – Eine qualitative-inhaltsanalytische Studie. München, Wien (Profil) 1994, S. 71.

[75] Die Ausführungen der folgenden drei Unterkapitel basieren zum Teil auf einem am 15. Juli 1999 bei ‚arte' ausgestrahlten ‚Themenabend' mit dem Titel „Viagra und die Folgen" von Reinhard Lohmann, Pierre Mathias und Monika Lobkowicz sowie dem darin enthaltenen Filmbeitrag „Jugend im Streß" von

Sylvie Cottrand, Silke Rühenbeck und Kirstin Hulighaus und einigen im Verlauf dieser Sendung gemachten und hier frei zitierten Expertenaussagen so renommierter Wissenschaftler wie Gabriel Arviz, einem französischen Andrologen, Sophinette Becker, einer Psychotherapeutin und Sexualwissenschaftlerin am Institut für Sexualwissenschaften der Universitätsklinik Frankfurt, und Margit Tetz vom Dr. Sommer-Team.

[76] Der Spiegel (Nr. 50/98): Gesellschaft ohne Tabus. Der öffentliche Sex, S. 106.

[77] Ebd., S. 116.

[78] Ebd., S. 114.

[79] Zum Sexualverhalten Jugendlicher in den Zeiten von Aids vgl. z. B. die repräsentative und vorzügliche Studie von: Eirmbter, Willi; Hahn, Alois; Jacob, Rüdiger: Aids und die gesellschaftlichen Folgen. Frankfurt am Main (Campus) 1993.

[80] Ebd., S. 110.

[81] Ebd., S. 109.

[82] Ebd., S. 116.

[83] Schrader, Klaus-Maria: Vom Darkroom zum Chatroom, in: Sex in Berlin. Tip. Berlin Magazin (Nr. 14/99), S. 23 (Hinzufügung von mir).

[84] Der Spiegel (Nr. 51/98): Der siebte Kontinent S. 66/67, S. 69.

[85] Da sich die Adressen der einzelnen Links häufig ändern, erfolgen sämtliche Angaben ohne Gewähr.

[86] Der Spiegel (Nr. 27/99): Der nackte Untertan, S. 120.

[87] Der Spiegel (Nr. 31/ 99): Klicken, zahlen, tanzen, S. 74.

[88] Ebd., S. 75.

IV. Techno & die Love Parade – nur Friede, Freude, Eierkuchen?

[89] Localizer 1.0. Berlin (Verlag Die Gestalten) 1995, S. LOC/ 1.0/ FEA/ 1.2/ SPI/ Prolog.

[90] Berliner Kurier (10.7.1995), Glücklicher Paraden-Erfinder, S. 9.

[91] Der Tagesspiegel (10.7.1995), Nächstes Mal parken wir woanders, S. 9.

[92] Die Tageszeitung (10.7.1995), Einfach schön und jung sein, S. 11.

[93] Die Tageszeitung 10.7.1995, S. 11.

[94] Frankfurter Rundschau: Der Ku-Damm tanzt. (10.7.1995), S. 3.

[95] Tip. Berlin Magazin: Die Dance-Demo. (Nr. 14/95). S. 27.

[96] Ebd., S. 27.

[97] Poschardt, Ulf: DJ-Culture. Hamburg (Rogner & Bernhard) 1995, S. 337.

[98] Guggenberger, Bernd: Die politische Aktualität des Ästhetischen, in: Leviathan, Zeitschrift für Sozialwissenschaft (1/1993), S. 149.

[99] Vester, Heinz-Günther: Verwischte Spuren des Subjekts, in: Koslowski, Peter; Spaemann, Robert; Löw, Reinhard (Hrsg.): Moderne oder Postmoderne? Weinheim (Acta Humaniora, VCH) 1986, S. 195f.

[100] Die Tageszeitung (7.9.1999): Den Parteien traut man nicht. Wahlanalyse: Junge meiden SPD, weil sie ihr nicht glauben, daß sie Joblosigkeit behebt, S. 4.

[101] Der Spiegel (Nr. 38/94): Spiegel-Umfrage Jugend 94. Die Deutschen von morgen. Wie sie denken, was sie wollen, wen sie wählen, S. 66. Zu annähernd

identischen Ergebnissen kommt auch die Untersuchung des Folgejahres, nachzulesen in: Der Spiegel (Nr. 33/95).

[102] Ebd., S. 157.

[103] Tip. Berlin Magazin (Nr. 14/95): Die Dance-Demo, S. 29.

[104] Vgl. Anm. 8.

[105] Vgl. hierzu ausführlich den Artikel in: W&V (Nr. 37/17. 9. 1993).

[106] Huber, Peter: Keep the spirit alive, in: Localizer 1.0. Berlin (Verlag Die Gestalten) 1995, S. LOC/1.0/FEA/1.2/SPI/Prolog.

[107] Berger, Christiane: DJs und die Sache mit dem Kommerz, in: Techno. Wien (Zsolnay) 1994, S. 14.

[108] Der Spiegel (Nr. 28/99), S. 86.

[109] Eudes, Yves: ‚MTV' – Kreuzzug der Rockindustrie, in: Le Monde Diplomatique (11. 8. 1995), S. 20.

[110] Thomsen, Frank in: Die Zeit (Nr. 2/5. 1. 1996).

[111] Müller, Kai in: Der Körper wird umgebaut, in: Die Zeit (Nr. 25, 6/96), S. 50.

[112] Die Tageszeitung. Vernichteter Tiergarten. (29. 7. 1999), S. 13.

[113] Tip. Berlin Magazin (Nr. 15/99): Geld oder Liebe?, S. 14.

[114] Ebd., S. 14.

[115] Ebd., S. 14.

[116] Ebd., S. 14.

[117] S. Anm. 103.

[118] Zitiert nach: Ein paar Takte zur Abschlußdemo. Love Parade-Plakat 1996 (Hinzufügung von mir).

[119] Ebd. (Hinzufügung von mir).

[120] Tip. Berlin Magazin (Nr. 15/99): Geld oder Liebe?, S. 15.

[121] Der Tagesspiegel (10. 7. 1998): Jetzt tanzt zusammen, was zusammengehört. Der Berliner Kultursenator Peter Radunski (CDU) im Gespräch mit den Machern der Love Parade (Hinzufügung von mir).

[122] Neugebauer, Wolle: Aus lauter Liebe, in: Tip. Berlin Magazin (Nr. 15/99), S. 19.

[123] Britsch, Eckart: Jede Jugend ist die dümmste, in: Der Generationenbruch. Berlin Kursbuch (Nr. 121, Rowohlt) 1995, S. 164f. (Hinzufügung von mir).

V. Fazit und Ausblick auf die Zukunft von Techno

[124] Lyotard, Francois: Beantwortung der Frage: Was ist postmodern?, in: Engelmann, Peter: Postmoderne und Dekonstruktion. Stuttgart (Reclam) 1990, S. 48.

[125] Poschardt, Ulf: DJ-Culture. Hamburg (Rogner & Bernhard) 1995, S. 338.

[126] Ebd., S. 363 (Hinzufügung von mir).

[127] Baudrillard, Jean: Das Jahr 2000 findet nicht statt. Berlin (Merve) 1990, S. 46.

[128] Ebd., S. 50 (Hinzufügung von mir).

[129] McLuhan, Marshall, Fiore, Quentin: Das Medium ist Massage. Frankfurt am Main, Berlin, Wien (Ullstein) 1984, S. 41 (Hinzufügung von mir).

[130] Böhringer, Hannes in: Attention im Clair-obscur: Die Avantgarde, in: Aisthesis. Wahrnehmungen heute oder Perspektiven einer anderen Ästhetik. Leipzig (Reclam) 1991, S. 21.

Literatur

Adorno, Theodor W.: Ästhetische Theorie. Frankfurt am Main (Suhrkamp) 1973.

Anz, Philipp; Walder, Patrick: Techno. Zürich (Ricco Bilger) 1995.

Baacke, Dieter; Liencker Heinrich; Schmölders, Ralf; Volkmer, Ingrid (Hrsg.): Jugend 1900–1970. Opladen (Leske & Budrich) 1991.

Baier, Gottschalch, Reiche, Schmid, Schmierer, Sichtermann, Sofri (Hrsg.): Die Früchte der Revolte. Berlin (Wagenbach) 1988.

Barck, Karlheinz; Gente Peter; Paris, Heidi; Richter, Stefan (Hrsg.): Aisthesis. Wahrnehmungen heute oder Perspektiven einer anderen Ästhetik. Leipzig (Reclam) 1991.

Baudrillard, Jean: Das Jahr 2000 findet nicht statt. Berlin (Merve) 1990.

Benjamin, Walter: Das Kunstwerk im Zeitalter seiner technischen Reproduzierbarkeit. Frankfurt am Main (Suhrkamp) 1990.

Berger, Christiane: Techno. Wien (Zsolnay) 1994.

Bourdieu, Pierre: Die feinen Unterschiede. Kritik der gesellschaftlichen Urteilskraft. Frankfurt am Main (Suhrkamp) 1982.

–: Sozialer Raum und ‚Klassen‘. Frankfurt am Main (Suhrkamp) 1985.

Bruder, Almuth und Klaus Jürgen: Jugend. Psychologie einer Kultur. München, Wien, Baltimore (Urban & Schwarzenberg) 1984.

Bruder, Klaus-Jürgen: Subjektivität und Postmoderne. Frankfurt am Main (Suhrkamp) 1973.

Coupland, Douglas: Generation X. Geschichten für eine immer schneller werdende Kultur. München (Goldmann) 1991.

Deleuze, Gilles und Guattari, Félix: Tausend Plateaus. Kapitalismus und Schizophrenie. Berlin 1992.

Domes, Rainer: Lebenswelt von Ecstasykonsumenten in der Berliner Technoszene. Berlin (Diplomarbeit) 1994.

Dutschke, Rudi: Geschichte ist machbar. Berlin (Wagenbach) 1980.

Eirmbter, Willi; Hahn, Alois; Jacob, Rüdiger: Aids und die gesellschaftlichen Folgen. Frankfurt am Main (Campus) 1993.

Foucault, Michel: Sexualität und Wahrheit Bd. 1&2. Frankfurt am Main (Suhrkamp) 1989.

Grasskamp, Walter: Der lange Marsch durch die Illusionen. Über Kunst und Politik. München (Beck) 1995.

Henkel, Oliva, Wolf, Karsten: Berlin Underground. Berlin (FAB Verlag) 1996.

Hoffmann, J. H.; Daberkow K.: Das individuelle Erleben „alltäglichen" Bekleidens. – Eine qualitative-inhaltsanalytische Studie. München, Wien (Profil) 1994.

Hofmann, Werner: Die Grundlagen der modernen Kunst. Stuttgart (Alfred Kröner) 1987.

Horlemann, Jürgen; Gäng, Peter: Vietnam. Genesis eines Konfliktes. Frankfurt am Main (Suhrkamp) 1966.

Koslowski, Peter; Spaemann, Robert; Löw, Reinhard (Hrsg.): Moderne oder Postmoderne? Weinheim (Acta Humaniora, VCH) 1986.

Kramer, Peter: Glück auf Rezept. Der unheimliche Erfolg der Glückspille Fluctin. München (Kösel) 1995.

Lasch, Christopher: Das Zeitalter des Narzißmus. München (dtv) 1986.

Localizer 1.0. Berlin (Verlag Die Gestalten) 1995.

Luhmann, Niklas: Soziale Systeme. Grundriß einer allgemeinen Theorie. Frankfurt am Main (Suhrkamp) 1987.

–: Beobachtungen der Moderne. Opladen (Westdeutscher Verlag) 1992.

Mager; Spinnarke: Was wollen die Studenten? Frankfurt am Main (Fischer) 1967.

McLuhan, Marshall: The Global Village. Der Weg der Mediengesellschaft in das 21. Jahrhundert. Paderborn (Junfermann Verlag) 1995.

–: Das Medium ist Massage. Frankfurt am Main, Berlin, Wien (Ullstein) 1984.

Poschardt, Ulf: DJ-Culture. Hamburg (Rogner & Bernhard) 1995.

Rosenkranz, Karl: Die Ästhetik des Häßlichen. Leipzig (Reclam) 1990.

Rufer, Marc: Glückspillen. Ecstasy, Prozac und das Comeback der Psychopharmaka. München (Droemer Knaur) 1995.

Sartre, J.-P.: Porträts und Perspektiven. Hamburg (Rowohlt) 1986.

Schäfer, Sven; Schäfers, Jasper, Waltmann, Dirk: Techno-Lexikon. (Schwarzkopf & Schwarzkopf) 1998.

Schäfers, Bernhard: Soziologie des Jugendalters. Opladen (Leske & Budrich) 1994.

Schulze, Gerhard: Die Erlebnisgesellschaft. Kultursoziologie der Gegenwart. Frankfurt am Main (Campus) 1992.

Sommer & Wind: Menschen, Stile, Kreationen. Frankfurt am Main (Ullstein) 1986.

Sontag, Susan: Kunst und Anti-Kunst. Frankfurt am Main (Fischer) 1982.

Virilio, Paul: Die Eroberung des Körpers. Vom Übermenschen zum überreizten Menschen. München, Wien (Hanser) 1994.

Westbam. Mix, Cuts & Scratches. Berlin (Merve) 1997.

Ziehe, Thomas: Zeitvergleiche. Jugend in kulturellen Modernisierungen. Weinheim, München (Juventa) 1991.

Zeitungen, Zeitschriften, Periodika

Berliner Kurier (10. 7. 1995).

Flagge Zeigen (FZ), Berlins schwule Zeitung (6/96).

Frankfurter Rundschau (10. 7. 1995).

Kursbuch (Nr. 121) Berlin (Rowohlt Verlag) 1995.

Le Monde Diplomatique (11. 8. 1995).

Leviathan, Zeitschrift für Sozialwissenschaft, (1/1993).

Der Spiegel (Nr. 38/94).

Der Spiegel (Nr. 33/95).

Der Spiegel (Nr. 11/96).

Der Spiegel (Nr. 17/96).

Der Spiegel (Nr. 50/98).

Der Spiegel (Nr. 51/98).

Der Spiegel (Nr. 27/99).

Der Spiegel (Nr. 28/99).

Der Spiegel (Nr. 31/99).
Stern (Nr. 29/94).
Stern (Nr. 2/96).
Der Tagesspiegel (10. 7. 1995).
Der Tagesspiegel (10. 7. 1998).
Die Tageszeitung (10. 7. 1995).
Die Tageszeitung (29. 7. 1999).
Die Tageszeitung (7. 9. 1999).
Tip. Berlin Magazin (Nr. 14/95).
Tip. Berlin Magazin (Nr. 14/99).
Tip. Berlin Magazin (Nr. 15/99).
W&V, Die Wochenzeitung der Marketingkommunikation (Nr. 37/93).
Die Zeit (Nr. 2, 1/96).
Die Zeit (Nr. 25, 6/96).

Alle Abbildungen im Text – mit Ausnahme jener auf den Seiten 72, 85 und
161 – stammen vom Autor.

Buchanzeigen

Beck'sche Reihe

Jürgen Abel
Cybersl@ng
Die Sprache des Internet von A bis Z
1999. 115 Seiten. Paperback
Beck'sche Reihe Band 1294

Susanne Becker/Stefanie Schütte (Hrsg.)
Magisch angezogen
Mode. Medien. Markenwelten
1999. 157 Seiten mit 36 Abbildungen. Paperback
Beck'sche Reihe Band 1313

Klaus Janke/Stefan Niehues
Echt abgedreht
Die Jugend der 90er Jahre
4., aktualisierte Auflage. 1996. 210 Seiten mit 20 Abbildungen. Paperback
Beck'sche Reihe Band 1091

Klaus Janke/Stefan Niehues
Saturday Night Fever
Discoführer Deutschland
1999. 182 Seiten mit 19 Abbildungen. Paperback
Beck'sche Reihe Band 1315

Rainer Moritz
Das FrauenMännerUnterscheidungsBuch
1999. 147 Seiten. Paperback
Beck'sche Reihe Band 1314

Rumpf Wolfgang
Stairway to Heaven
1996. 214 Seiten mit 22 Abbildungen. Paperback
Beck'sche Reihe Band 1180

Verlag C.H. Beck München

Beck'sche Reihe

Verlag C. H. Beck München